Inflation Policy And Unemployment Theory
The Cost-Benefit Approach to Monetary Planning

同文馆·社会科学经典译丛

通货膨胀政策与失业理论
货币计划的成本-收益方法

〔美〕埃德蒙·S. 菲尔普斯（Edmund S. Phelps）著
方臻旻 陈卓淳 译
方齐云 审校

北京大学出版社
PEKING UNIVERSITY PRESS

图书在版编目(CIP)数据

通货膨胀政策与失业理论/(美)菲尔普斯著;方臻旻,陈卓淳译;方齐云审校.—北京:北京大学出版社,2010.6
(同文馆·社会科学经典译丛)
ISBN 978-7-301-16406-8

Ⅰ.通… Ⅱ.①菲… ②方… ③陈… ④方… Ⅲ.①通货膨胀-研究② 失业-研究 Ⅳ.F820.5 C913.2

中国版本图书馆 CIP 数据核字(2009)第 222951 号

Edmund S. Phelps
Inflation Policy and Unemployment Theory: The Cost-Benefit Approach to Monetary Planning, First Edition
Copyright © 1972 by W. W. Norton & Company, Inc.
Original edition published by W. W. Norton & Company, Inc. All right reserved.
本书原版由诺顿出版公司于 1972 年出版。版权所有,盗印必究。

书　　　名:	通货膨胀政策与失业理论:货币计划的成本-收益方法
著作责任者:	〔美〕埃德蒙·S.菲尔普斯 著
	方臻旻　陈卓淳　译　方齐云　审校
责 任 编 辑:	贾米娜　张慧卉
标 准 书 号:	ISBN 978-7-301-16406-8/F·2385
出 版 发 行:	北京大学出版社
地　　　址:	北京市海淀区成府路 205 号　100871
网　　　址:	http://www.pup.cn
电　　　话:	邮购部 62752015　发行部 62750672　编辑部 62752926　出版部 62754962
电 子 邮 箱:	em@pup.pku.edu.cn
印 刷 者:	北京汇林印务有限公司
经 销 者:	新华书店
	730 毫米×1020 毫米　16 开本　17.25 印张　319 千字
	2010 年 6 月第 1 版　2010 年 6 月第 1 次印刷
印　　　数:	0001—5000 册
定　　　价:	45.00 元

未经许可,不得以任何方式复制或抄袭本书之部分或全部内容。
版权所有,侵权必究
举报电话:010-62752024　电子邮箱:fd@pup.pku.edu.cn

译者序

2006年诺贝尔经济学奖获得者、美国经济学家埃德蒙·S.菲尔普斯(Edmund S. Phelps)(1933—),是当今最具影响力的宏观经济学家之一。在长达半个多世纪的学术生涯中,菲尔普斯无疑是一位将创见性、洞察力与学术高产完美结合的典范。他在宏观经济学的各个领域:增长、就业、通货膨胀和通货紧缩、储蓄、公债、税收、代际公平、价格、工资、微观主体行为、资本形成、财政和货币政策等各个领域,都有着精深的研究,被誉为"现代宏观经济学的缔造者"和"影响经济学进程最重要的人物"之一。

其学术贡献中,最为人们所熟知的,当属经济增长理论中著名的"资本积累的黄金律",以及他在现代宏观经济学中所提出的附加预期的修正菲利普斯曲线模型。正是这两项贡献奠定了其获得诺贝尔经济学奖的学术地位。特别是他所提出的附加预期的修正菲利普斯曲线模型,不仅改变了现代宏观经济学的发展面貌,而且也为人们认识经济发展中的就业与通货膨胀问题,提供了更深刻的认识。所以,2006年,瑞典皇家银行在颁奖通告中认为:"埃德蒙·S.菲尔普斯的研究工作,帮助我们加深了对经济政策短期和长期效果之间关系的理解。"其贡献"对经济研究和政策,都产生了决定性的影响"。

但坦率地讲,作为一位使用深奥数学工具分析现代复杂宏观现象的经济学大师,其大部分论文和专著,都具有很强的技术性和专业性,不容易为普通读者所理解。幸运的是,为了更好地阐述其理论对于实际政策制定的洞见,以启发公众和实际政策制定者对于复杂宏观目标取舍之间的理解力,1972年,由Norton公司出版了菲尔普斯的专著《通货膨胀政策与失业理论:货币计划的成本-收益方法》(*Inflation Policy and Unemployment Theory: The Cost-Benefit Approach to Monetary Planning*),这本将深奥的理论分析还原成我们宏观政策制定中的可操作性流程的经典之作,正是我们所要呈献给中国读者的。

毫无疑问,更低的通货膨胀和更高的就业水平,是一个国家经济发展中所追求的主要经济目标之一,也是所有国家宏观经济政策制定者所关注的核心内容。20世纪50年代,伦敦经济学院的经济学教授菲利普斯,根据经验,提出了宏观经济学中著名的菲利普斯曲线:就业与通货膨胀之间存在取舍(trade-off)关系。当一个国家要追求更高的就业水平时,就必然要承受更高的通货膨胀率;反之亦然。这一方面说明:鱼和熊掌,不可兼得;但另一方面,也为当时的经济学家和政策制定者,提供了一种貌似存在的可能:只要采用扩张货币政策,那么,在物价上涨的同时,社会的失业问题终将得以解决。这种观点,实际上是将就业的决定权赋予一国的中央银行。果真如此吗?

20世纪60年代,菲尔普斯指出,决定人们就业水平的关键,不是价格预期,而是工资预期,这导致的后果便是,一个市场经济中总的就业水平,是由市场内在决定的。也就是说,劳动力市场中,如果企业的平均工资水平上升的幅度,等于人们对于平均工资上升幅度的期望,那么,市场就实现了均衡。在均衡状态下,处于失业状态的劳动力占总劳动力的比重,便是自然率。很明显,在此分析中,劳动力市场的均衡,是市场空位率与失业工人数量之间的匹配问题。这样,宏观领域的失业问题,便有了微观基础。同时,这种分析也表明,通货膨胀与失业无关。

通过引入附加预期的菲利普斯曲线,菲尔普斯认为,一国的实际通货膨胀率可以表述如下:$\pi = f(u)$①$+ \pi^e$,即实际通货膨胀率 π 是由失业率 u 和预期通货膨胀率 π^e 共同决定的。当 $\pi = \pi^e$ 时,社会失业率达到均衡水平:$f(u^*) = 0$。在适应性预期(adaptive expectation)的假定下②,如果实际失业率 u 高于最优失业率 u^*,那么,会导致通货膨胀率的下降;反之亦然。这实际上表明,当前更低的失业率水平和高通货膨胀率,会导致未来更高的通货膨胀率③,这会导致未来解决这种问题更高的跨期成本(intertemporal cost)。因此,对于一国政府而言,政策制定者不应关注某一时间点上的失业与通货膨胀之间的静态平衡问题,而应关注长期动态条件下的失业与通货膨胀之间的权衡决策问题。④

---

① $f(u)$ 为减函数。

② 即 $\frac{d\pi^e}{dt} = \lambda(\pi - \pi^e), \lambda > 0$,由于 $\pi = f(u) + \pi^e$,所以,$\frac{d\pi^e}{dt} = \lambda(\pi - \pi^e) = \lambda f(\mu), \lambda > 0$。进而可得,$\frac{d\pi}{dt} > 0$。

③ 这种更低的失业率是指低于均衡失业率水平的失业率。

④ 以上这些介绍,可以参考诺贝尔奖评审委员会所发布的"Edmund Phelps's Contributions to Macroeconomics",第5—7页,http://nobelprize.org/nobel_prizes/economics/laureates/2006/adv.html。

通过以上介绍可知：(1) 由于通货膨胀率与失业在长期中无关，那么，一国中央银行试图通过货币政策来影响通货膨胀率，从而影响长期就业水平的努力，注定是无效的。(2) 如果现行的货币政策，提高了人们对未来通货膨胀的预期，那么，未来的实际通货膨胀率，将比我们所估计的更高。这样，中央银行的扩张性货币政策，不仅不能消除失业，反而会带来更高的实际通货膨胀率。(3) 当前的政策会带来跨期成本，因此，中央银行确定自己的最优通货膨胀政策，并从成本-收益的角度来合理、动态地权衡货币政策，便成为一国货币政策的核心。同时，这些要点，也就构成了菲尔普斯这本专著的大要。

关于本书各章节主要讨论的内容，我们在这里就不再赘述了，因为本书作者所写的前言，已经对此有了详尽的介绍，但作为本书的译者，我们觉得，有一点必须明确指出：菲尔普斯的观点，不应理解为反对中央银行的货币政策，而应理解为反对将中央银行的货币政策作为实现更高就业水平的政策工具。这是本书的根本思想。这也就是菲尔普斯本人在自传中所明示的：中央银行的主要职责，应该是控制通货膨胀——利用旨在管理通货膨胀预期的货币供给或者利率政策工具。通货膨胀虽然仍有可能上升或下降，但预期的通货膨胀如果能够得到有效控制，通货膨胀率就不会过多地偏离均衡水平。① 对于这一点，读者们可以从文中去细细品味。

本书的翻译，从承担任务至今，已两年有余，由方臻旻承担1—5章的翻译，陈卓淳承担6—9章的翻译，我的博士生徐梦全对第4章和第5章部分内容提供了初译帮助，我对全书做了最后的审校工作。感谢我的妻子许四英为我的校对工作提供了良好的环境。书稿勘定之日，正是全球经济风云惨淡之时，经济衰退的利剑，悬于世界各国头上，就业问题也正困扰着全球主要的经济体，值此天下汹汹之际，希望菲尔普斯的这本经典著作，能够给纷乱中的我们，提供有益的参考和借鉴。

是为序。

方齐云
2010年春于华中科技大学

---

① http://nobelprize.org/nobel_prizes/economics/laureates/2006/phelps-autobio.html.

前 言

本书既是经济政策的研究，又是经济理论的研究。作为理论性的论文，它单刀直入宏观经济学的福利方面。它整合并从某些地方改写了货币与预期通货膨胀的福利经济学。本书中的理论恢复了失业与通货膨胀的福利经济学，虽然期间曾受到某些因素的阻碍。后者的分析，除了回顾社会学因素外，还试图从《就业与通货膨胀理论的微观基础》(*Microeconomic Foundations of Employment and Inflation Theory*; Norton, 1970)中提出的较新的微观-宏观模型中提炼一些福利理论。

本书所关注的另一个重点就是经济政策，这往往也是最优先考虑的方面。我的初衷本就是为了说明我称之为通货膨胀计划的成本-收益方法。这种方法，与我在论文"随时间变化的菲利普斯曲线、预期通货膨胀以及最优失业"(Phillips Curves, Expectations of Inflation, and Optimal Unemployment Over Time; 1967)中所指出的，并无本质差别。本书中，我对核心观点的一些重要方面进行了修正，而且，我试图谨慎地考虑国际上对此的分歧，以及为使通货膨胀率适度而采取的经济稳定政策所可能导致的各种结果。

为了将内容集中于政策问题上，我放弃了取悦于某些理论家。尽管可能没有这种必要，但是为了让读者能够对政策建立一个初步印象，我仍然省略了代数公式(某些脚注中的除外)，并尽可能减少图表的使用率。然而，本书在经济政策方面的长期价值，将部分或者全部取决于经济理论家对其中论点的评价。因此，我希望他们尽力理解这些论点。

本书已来不及将美国政府在1971年8月宣布的新经济政策纳入特别讨论。所幸的是，它们并不具备重点回顾的必要性。汇率的调整及其幅度的扩展，增加了我对国际货币体系令美国通货膨胀水平上升的期望。近期工资-价格控制的经验性意义,很可能会引起争论。我仍然相信,在货币压力不会将预期推向相反方向的前提下,工资-价格的暂时限制,既能够通过阻碍预期价格和工资的增长,直接防止价格的上涨,也能通过预期通货膨胀率的公告效应和伴随的联合效应,间接防止价格的上涨。因此,工资-价格的暂时限制,是反通货膨胀的一种成本节约型方法,然而它们并不能消除成本。至于永久控制,我猜想,有限范围内适当分配的工资-价格限制,能够减少均衡水平的失业率,尽管我怀疑,在实际操作中其效果将会大打折扣。在任何情况下,通货膨胀预期及其伴随的成本与收益问题,并不会因此在根本上发生改变。

此项研究是在我向布鲁金斯学会请假期间,也就是1968—1969年进行的。大部分的写作在次年完成于加利福尼亚的斯坦福行为科学高级研究中心。宾夕法尼亚大学的费尔斯政策分析研究所所提供的经费资助,帮助我完成了接下来一年里的手稿编写。

我应该列出一长串在过去的三年里响应我的求救,以及给我指导和建议的人们的名字。我仍然记得与 Robert Hall、Donald Nichols、John Palmer、David Pritchett、Karl Shell、Harry Johnson、Alan Meltzer、Eytan Sheshinski、David Levhari、Kenneth Arrow、Peter Diamond、Alvin Marty、Ronald Mckinnon 以及 Robert Aliber 之间的讨论和共鸣。在研究中心,John Rawls 和 Amelie Rorty 给我的帮助尤其大。

主要内容的索引是由 Stephen Salant 完成的,而关键名词索引是由 Nancy Newcomb 完成的。手稿的打印和再次打印工作,是由 Susan Thomas、Irene Bickenbach 以及 Bobbi Granger 完成的。

我由衷地感谢这种经济学和智慧上的帮助。

埃德蒙·S. 菲尔普斯
1972年2月于纽约

目 录

导　言／1
 0.0　通货膨胀计划的方法／3
 0.1　通货膨胀与失业理论／7
 0.2　非预期及预期通货膨胀的福利影响／10
 0.3　通货膨胀政策／12

第一部分　现代失业理论

第1章　信息失业与工资-价格动态学／17
 1.1　就业的投机性变化／18
 1.2　等待性失业／22
 1.3　搜寻型失业／24
 1.4　歧视、工作经验、重新分级与排队失业／33
 1.5　非人力资源的闲置、价格动态学以及
   对劳动的需求不足／38

**第2章　宏观均衡、通货膨胀预期以及"自然"
   失业率／42**
 2.1　一般宏观经济均衡／43
 2.2　自然率假说／46
 2.3　验证自然率假说／53
 2.4　自然率假说的近似特征／55

第3章　失业决定的社会因素／60
 3.1　歧视、相对工资和实际工资／61
 3.2　最低工资法／65
 3.3　个人工资和价格调整的动态学中的社会
   摩擦／66
 3.4　流动性和空间／69

3.5 失业和工会理论 / 69
3.6 工作经历的作用 / 75

第二部分　失业和通货膨胀的成本与收益

第4章　就业的社会收益与私人收益之间的差距 / 79
4.1 效率问题的性质 / 79
4.2 自然率的非效率性 / 83
4.3 从社会外部性观点来看的有效失业 / 101
4.4 今后可操作的前提假设 / 110

第5章　就业与非预期通货膨胀的分配效应 / 111
5.1 对于分配结果的描述与判断 / 112
5.2 对分配结果的政治干预 / 114
5.3 失业下降和未预期到的通货膨胀导致的分配偏差 / 120

第6章　预期通货膨胀的效率效应与分配效应 / 146
6.1 纯货币理论和银行业的基本知识 / 147
6.2 货币效率：交易媒介 / 150
6.3 货币效率：货币、债券及其他价值储藏手段 / 156
6.4 最优流动性——当征税和稳定政策有成本时 / 169
6.5 货币的效率：计价单位 / 186

第三部分　最优通货膨胀政策的本质

第7章　最优总需求政策的本质 / 193
7.1 最优通货膨胀政策的本质：一般理论 / 196
7.2 最优通货膨胀路径：一个解释模型 / 198
7.3 分析的进一步扩展 / 206
7.4 成本-收益法的相关道德考量 / 215

第 8 章　不确定性下的通货膨胀策略及常规稳定 / 220
    8.1　不确定性与通货膨胀策略 / 220
    8.2　常规稳定 / 228

第 9 章　美国通货膨胀政策的国际影响分析 / 233
    9.1　美元本位制 / 234
    9.2　黄金以及"纸"黄金 / 249
    9.3　欧洲实现联盟的可能性 / 253
    9.4　结论 / 256

人名索引 / 258
主题索引 / 261

导　言

本书是关于最优通货膨胀政策原理的研究。一项通货膨胀政策,就像一个能指出每个潜在经济形势中所应达到的下一个总需求目标的操作指南。选择一项通货膨胀政策,理所当然需要用到一系列评价标准。本书所用到的标准,考虑的是在我们最初所处的经济形势下,与各种可行的通货膨胀政策相关的社会成本与收益,并且将其与我们自身的偏好,即相对于后期收益偏好于早期收益,以及相对于密集偏好于平滑,相结合进行评估。通货膨胀政策变化及相应的随时间变化的就业效应的净收益(递减或非递减),便是成本与收益中的一部分。

对于如何将失业率(或其他指标)"固定"在某些预先设定的目标值附近,人们已经给予了许多关注;而对于不同时期的适当目标如何取决于当前经济形势,则关注甚少。尽管如此,政策制定当局仍然在不断作着决策。于是我们常常发现,仅仅为了实施某些通货膨胀政策而变化的经济,正处于一种非自然的突然下跌状态。因此,对通货膨胀作系统性的评估,是非常重要的。在我写作本书时,我们正处于另一轮抵御通货膨胀的进程中。由此而导致的重大的失业与产出损失,使得人们对这种对抗过程是否真正有利于大多数人的利益,产生了高度的怀疑。那些本应该在通货膨胀中由于政府的无奈妥协而遭受损失的少数人,可以很容易地从受益者的收益中得到补偿,并且现实的确如此。然而,政策仍然没有改变,至少在其策略方面是这样。评论家们则仅仅通过致力于寻找比官方更廉价的方式,实现同样的通货膨胀终极目标,来建立他们的优势。

我相信,本书的一个最大贡献,就在于微观就业决策理论中的一些新发展,被引入对通货膨胀政策的选择中。新古典失业理论中,公平和福利分析占据了大量篇幅。根据该理论，无论是从货币供给的增长率到通货膨胀率，还是从财政控制到通货膨胀率，都没有纯粹的联系。发达经济中的"摩擦"，为随时间变化的失业率变化轨迹，以及总需求变化产生的通货膨胀率变化轨迹之间，创造了联系。由需求一方带来的压力，使得通货膨胀率产生的一个预期外的下降——价格的下降伴随着某些计划内和预期内的因素而增加——同时还倾向于给失业率带来一个至少是暂时性的膨胀。

也有些微观经济学和心理学上的理由，使得人们猜测，持续降低的通货膨胀率，将会给未来的平均失业率带来长期的扩张。那些理由往往是有争议的，而且数据的说服力也有些牵强，但这不要紧：无论是长期的还是暂时的，失业对于通货膨胀政策的选择而言，都极其重要，尽管它并非唯一的重要因素。随后的两个篇幅较长的章节，讨论了就业由其可保持的均衡水平衰退的经济和社会影响，以及未来收益相对于当前收益贴现的原因，就为这一点提供了极富说服力的证明。

请允许我继续保持本卷内容中为经济学思想开辟空前研究主题的初衷。纵观早已存在的通货膨胀理论中关于预算和利率的争论，有时也隐瞒了对通货膨胀政策的争议。现代社会几乎没有伟大的学者，而过去的那些伟大学者们，却尚未意识到与我们分享他们在这个主题上的理念的必要性。事实上，最优稳态通货膨胀率最重要的课题，是经济学中历史最长的课题之一。文艺复兴时期研究经济学的传教士，就已经对稳态通货膨胀的优点有所见解。20世纪初，美国的弗朗西斯·A. 沃尔克（Francis A. Walker）和英国的丹尼斯·罗伯特森（Dennis Robertson）爵士，在通货膨胀研究专家中拥有显赫地位。后来，一些欧洲大陆的经济学家，在他们自身使命的引导下，坚持提倡恒定的货币供给，以及相应的经济增长过程中持续的通货紧缩。他们应用福利经济学中的一个当代"经典"理论，计算出了"最优"年度稳态通货膨胀率——在假想的拉丁经济模式之下，发现它是18%。

大多数学者都只是在问题的某一点上作出了贡献，有些则只是表达了一些看法，并没有严格的系统性。目前既没有形成一套关于最优通货膨胀率（忽略动态方面的问题）的正式学说，也没有一系列成熟的手册来支持它或举出反例驳斥它。这是为什么呢？经济学家为了解决以货币与失业为核心的概念性问题，也许花费了数十年的时间专注于统计学以及决策理论这种随机干扰问题的研究。无论是什么理由，我都希望本书能够填补这个空白。通过汇集各种各样甚至是不和谐统一的思想和分析方法，我希望能够将之综合成为大多数当代经济学家们称之为通货膨胀政策正式方法的特殊理论。

至少那些当代的经济学家们正处于他们的学科哲学的主流之中！在随后的章节中，我几乎没有给那些试图在分析假设上进行激进偏离的人们留下任何空间,而且我也没有打算停留在任何关于通货膨胀的普遍恐惧或者谬论上。如果说我认为存在其他方式看待(或忽略)通货膨胀预期的话,那么,此时的情况或许有助于我自己的通货膨胀计划方法以更清晰的形态呈现。

0.0 通货膨胀计划的方法

为了理解各种经济学学派对于通货膨胀的看法,考虑公众观念的背景是非常重要的,反之亦然。

对于公众而言,他们认为,无论出于多么良好的动机,让通货膨胀政策进入经济,都是如同让弗兰肯斯坦(Frankenstein)*博士的怪兽和自己的孩子们一起玩耍般的错误。公众已经先入为主地认为,"合理的价格黏性"就意味着接近于零的平均通货膨胀率,而且,它是经济繁荣与公平的根本。财政和货币政策的实施效果似乎是以确保没有或非持续的通货膨胀为标准的。人们只能容忍临时、短暂的价格上涨,并且这种上涨只能是为了某些暂时性的补偿目的。

这种古怪的想法,似乎要归咎于将价格水平看做"生计"成本的一个普遍误解。它是一般均衡理论教学中的一个缺陷。公众将价格的上涨仅仅看做生计成本的增加,而没有同时把它看做生活水平的提高。当一轮未能预期的通货膨胀来袭时,它便被看做许多连环不幸事件的元凶(尽管其实与它并不相干)——就连为限制通货膨胀而增加的赋税也不例外。人们倾向于将他们实际工资的各种损失,怪罪于异常的价格上涨,与此同时,不公平地将实际工资的各种收益,归功于个人的超凡技能。

同样的混淆也困扰着被预期到的和指望着的计划通货膨胀率的观念。街市上的人会对价格持续上涨的预期感到恐惧,从而认为他将很难拥有给予他货币收入补偿的"市场力量"。他无法相信市场将会解决他所面临的问题,也无法相信实际收入的分配所遵循的陈旧过时的原则不会被预期通货膨胀率改变,也很难相信通货膨胀将不会促进"其他人"以他为代价赚取实际收入的市场力量。这种神秘的力量绝不能被低估。如果不是因为它,无论是在从1958年起,还是从1970年起的又一次通货膨胀中,就很难说公众是否会接受为了清除通货膨胀这个恶魔,而作出就业和收入上的牺牲了。

相比之下,经济学家们就没有这方面的困惑,尽管他们通常对此保持沉默而不揭发。"对于买者因通货膨胀而额外支付的每一块钱,都有相应的价值一块钱的额外收入,在卖者的某处产生。"这种算术上的等量关系,对于经济学家而

---

* 科学怪人。——译者注

言那么稀松平常,对于门外汉却是那么令人难以琢磨,这使理论学家得以解放。为什么不发生通货膨胀?或者为什么要少发生通货膨胀?钱无法解释原因。经济政策必须满足的是人们的满足感以及他们的公平分配,而这些目标不太可能在一个不变的高价格水平上实现。

对于通货膨胀,经济学家究竟是站在怎样的立场上看待的呢?近几年,美国国内的专家们在这个谜团上,几乎总是保持沉默。但总而言之,对于这个谜,还存在一些支持。譬如,比起自由贸易拥护者的荣誉名单列表而言,公开维护通货膨胀——或者通货紧缩——的经济学家,名单列表就要短得多。这个根深蒂固的谜本身也许就是它产生的原因:所有的群体,在对抗经济周期的战争中,都是不可或缺的。有关通货膨胀方面,正式经济学说的缺乏,同样可能促成经济学家附和这个谜的倾向。隐蔽的通货膨胀主义者不能肯定,他们在战争中是否会拥有同伴。学术界的通货膨胀主义者害怕其他的通货膨胀主义者持有错误的依据,而学者们最痛恨的就是持不同观点的同行。

然而,从期刊尤其是口头传统来看,人们站在经济学专业的立场上,是可以辨清通货膨胀问题的。很多经济学家坚持认为,将我们对理性主义的热情限制在社会政策的某些角落,是明智的选择。如果公众的注意力从通货膨胀问题上被转移开,他们将不再拥有面对此项责任的理性和成熟。理由有很多,其中很重要的一点就是,无论最终是否会出台一项在技术上高明于刚性价格稳定性的通货膨胀政策,为此付出的大众恐慌与社会动荡成本都过于昂贵。由此可推断,拥有三分钟热度的大怪兽,最好不要被对它的更多的需求侵扰。

写完一本关于理性通货膨胀政策的长篇教科书,我已经开始对这一对策产生过敏反应。人们太轻易地将通货膨胀归结于所有经济问题的解释,从失业到稀缺性都是如此。但我从不这样做。因此,或许我会反对应该有人将通货膨胀政策选择的重要性最小化的主张。假如我们能够仍然停留在1970—1971年支援现行通货膨胀率暂缓执行的计划内经济暴跌中,那么它必然早已给我们带来相当大的混乱了。

不仅如此,道德问题也会相继产生。这对于货币保守主义者中的自由主义者而言,无疑将是一个沉重的打击。若选民的思维受到困扰,那么还谈什么政治自由呢?又该由哪个党派来决定哪些观点该摒弃,哪些该推广呢?我认为,用自己的智慧去决定,从而依靠自己的头脑生存,是一种不亚于其他最佳解决方案的方法之一。

公众的不成熟所体现出的第二个关键点,就在于大众只会盲从拙劣的通货膨胀决策。这些鼓吹价格黏性的神秘主义的行为,将很成功地默认零通货膨胀无论是在长期还是短期,都并非最优选择。但他们仍然争辩说,选民并不具备证明其具有必要的坚定性与高明性或其他能力,因此,缺乏出于神秘主义利益考虑所作出的通货膨胀政策的公众决策,将产生比神秘主义本身更糟糕的后果。

一些人所恐惧的最可怕的后果,就是奔腾的通货膨胀将不断上升。当然,这样一种预言,已经超越了经济学的范畴。经济学理论并不会阻碍我们用所希望的方式操纵通货膨胀:假如印钞机印刷的速度太慢,就让政府多买几台;假如它们印得太快,就关掉一些。价格黏性和奔腾的通货膨胀目标之间,存在一个简单取舍的观念的深渊——贩卖廉价货的政治科学。其实,并不能由此而得出这样的结论,因为一些妄想天上掉馅饼的经济政策,将毫无疑问地产生奔腾的通货膨胀,支持某一价格水平趋势上涨的通货膨胀率的现实政治决策,将以某种方式导致同样的崩溃。历史并不站在这一简单的担忧一边。过去著名的恶性通货膨胀,似乎并不表明对价格黏性的明显否定;那些通货膨胀,在某种程度上是对潜在社会非均衡的一种不经意的反应。此外,正如一位通货膨胀历史学家所指出的:"……历史上有许多数十年中价格单纯地连续上升或者下降,而价值上升却不同步加速,或者价格的下降转入崩溃的例证。"①

这个学派里稍微不那么极端的一个论点是,如果是民主党而不是共和党来做决定,通货膨胀率将不再变化,但它将处在一个极为过度的水平。价格所趋向的水平拥有一种特性,比起某些抽象的最优通货膨胀率,它更倾向于遵从保持这种趋势所需的牺牲精神。比较"价格黏性是对还是错"与"假如经济中只给我提供一个工作岗位,我会给它5.5%的通货膨胀率",显然,前者找到了一种合理解释的方式,后者则荒谬可笑。风险在于,选民可能并不具备为其长期利益投票的足够修养。那些瘾君子或者暴饮暴食者常常被拿来作类比——他们并未显露出其实际偏好。

我在本书中的其他部分,讨论了上瘾理论和英雄主义做法,故在此仅简要论述。在我的意识里,应该做的是,限制我们对过多的通货膨胀产生的负效用的兴趣,而不是禁止通货膨胀本身。我并不认为有证据表明,通过民主方式避免无效约束而得到的通货膨胀政策不够有远见的假定是正确的。如果通货膨胀率被广泛认为是过度的,那么,我们有什么理由认为它的减少不能召集一大部分选民呢?此外,掌握我们民主政策制定的机会,就相当于拥有了可期待的适度而有价值的经济收益。可想而知,当政治与财税系统远比现在稚嫩时,通货膨胀禁令扮演的角色是多么重要。然而在现代,我相信采用不那么固守陈式,并更加"深谋

---

① M. Friedman, *Inflation: Causes and Consequences* (New York: Asia Publishing House, 1963), p.20. Reprinted in M. Friedman, *The Optimum Supply of Money and Other Essays* (Chicago: Aldine Publishing Company, 1968).

远虑"的方式决定通货膨胀政策,会带来更加显著的收益。

本书的使命,就在于给出一种理性方法的雏形——有人可能会说是成本-收益的计量经济学方法——以便于寻找适合与通货膨胀率从而与失业路径紧密相关的特定政府权力与运作机构的最佳方案。关键在于联邦政府手中掌握的在操纵总货币需求时所用的稳定经济的工具。简单说来就是有关货币政策的选择,尽管财政政策也备受关注。

以上文字的重点应该放在"方法"二字上。本书的目标,在很大程度上只是一个中间目标:理解针对失业与通货膨胀的最优货币和财政政策的决定因素的本质和影响——确定描述最优通货膨胀政策特性的经验知识(或假设)及基本伦理条件。至少能够定性地描绘稳定经济的工具的最优使用——比如对货币供给的控制——如何取决于个人偏好权重与技术可行选择的交点。此外,我们还可以略为窥知什么是通货膨胀路径中的最优点。

给最优通货膨胀政策——尤其是在这种方法中将作为最优决策给出的货币政策——进行定量的障碍之一,就是它对每个人偏好权重的依赖:那些尚未出生的生命相对于正在生存着的生命的权重,那些贫困的社会弱势群体相对于那些更富裕群体的权重,都必须予以考虑。在这个权重问题上,很难说清楚每个人的感受究竟是怎样的,或者怎样去再审查。同样棘手的一个问题就是,很难猜想与这些分配方面并行的经济政策是怎样的。然而,单个的经济学家并不必须作为一名中立的市民,不需要等待一种更清晰的观点。也没有必要假定,在考虑权重条件下所确定的最优通货膨胀政策,会对权重的变化极为敏感。

(在上述条件下)最妨碍最优货币政策定量的,是估算成本与收益极度困难。这是由于需要估算的不仅仅是旧的待用品、消费和闲暇,还包括更难以测量(尽管它们更真切现实)的自尊感、社会尊重感、经济独立感、安全感,以及对工作岗位的满足感。很显然,失业率与通货膨胀率的变化,能够并且确实产生了可怜的经济学家们难以测量或描述的情感效应。这个主题的写作需要拥有奥维尔*的观察力和品特(Pinter)的耳朵——但无论如何,还是让我完成这本书吧。

由于维度与测量上的问题,我们发现,自己的处境并不是非典型的:正如经济学的其他领域一样,统计学上可行的模型,往往缺乏理论依据;而现实的理论,则很少能完全适用于可获得的数据。不过,大多数模型仍然是可估计的。分析框架通常能指示出有用的经验信息类型。至于模型中较难测量的范围,分析能提醒我们这个范围的存在,并且告诉我们,在这个区域内,必须利用直觉才能作

---

* George Orwell,原名艾里克·阿瑟·布莱尔(Eric Arthur Blair),英国左翼作家,新闻记者和社会评论家。——译者注

出理性的决策。有了对这些告诫的认知,我就敢大胆地说,此处发展出的模型,确实为稳健通货膨胀主义提供了一个合理的、具有说服力的依据。

对于随后的九章,读者们可能需要一些对各章主题及其相互间关联的说明。以上内容更多的是作为本书的一个序言,而不是总论或小结。

0.1 通货膨胀与失业理论

某一特定的货币政策或财政政策的效应,往往会以总量或者平均量的形式来描绘:失业率、总产出、通货膨胀率、某些特定的利息率,诸如此类。当货币和财政当局对"经济形势"或者"现状"进行评估的时候,为了确定所需采取的政策措施,它们往往会在同一宏观系统中对经济的现状进行描述。这些宏观经济变量,能够很方便地保存经济系统管理份额内的月份数据图表。哪怕是一个极为简洁的宏观经济描述,也能够给专家们提供相当多的信息,因为基本的微观经济结构并不会迅速发生改变。

这些体现货币与财政政策特征,并对其进行解释说明的宏观变量的效用大小,最终取决于其背后的微观经济学意义。像失业率和通货膨胀率这样的变量,如果它们确实能够反映的话,那么它们又是如何反映经济中的个体从消费、闲暇、职业生涯以及退休生活中所获得的基本满足程度的呢?通过福利分析,将各种总体的行为以构成这些总体的个人的动机与选择的形式体现出来,是很有必要的。为什么一些失业的人在仍然有机会获得某些类型的付费雇用时,宁愿暂时放弃工资收入呢?对这些个人本身而言,如此决策的效率又体现在何处?对其他人而言又如何呢?假若并非所有失业者都总是愿意暂时放弃现有的工资收入,那么,为什么有些公司似乎愿意白白损失掉利用这些人来增加它们在现行利率水平下的工资收入的机会呢?这些决策的效率又体现在何处?

宏观经济行为之所以需要一个令人满意的"微观"解释,还有一个原因。除了失业率以外,还有其他宏观变量——比如通货膨胀率和货币的利息率——会对个人的基本偏好产生冲击。因此我们必须了解这些宏观变量是如何相互协调,并联合起来回应选定的货币政策的。如果没有工作机会、工资以及价格决策的微观经济学理论可用,我们就不可能建立宏观变量间如此连贯一致的短期与长期关系的假设。于是,某人正处于从过去有限的经验得到的推断无法检验正在酝酿中的货币政策所产生的后果的风险,或者更大的风险之中。因此,人们将最佳评价给予一些无法兑现其担保利益的政策,于是风险就增加了。

本书的第一部分囊括了家庭与公司雇佣决策的微观经济学理论,以及作为辅助的工资与价格决策理论的全部内容。它是以惯常的"经济学"推理方式切入的，也就是随时考虑人与人之间的以及其他更一般化的外部性（溢出效应与近邻效应）。此时的经济模型建立的依据是，在既不考虑他人也不因他人而产生压力的情况下，个人的行为都以"预期效用最大化"为前提，按自己所能做的最有利于自己的方式行动。

这样切入是很自然的。各月统计的绝大多数失业人员没有工作的原因，并不是某些智力缺陷，或者文化差异，或者社会病理学上的原因（尽管社会风俗的确有其效应）。在商业的正常或者平均水平的条件下，大多数可观察的失业属于技术与偏好发生不可预测变化时，遭遇某些特定的经济摩擦所产生的"热"。这些摩擦最值得注意的部分，就是它给个人、家庭以及公司对经济中当前及未来的工资、价格、供给以及需求信息的获取所造成的高昂成本。如果拥有当前以及未来的完全信息，我们便几乎可以不用再谈论失业或者通货膨胀的话题，它们也会由于公众决策而不复存在。贫困人群和处于社会底层的人，仍然会给经济政策带来问题，然而他们的低廉薪水，以及低下的劳动参与率，完全能够证明他们的困窘处境。

将失业的本质说成是摩擦性的，既不能消除其社会影响，也不能排除其货币性影响。事实上，正是经济摩擦给予了货币和财政当局一个杠杆——一个牵引力——使得失业率发生变化。如果没有摩擦，货币或者财政当局引起的总需求变化，将可能在不影响实际资源利用的情况下，同时造成价格水平的变化。此外，失业取决于摩擦的观点提醒我们，社会各阶层或者经济中各个子群体的失业率，都拥有共同的根源。因此，当经济状况对整体失业率产生影响时，所有的失业率都倾向于朝同一方向移动，或者可以说，朝着同一比率变化都不足为奇了。

第1章展现了摩擦性失业的类型，分类依据是摩擦的本质或不确定性，以及其导致的激励与机制。有两种类型的搜索性失业：一是可磋商工资的情况，二是工作机会的定量配给与空缺的极端情况。也有谨慎性失业——随时为下一个不知何时会来临的就业机会做好准备。还有为了得到暂时的额外报酬而就业（或从事额外工作）的投机性衰减和增加的人群。对于每一个失业"模型"，都有一套影响工资和价格设定的因素与之相对应。每个模型中都有一个宏观经济均衡与失业量均衡的概念。对于每个模型，我们都要研究它在总需求偏离宏观均衡时失业率和工资与价格行为的非均衡反应。

经济中任何特定的宏观均衡都有其特征，能被度量，或者用它所展现的失业率以及人们（包括公司与家庭）在此均衡中所期待的平均工资率与价格的变化率趋势标示出来。为简单起见，我们将后者称为"预期通货膨胀率"。各种可行的宏观经济均衡是否真的覆盖了失业率最重要的部分，是我们接下来要讨论的重点。在任何情况下，总有一个可行的宏观经济均衡，与一定限度内的各种预期通货膨胀率(正的或者负的)相对应。不论是伴随着单位成本与价格下跌的"工资黏性",还是伴随着货币工资率上涨的"价格黏性",都没有垄断宏观经济均衡的能力。

宏观均衡的验证关键,就在于实际兑现的通货膨胀率与(平均)预期通货膨胀率相等。在适当的范围内,事情正如人们所预期的那样发展。一般来说,我们不会在对他人经验和行动有误解的情况下,对各种经济活动参与者的行动作出断言。假如这些对公司与工人在别处的行为的预期被证明是正确的——假定他们期望的价格与工资的变化确实会实现——那么总需求水平,从而消费者将要从其供给者那里购买的量,必然会处于一个比较合适的规模。总会有某个"认证",标志着均衡预期的特定总需求水平或者路径与各个宏观均衡相对应。同理,与各宏观均衡相关联的某一特定量的失业,也反映了总需求的认证水平。

现在来看不利因素,我们可以迅速地勾勒出一个典型的非均衡过程。如果总需求未达到均衡路径水平,确信其需求经验是局部而非整体、是随机而非系统的典型生产者,会将其产品的价格,标得比他获得完全信息的时候高。即便生产者们"隐瞒"其价格,那也只是相对于他们都预期各自(无论距离远近)的竞争者能够做同样的事的情况而言;因此,若他们作出价格每年将上涨5%的预期,那么他们各自都将确实提高价格,但提升的比率在低于均衡水平的情况下,很可能不足5%。每个生产者最初都将对其竞争者在价格变动上的缓和做法一无所知,因此标价将比完全信息状态下要高。在劳动力市场上,同样的误解也正在发生:有一部分人事先了解到需求普遍存在的弱点,于是为了寻找或等待比现有的报酬更好的就业机会而失业,或者更长时间地处于失业状态。新的均衡并没有直接在较低的工资与价格水平上形成,取而代之的却是高于均衡的失业和闲置的劳动能力。

随着经验和新信息的积累,一种认知过程也会出现,在这个过程中,为了保持非均衡状态,在总需求的不断变动中获得或者重新获得随之变动的竞争优势,典型寻业者的保留工资和典型生产者的价格设置,即便在增长的情况下,也是以递减的比例增长的。因此,实际的通货膨胀率将比预期的通货膨胀率低。只要非均衡状态持续,对价格与工资增长趋势比率的一般预期——也就是预期通货膨胀率——就会逐渐自行向下修正,因为大家都已经意识到,竞争者的价格和工资需求的膨胀,总是比想象中的要慢。

无论是运气还是预谋,货币与财政当局在均衡水平之上制造出非均衡,同样是可能的。此时,实际的通货膨胀率将会有超过预期通货膨胀率的趋势。生产者与家庭将会低估而不是高估他们的竞争者。当他们逐渐认识到这一点时,就会持续以高于预期的一般通货膨胀率的比率,提高价格与保留工资。于是,预期通货膨胀率将逐渐自行向上调整。

可以设想,抑或事实上,每一个对应于不同预期通货膨胀率的宏观均衡,都被相同的失业率标记。这就是"自然失业率"假说:在均衡状态下,由于通货膨胀率已经被预期,失业率与通货膨胀率无关。因此,宏观均衡的失业率不随预期通货膨胀率而改变。

这种"自然"失业率是一个尖锐的山脊:若总需求使得失业率稳定低于自然失业率,实际通货膨胀率必将持续领先于预期通货膨胀率;若预期因此而持续向上调整,实际通货膨胀率将无限上涨——直至达到经济的通货膨胀上限。(这并不意味着自然失业率永远不可能被规避:一种对应不同(预期及实际)通货膨胀率,并最终同样能通往宏观均衡的非均衡的路径,可能与拥有直接可达到的通货膨胀率的特定宏观均衡,有异曲同工的效果——尽管事实证明,两者的失业率并没有永久的差别。)第2章从新-新古典分析的角度,讨论了这一假说的优点和缺陷。

对于失业与价格-工资动态学的这项分析,假定了原子式的和很大程度上未受管制的劳动力市场和产品市场。但是,由于一些更贴近现实的制度特征,包括一些社会学特征的加入,其结论至少在许多关键的方面并没有受到影响。然而,从个人角度上考虑这个问题也是很有必要的。第3章考察了一些社会因素的作用:种族歧视、最低工资法、影响对相对工资期望水平的社会压力和激励、工会,以及影响一定类型的工作经验的技术和个人因素。至少这些因素改变了将被计量经济学家估计为"自然"失业的量——哪怕它们并没有破坏宏观均衡失业率相对于其通货膨胀率具有不变性的假设。例如,某人为了工资或薪水而与邻居同样或者更加努力地奋斗,将使宏观均衡失业率的增加量(在任何通货膨胀率水平上),超过没有外部影响时"预期效用最大化"的预期值。

此外,特定类型的工作经验对于个人习惯与技术的改造作用,或许还有工会的惯用伎俩,均表明,随着时间的推移,较高的通货膨胀率水平上的非均衡过程,将使均衡失业率降低。从一个均衡到另一个均衡的转换,往往会给劳动力带来长期滞留的影响,并且这种影响对于均衡失业率而言,可能在很长时间内都是可识别的。任何一个未来的自然失业率,都将取决于过渡时期内的历史过程。这种性质有时被称为滞后(现象/作用)。

0.2 非预期及预期通货膨胀的福利影响

从某些宏观均衡开始考虑(为简化表述起见),经济首先会反映在非预期通货膨胀上,随后,如果总需求增长率稳步上升,比如,由货币供给加速增长所推动,通货膨胀率的预期将会随之上升。相应地,这种政策变化会产生两种福利影响:第一,源于非预期通货膨胀量,以及相关的低于均衡水平的失业的急降所产生的福利影响;第二,通货膨胀预期上升所产生的福利影响,其含义是,未来均衡(若存在并达到的话)将相应发生在一个更高的实际通货膨胀率水平上。

于是,第4章开始研究失业率偏离均衡水平(粗略地等于自然失业率)的收益与成本。令人惊奇的是,这似乎是关于这项课题的第一个系统性的研究:假如通货膨胀的预期固定不变,在我们所熟悉的效率意义上,自然失业率会比通过某种总需求的非均衡化措施可达到的某种较低的失业率更差吗?为考虑这一问题,下一个章节将讨论降低的失业与通货膨胀率的再分配方面的问题。

关于这个问题,存在一些不同学派的观点。其中一个学派认为,如果不是因为通货膨胀预期在均衡的失业率之下有上升的趋势,进而带来货币系统效率减弱的影响,那么较少的失业必然优于较多的失业;只要总体的额外人-时(manhour)不是仅仅转向私人公司,对较紧的劳动力市场进行补充,更多的就业就能创造更多的产出利益。另一个学派的观点,将古典的没有不确定性和外部性的神圣竞争均衡的效率理论,扩展到凯恩斯主义的摩擦世界中:若某种较低的失业率比均衡水平更优,"看不见的手"本应该在那个较低的失业率上创造均衡。

当然,我们并没有假定,自然失业率在资源分配方面优于其他任何失业率,无论其他失业率比它高还是低。我们同样无法从重重疑虑中证明,失业率降低到自然水平之下,代表获得了更多的效率。并非所有的论点都集中在一方。但是,在为数不多的认为高于自然失业率的失业率,在分配上优于自然失业率的观点中,几乎每一种在实证上都不重要。相反,有一些强有力的论点认为,在某种程度上,需求促成的失业率降低,将带来更有效的资源配置——市场劳动行为与非市场劳动行为(比如闲暇)、寻职与就业,诸如此类。这种情况,几乎全部由对商业活动水平在社会心理学层面上的证据的探求构成(这使得一些古老的文献免于被人遗忘)。

关于失业减少与非预期通货膨胀这个问题的第二个方面——分配问题,在第5章中将讨论到。分配问题中首先被给予关注的特性,就是贫穷的人所获得的经济利益(在最广泛的意义上)的份额——为便于应用,(贫穷的标准)以普通群众(凭收入划分)最末五级来衡量。就业的增加将会提高典型工人,尤其是贫穷的工人可用的个人实际工资率,并且还将产生更高级、更有保障的工作岗位。有关这一论点的证据,将在以后慢慢引出并予以讨论。当然,一次非预期的通货膨胀,也能通过减少债务人对债权人定额货币债务的实际购买价值,而直接对收入份额进行重新分配。这是一个模糊领域,但是穷人并没有因非预期通货膨胀而产生什么损失,连带发生的就业增加,当然也不会削减他们的利益。考虑到各个方面以后,穷人似乎能在非预期通货膨胀中占据最大的相对股份。

如果说这是只有经济学家才能接受的某种罗宾汉(Robin Hood)模式的公平分配,那它可能会遭到反对。难道选民们的愿望不是让那些可怜的穷人得到尊重吗?难道自由货币的义务仅仅是要保持其自身的圣洁,或者是避免这种骑士般的信仰被毁灭?这些问题必须去面对,并给予至少能满足我的要求的解答。

从很大程度上来说,这些因通货膨胀率的上升而产生的收益与成本都只是暂时的。随着预期与实际通货膨胀率的逐渐趋同,失业又转入均衡状态——根据自然失业率假说,其水平应该相等,若在通货膨胀期间存在各种各样的滞后因素的影响,那么,失业率就会稍低。在任何一种情况下,较高的预期通货膨胀率,对应着均衡状态下更高的实际通货膨胀率所产生的收益与成本是不变的——前提是,总需求的增长不会被随通货紧缩一方而来的非均衡影响。这些"长期"收益与成本是第6章的主题,也是"预期"通货膨胀分析最重要的部分。

应用各种不同类型的货币与财政机制的模型,能够为以下看法建立案例:较高的预期通货膨胀率,在某种程度上可视为更高通货膨胀率的成本超出收益时的净收益。为了确定那个界限点在何处,我将把它定在某个适当的正通货膨胀率上。对于其他许多国家而言,这个点可能会更高(以传统标准而言,它们是非适当的)。

其中一个比较易于表达的论点的例子如下:通货膨胀的预期,就如同对持仓货币征税一般。和其他税收一样,它也对激励有负面效应。就像对收入征税会阻碍人们为报酬而努力工作一样,通货膨胀税阻碍了流通性。一个最优的税收组合,无论多少有准确数量的资源将被释放出来,用于资本的形成或公共利用,都将包含某些"通货膨胀税",以避免为其他种类的税收增添额外的负担。第二个论点认为,当经济耦合于适当的通货膨胀时,它实际上将不那么倾向于顽固的经济不景气与通货膨胀率的激增。随着流动性变得不那么充裕,引发经济爆发式增长的因素也在减少;并且在一个不景气的货币市场中,经济也将不会随意而为,从而更加容易受到货币政策的影响。第三种论点认为,转型到一个较高通货膨胀率下的政治制度,可能会给那些得到更好的训练机会和优势工作经验激励的工人们带来长久的收益。

0.3 通货膨胀政策

第三部分在前面章节的基础上,由对最优通货膨胀政策,即一本应付所有能够想象到的经济现状的手册的"起源"的讨论开始。随后,不确定性的显著性和国际利益的相关性,也被纳入讨论之列。

第 7 章要传达的基本信息,表述起来很简单。如果从任意永久性的经济进步中所获得的未来收益被看做无穷无尽,并且它们不会由于其自身的偏离而"打折扣",那么,最佳的总需求政策,将使得通货膨胀率向"最优"预期通货膨胀率变动。这便意味着,如果当前的预期通货膨胀率低于最优水平,最优通货膨胀政策就意味着失业将减少到均衡水平以下;背后的事实是,对立事件的发生预示着均衡水平以上失业的一个插曲——除非某些经济学魔术师能够找到其他方法,降低对通货膨胀率的预期。

然而,要求未来的收益相对于当前收益进行折现,似乎更为合理。于是,任何试图将通货膨胀率"降低"到从统计学的角度看来为最优水平的提案,都如同其他任何社会投资工程一样,服从利率或"折现"的检验。唯有计划内萧条的成本,或者由于先前的暴涨产生的收益损失,被保证以将来收益适当折现的形式"补偿"时,好的政策才能在长期给一个较低的通货膨胀率提供这样的"投资"。

在众多需要满足的限制条件及复杂因素中,那些包含在总需求政策方面的风险与不确定性的内容,被整合起来放在第 8 章。为了按月实行任意一个通货膨胀策略,权力机构必须应对各个政策行动对将来的效应并非完全可预测这一事实。更糟糕的是,任何一个决策时点上,经济所处的状态在当时都不是完全确定的。作为对未来的一种预告而对经济当前所处的状态进行估计,存在统计学上的困难,这体现在对货币及财政政策的公式化中。人们为了区别调整型政策问题(对深思熟虑的非均衡及预期的修订作出指示)与路径稳定型政策问题(最初就对预期作出完全的调整,使之达到合适水平)作出了艰难的努力。对预期的不同处置,将适合于这两种政策背景。

第 9 章开始涉及考虑国际上对此问题的争论时所需要的限制条件。也许此处最主要的论题是,美国增长较为迅速的通货膨胀率,并不会将国际经济带入一个不同的世界。许多国家,尤其是许多较为贫穷的国家,很可能有理由更加欢迎这样一种以美元为基准的世界商品通货膨胀率的增长。许多国家必定会选择效仿,因为对你有好处的,或许对我一样有好处。

然而,可能会存在系统效应。一旦美国的通货膨胀率增加,那种极力想推销自己的国家,往往会更频繁地让其货币升值。若这类国家成为主流,汇率上更大的不稳定,以及形成多国汇率联系的更强的激励,就会出现。金价可能会引起更多的兴趣。在世界通货膨胀变化更迅速的情况下,这一价格在长期可能会逐渐变得像钢的价格一样,随着一般价格水平,被有规律并且频繁地上调。

第一部分 现代失业理论

第1章 信息失业与工资-价格动态学

　　就像经济学家们用来划分人们持有货币的目的时所用的方法一样,从原因或动机着手,对失业进行分类,是比较便捷的。我的分类是,投机性失业(或者更确切地说,投机性低就业及投机性过度就业)、预防性或者"等待"失业、搜寻型失业,以及排队失业。

　　投机性失业(或者投机性低就业),可以用这样的家庭来解释,由于它投机性地认为,当前可用的货币工资率相对于它所预期的一生的购买能力而言,受到了暂时的压制,而选择拒绝本应参加的全职或者兼职雇佣工作(可能是首要工作或者第二工作岗位)。预防性或者"等待"失业,可以用一个自称"处于工作之间"(between jobs)而等待着无法预期的下一份合约的人所处的无所事事的状态来解释。搜寻型失业,可以用一个选择失业,拒绝某些工作岗位,以便于寻找一个比他已知自己能够得到的更优的工作岗位的人来说明。排队失业与等待失业的相似之处在于,它们两者都反映了劳动力市场许多领域中工资率和费用的非市场出清行为。排队失业,是指一个认为自己正处于一个尚未空缺的职位的排队过程中,而这份职位使他不能冒险把自己的服务奉献给一个较低的工资而处的闲散的状态。① 这些失业类别,也有闲置或未充分利用的工厂及设备与之分别对应。

---

① 这些失业类型并非完全相互排他。一个处于"工作之间"的人,在等待着他的货币工资机会恢复正常,或者渴望复职到以前的公司的同时,也可以花一些闲暇时间,寻找一份不同类型的工作岗位,或者在不同的公司或区域寻找一份相同的工作岗位。一个拒绝被雇用,以便于寻找一份更好工作的人,也可以同时拥有更多的闲暇——较短的工作日或者较长的周末——在这个意义上,他们有些类似于那些投机性失业者。

这些失业类型，追根究底是信息不对称所导致的。在一个变化迅速而高度联系的经济中，无论是人还是工作岗位，都普遍存在着多样性——跨越时间和空间的——以至于无法满足古典模式的瓦尔拉斯经济所需的完美信息假定。未来是不可预测的，甚至连大部分的现状都是未知的。这些失业类型中，至少有三种都属于通常人们称之为摩擦性失业的特例。尽管一定数量的摩擦性失业是正常的，并且有些剩余不能被货币手段消除，但摩擦性失业的数量，在很大程度上还是取决于"总需求"的水平。的确，如果没有这些摩擦，我们很可能根本就不会观察到失业现象；总需求就不可能受拉动失业的牵引力的正面影响。因此，对于每一种类型，我都有必要检测总需求影响失业数量和相应价格与工资调整过程的机制。这些都导向瞬时菲利普斯曲线和均衡失业的相关概念。②

1.1 就业的投机性变化

我们称之为"投机性"失业的那种失业，远非最典型的新古典类型的失业——如果它能够被称为失业的话。用最严谨的语言阐述，一般认为，各种不同类型的工人与工作岗位的货币工资率，总会通过某些方式出清市场，不会留下对于厂商而言任何无益的超额劳动力供给，或者存在任何未被满足的超额劳动力需求。③

经济周期中按照就业水平而波动的投机性理论实际上是一种简单的理论。试想，总需求的下降，假定由更高的税率或者货币供给的紧缩引起，引发了各种货币工资率的市场出清水平的下降。为了简便起见，我们假定经济在此前处于均衡状态——在本章剩余的部分，将会有很多关于均衡的讨论——那么，新的令人不适应的货币工资率，将被认为是不正常的，并因此而成为暂时性的。当可用的货币工资率被认为是暂时低水平时，很自然地（尽管并非逻辑上不可避免地），作为对此的回应，就会有许多家庭减少它们在市场经济中的工作时间。这种回应，仅仅改变了一个人在他的一生中计划用于工作的时间的计时方式，而没有改变总的劳动时间——就像将一个人的度假时间从未来提前到现在一样。

---

② 关于信息失业理论，目前所有的文献当中，最易理解的一篇文章就是 E. S. Phelps et al. , *Microeconomic Foundations of Employment and Inflation Theory* (New York: W. W. Norton, 1970). 沿着类似路线的一个凯恩斯的修正主义解释，可在 A. Leijonhufvud, *On Keynesian Economics and the Economics of Keynes* (London: Oxford University Press, 1968) 中找到。至于失业的前凯恩斯文献，可以参看 M. W. Reder 的类似论文，"The Theory of Frictional Unemployment", *Economica*, February 1969。

③ 就业波动的投机性理论的严格处理，参见 R. E. Lucas, Jr., and L. A. Rapping, "Employment, Real Wages, and Inflation", 收于 Phelps et al., *Microeconomic Foundations*. 针对同一问题作为补充的论文，参见 E. S. Phelps, "A Note on Short-Run Employment and Real Wage Rate Under Competitive Commodity Markets", *International Economic Review*, June 1969。

当我们假定当前的生活成本为适应总需求的减少,而以与货币工资率相同的比例下降时,这个理论就会变得稍微复杂一些。于是,按常识来说,真实工资率并不比它们之前在均衡状态时的水平低。那么,就业率将为适应总需求的减少而下降吗?答案是,如果在市场经济中就业的某家庭的目的之一,是存储所要赚的钱以备将来消费,那么,我们就有理由这样认为。于是,对此家庭而言,可用货币工资的减少,在某种程度上必然与对将来生活成本的预期,以及当前的生活成本有关。与我们对待货币工资预期的问题一样,相对称地,让我们假设人们也预期到生活成本将迅速恢复到正常水平。那么,家庭将认为,当前的货币工资率,在存款者获得的"名义"与"货币"利息率不变的情况下,降低了对未来商品的购买力。只有当货币利息率的上升与预期价格水平恢复率一致时,受压抑的货币工资率在未来和现在的购买力上,才具有同样的吸引力。换言之,家庭期望能从当前的工资收入储蓄中赚取的"真实利息",潜在地下降了。这便隐含着"预期真实利息率"的下降,对家庭以未来消费或未来闲暇或两者兼有为代价,选择更多的当前闲暇,提供了激励。

在满足其全部限制条件的情况下,这种对失业的看法,在某种特定的意义上,帮助我们解释了货币工资率的"黏性"。这一理论丝毫没有要求厂商对价格与工资的报价,像公司经济中的决策制定体处于僵死状态一样呈现刚性。当然,在新古典投机性劳动供给模型中,与名义工资及价格水平相关的货币工资率的下降,以及相应的价格下降,都是伴随总需求的下降而出现的。然而,这个模型诱导我们产生一种预期,即总需求的下降乍看之下(蓦然地),在失望、发现、认知到之前,只会引起货币工资率相当微小的下降。在极限情况下,我们可以想象,公司的经理解释说,他们并没有使工资率下降多少,因为他们知道,如果他们真这样做了的话,工人们都已经改行去钓鱼了。可能有很大一批工人正处在工作与闲暇的无差异边缘。

劳动供给对总需求的投机性反应理论,可以解释连续非均衡状态下,价格与工资所表现出的特性。若政府出于使价格水平保持在一个新的较低水平的目的,而操纵总需求的话,理所当然,我们就要假定,家庭将逐渐降低它们对未来生活成本的预期,同时也降低对未来货币工资率的预期。这些修正行为,将逐渐增大劳动力的供给(以每一组真实工资率的幅度),由此,货币工资率下降且就业率提高到各自的均衡水平。若反过来,政府希望保持当前下降后的就业水平与就业均衡水平之间的差距,那必须怎么做呢?这就必须在人们还相信的时候,利用这样一种信念——物极必反。为了控制就业率,就必须管制总需求,以便形成一个连续以惊人速度下降的价格水平,由此,进一步保持人们对价格及生活成本在实质上的恢复即将到来的预期。只要人们预期价格的每一次新的下降,在很大程度上都是暂时的,政府就能通过操纵总需求,来产生连续的意料之外的价格下降,借此使家庭认为未来价格水平将会有所上升。尽管稍后我们将要回到一个更一般化的框架之下,但此处有必要特别说明的是,我们在这一讨论中,已经假定预期虽然是可修改的,但性质上却是"静态"的:家庭预期生活成本与货币工资率将逐渐朝未来的某个水平变动,并在其后停留在那个水平上。长期的变化趋势预期,并非本身就被认为是可修改的。同理,我们假定,家庭还没有从重复的实验中变成向下(或者向上)修改它们对长期价格水平预期的高手。

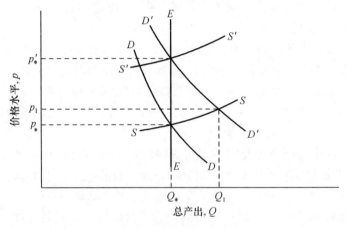

图 1.1

图1.1中 DD 曲线为总需求曲线。只要其中的实际产出真的被生产出来,它就将以乘数效应给出总产出需求所倾向的产出水平。在任何总需求曲线背后,是某种特定的货币供给、初始水平的政府债务、诸如平均税率或"高就业预算赤字"等某种财政政策指标,以及像该时刻的资本存量和预期通货膨胀率等描述所处经济状态的状态变量。正文中总需求的增加,意味着该曲线一致向右移动(而绝不是沿着某一给定曲线运动)。该曲线的斜率,可以根据流动性和价格水平变化的财富效应推测,假定通过货币和财政政策移动该曲线,则移动多少与斜率大小无关。

在最简单的情况下,长期总供给的概念可以用标记为 EE 的垂直曲线表示。它反映的是对闲暇和相应的摩擦性失业数量的需求。该曲线主要取决于实际工资,从而取决于资本存量和技术等。要达到宏观均衡,就要求作用于需求曲线的货币和财政政策把经济置于长期供给曲线的某处——任意一处。作为某种满意的近似,通常假定,供给曲线不随财政-货币政策组合的变化而移动。一般地,在给定的预期通货膨胀率和资本存量下,货币或财政政策(或两者)的放松,通过需求沿着供给曲线滑动的某个斜率,可能也会影响均衡产出水平。除了此处强调的极端新古典的垂直供给曲线假设以外,既不存在流动性影响,也没有财富效应(相互抵消),于是就被当做一个近似。因而,图1.2中货币型菲利普斯曲线的截距,与货币和财政政策无关——当给定预期通货膨胀率和资本存量时。

投机就业模型假定了一个短期供给曲线族,如 SS 和 S'S'。出现在任何时刻的该曲线,是一条与 EE 相交于家庭认为是正常的价格水平(去趋势化以后)的曲线。尽管这种假设并不占多数。

通过由向下到向上和由增加到减少的变化,灵光一闪而作出适当的修正,我们认识到,由旨在提高总需求的财政与货币政策而引起的非预期通货膨胀过程,招致了超过均衡水平的就业水平。当经济之花繁荣依旧时,家庭正忙于未雨绸缪。

由以上讨论可知,非预期的通货膨胀过程,会带来均衡水平以下的就业;而非预期的通货紧缩过程,会导致就业水平在均衡点以下。容易证明,非预期通货膨胀率越高,就业超过均衡水平越多;相应地,非预期通货紧缩率越高,就业低于均衡水平越多。以数学的思维方式来看,我们可以说,就业水平越高,非预期通货膨胀率也就越高——我们想以这种形式得到一个可能为负、零或者正的代数值。这种关系就是著名的菲利普斯曲线(图1.2),它有时也可用来指代价格通货膨胀与产出、价格通货膨胀与失业、工资率的增加与产出、工资率的增加与就业之间的联系。

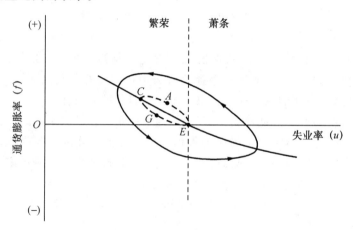

图1.2 货币型菲利普斯曲线

图1.2对失业率与价格水平变化率之间的"静态"关系给出了程式化描述。一般货币工资水平变化率与失业率的关系与此相同。预期一般未来价格和货币工资趋势被隐含地假定为0。当总需求使经济保持在 E 点,即静态均衡点时,这些预期就产生了。

如果价格和工资的反应比失业更快,则导向 C 点的总需求非均衡化增加,会产生一个类似于 EAC 的路径。那么,一个典型的经济周期,在萧条和繁荣之间,会产生一个逆时针利普西环(Lipsey loop)。但如果价格比数量更具有黏性,那么类似于 EGC 的路径也是可能的。

注意,通过菲利普斯曲线与就业水平相关联的,并非价格水平或者工资水平,而是这些变量(价格水平或工资水平)的变化率。当我们将菲利普斯曲线看做一种经验性的一般化工具时,如果理解得当,我们还能同时认识到与之并存的就业水平与价格水平之间的关系。的确,在刚开始对投机性供给模型进行讨论的时候,我们注意到,与就业减少相关联的,是价格水平的一次性下降,以及相应的货币工资率的一次性下降。

我们从投机性劳动力行为理论的角度出发,对通货膨胀率的研究,可以总结为以下结论,即给定静态的预期,通货膨胀率既是就业水平的增函数(给定劳动年龄人口规模),也是就业增加率的增函数。由于就业的变化率不可能长期偏离劳动年龄人口的增长率,我们就不会因为过分忽视由就业率的历史性变化而产生的价格与工资的历史性变化而错得太离谱——若将重点放在与就业率水平相关联的价格与工资的连续变化率上的话。

1.2 等待性失业

还有一种类型的失业,它取决于一些工人是在当前找一份工作,还是在不远的将来找另一份工作的选择。当一名演员或者一名房屋粉刷工人接受一份工作时,他明白自己将在数星期内被这份工作绑定。每当他处于"工作之间"状态时,他的工资将大幅减少,就像一个拥有每天100美元的名义报酬,却从来没有真正得到那么多报酬的人一样。如果一个发现自己的服务在其名义工资水平上没有被需求的人,选择降低他的工资,以加速下一份工作的到来,那么,在他从事那份新工作时,将不得不拒绝另一份提供名义工资的工作的风险就会增加。很显然,技工、律师、建筑师、顾问、政治家,以及某种程度或者另一种程度上的自我雇佣者,都处于销售者的地位,他们必须忽略需求随机性波动的因素,给自己的商品定价。有些人认为,其雇主找到合适的方法补偿雇用他的资本成本之前,离职是一种不合伦理的行为;还有些人认为,工人们自私自利,仅仅是不希望得到不可靠的坏名声,对于这些人来说,等待性失业的概念,可以更加推而广之。

当然,预防性失业的概念已经存在于新古典主义经济学中,你无疑能够在庇古(Pigou)的著作中找到很好的诠释。它属于后来被称为"结构性"或者"摩擦性"的数类失业中的一种。凯恩斯在他的《通论》(*General Theory*)中也没有忘记这种结构性失业,他在书中提出,"摩擦性"失业是由于对计算错误或者间歇性需求导致的专业化资源相对数量平衡的暂时要求;或者是由于无法预料的变化引发的时间滞后效应;或者是由于从一个工作岗位转到另一个工作岗位,具有一定的延迟性,因此,在一个非稳态的社会中,总是存在着一定比率的资源处于

"工作之间"的失业状态。④ 凯恩斯定义摩擦性失业的特性为自愿的,他还将之与他认为归咎于或敏感于总需求水平的失业类型分开。后凯恩斯主义同样将结构性失业与总需求不足引起的失业作了无效的区分。事实是,在正常的年份,大量的周期性失业都是自愿的——这并不意味着,一定是个人或者社会在这种情况下的最优选择——而在有些年份,一些结构性失业可能是非自愿的。

等待性失业的数量,取决于总需求。若总需求下降,那么,在货币费用不变的情况下,对工人所提供的服务的需求频率就会随之降低。同理,雇主在正常频率下雇用这些服务所愿意支付的货币费用也会减少。现在假定所有的工人都察觉到了总需求的变化,那么,他们将在重新计算之后,接受其所希望的就业频率下新的货币费用。一只手里以 *Economic Indicators*,另一只手里以 *Variety**(或者其他任何适当的筹码)作为理论武装,这些古典经济人假设**的绝佳模型,将永远处于均衡状态。然而,更贴近现实的假设是,大部分工人都会错误地将对于他们所提供服务的需求概率分布的系统性下降,看做不会造成当前的工资标准受到修改的暂时扰动。在这种情况下,一名典型的工人是处于非均衡状态的,因为他错误地估计了对于他所提供的服务的平均需求。⑤

正如非均衡低就业存在一样,非均衡过度就业也存在,我们只是单纯地试图以这些称谓,来表示它们与均衡就业率的差别方向,它们并不一定暗示着,均衡就业率拥有任何所谓的优越性。只要劳动服务的供给者们尚未察觉到一般货币费用水平上其服务的平均需求已经有了相应的上升,总需求的增加就会带来间歇性失业的减少。恰好处于无所事事状态的劳动供给者,将会响应需求的号召,按照各自的价格标准接受工作。

非均衡的现实意义,在于供求双方所决定的价格的反应。随着对需求系统性变化的判断越来越准确,工人们将开始逐渐朝着适当的方向,修正他们所估计的需求概率分布的均值,并由此朝着一个合适的方向修正他们的费用标准。为了保持同样的非均衡水平,并保持相应的过度就业数量不变,政府将不得不以能够保持稳定领先于劳动服务费用增长的速度,持续提高总需求水平。从某种程度上,我们可以想象到,工人们永远不会明白,如果他们想持平,就必须慢跑;而

---

④ J. M. Keynes, *The General Theory of Employment, Interest, and Money* (London: Macmillan, 1936),第 6 页。

* 1905 年开始发行的美国娱乐新闻报纸,日刊。——译者注

** 即假定人的思考和行为都是目标理性的,唯一试图获得的经济好处就是物质性补偿的最大化。——译者注

⑤ 一篇重要的文献是 D. F. Gordon and A. Hynes, "On the Theory of Price Dynamics",载 Phelps *et al.*, *Microeconomic Foundations*。

如果他们想赶超,就必须加快步伐。若是那样,就会存在一种能够将非均衡维持在某个过度就业水平上的稳态通货膨胀率。类似地,也存在一种能够维持给定低水平就业的稳态通货紧缩率。于是,我们再次回到将就业水平与通货膨胀率的变化相联系的短期菲利普斯曲线的概念上。但是,这一联系仍然假定不存在货币工资率以及货币价格趋势变化的调整。

1.3 搜寻型失业

总需求变化产生投机性就业反应的根源,在于对未来价格、工资率以及利息率的忽视。总需求的变化之所以产生等待失业,原因就在于服务的供给者们,对他们自己所提供的服务在未来给定价格被需求的频率,缺乏正确的认识。此外,对于失业理论而言,还有另一个很重要的信息缺陷。当工人们可以在各种不同类型的工作岗位中转换,或者公司可以聘用各种不同类型的工人时,工人们可获得的有关其他公司对于同类工作,或者拥有同等要求的其他不同类型的工作,所支付的工资(包括附加的与非金钱上的报酬)的信息,是缺乏了解的。当一个工人的货币工资低于其预期,或者被解雇的时候,他可能会决定花更多的时间去寻找另一份更好的工作,而不是拥有闲暇,或者在一个降低后的工资水平上继续保留旧的工作(如果可能的话)。

即便市场在所有货币工资率水平上连续出清,使得每一个拥有同等技能的工人,总能通过降低要价的方式,夺取另一个已经受雇的工人的工作,搜寻型失业仍然会存在,并且,这种失业的数量会对总需求的变化作出响应。正如我们当中大多数人所形容的那样,这一假设所描述的,只是美国经济现状的九牛之一毛。但是,它也许正是劳动力市场中某些层面的真实写照;而且,事实很可能是,即便永远无法达到,工资率仍然持续向市场出清水平逼近。因此,在我们开始分析工作岗位分级条件下的失业行为之前,先从这些方面来看待搜寻型失业,是非常具有启发意义的。⑥

1.3.1 市场出清情形

工资率信息不完全的源头,就是那些大多数工人都有能力胜任的工作岗位

---

⑥ 有关市场出清工资设定假说的主要文献有 A. A. Alchian, "Information Costs, Pricing, and Resource Unemployment", 以及 D. T. Mortensen, "A Theory of Wage and Employment Dynamics", 都载于 Phelps *et al.*, *Microeconomic Foundations*。读者也可参阅同样载于上书的 E. S. Phelps, "The New Microeconomics in Inflation and Employment Theory"的相关部分。

极大的易变性,以及被雇主视为候选者的工人们的多样性。如果经济中没有新人不断进入,或者技术发现与资本投资不是在持续不断地创造与毁灭着工作岗位,抑或人们不是乐此不疲地改变着他们的偏好,我们便可以设想,人类的智慧最终可以战胜这繁多的异质性,并且,将不再有证据表明,获取大量的信息存在困难。但实际情况并非如此,并且,整个经济总共花费了数百万人-时,以保证将不断增加的人数和信息考虑进来。很多工人发现,以放弃工资收入为代价频繁密集地搜集信息,能够更方便地获取信息。可以设想,只有一个逐渐意识到自己正在被挤出市场的营销人员,才会出现为了工资收入而擦皮鞋或者刷洗碗碟的情景。但更有可能出现的情况是,他会迫不及待地找到一份能给他正常工资的可接受的工作。

相当一部分的搜寻型失业,都是经济发展过程中出现的正常情况(正常,却不一定是最优的),哪怕在劳动力市场处于均衡状态时,无论总需求是高还是低,都是如此。厂商被淘汰、重置,工业萧条,而工人们则对他们当前的工作感到不满或失望。关于美国的劳动力有一个见怪不怪的现象,那就是,每个月都有接近2%的人自愿放弃自己正在从事的工作。由于不满自己的工作岗位和报酬而放弃就业或者拒绝新就业机会的工人,并不了解以下关系,即提供给他们的工资,与总需求水平及其导致的整个货币工资可能的供给两者之间的关系。工人们仅仅看到了一棵棵树,而且大多一次都只看到其中的一棵,却没能看到整个森林。

于是,上述讨论,给出了某种总需求水平能够对搜寻型失业产生影响的方式。暂时不考虑前文所说的衰退假说,考虑总需求有了一个超越均衡水平的增加时的情况。基于我们对货币工资率为市场出清的暂时假定,需求的这一增加,将会刺激厂商提高其工资率;这是包含额外广告和其他非工资性的招聘支出在内,厂商试图用来吸引其他公司的工人,或者吸引处于搜寻工作中的工人前来就业的方法之一。货币工资率超越正常预期水平的普遍上升,必然会减少搜寻型失业的数量。忙于选择货币工资报酬的待业工人,并不知道所有的货币工资率都处于上升的趋势之中,他们多半会误认为自己所观察到的高货币工资率,是某特定厂商或工作岗位的一种特例,而并未把货币工资率的上升视为一种普遍趋势。失业会持续降低,直到达到这样一种水平,在这个水平上,那些本来尚在等待寻找更好的就业机会,但最终参与就业的工人们,与流入失业群体中的新人群,刚好平衡(而不再是超过他们)。于是,货币工资率便以恰好足够促使因总需求增加而增长的就业率水平增长。在新的"稳态"水平下,一种优越感将开始盛行,大多数工人都会认为,他们正享受着其他的普通人群所没有的货币工资的增长。

14

表 1.1 以城市劳动力百分数表示的失业率,按性别划分各年"平均"失业

年 龄	1957 年			1965 年			1970 年		
	男	女	合计	男	女	合计	男	女	合计
16—19 岁	12.4	10.6	11.6	14.1	15.7	14.8	15.0	15.6	15.2
20 岁及以上	3.6	4.1	3.8	3.2	4.5	3.6	3.5	4.8	4.0
合 计	4.1	4.7	4.3	4.0	5.5	4.5	4.4	5.9	4.9

正如我们在对响应于总需求变化而变化的投机性失业的检验中所观察到的一样,此时也存在一个与失业率相关联的货币工资率和价格的一次性变化,且它们都响应于同一个总需求的增加。但是,如果失业率持续低于其均衡水平,在给定的预期货币工资率平均水平下,随后的货币工资率和价格的增长,将会演变成持续性的。此处的失业率均衡水平是指,在工人中经过某种恰当的分摊,使得某一确切的货币工资被提供给工人,以便于以适当的比例调整他们对潜在工资报酬概率分布的预期或信心的前提下,总需求的适当行为所导致的一种持续稳定的失业率。在非均衡状态下,预期不具有统计精确性。

表 1.2 选择的几种失业特征

不同持续期的月份失业所占的比例,按年平均百分数计算					
	4 周或更少	5—6 周	7—10 周	11—14 周	15—26 周	27 周及以上
1957 年	49.2	9.0	13.7	8.4	11.2	8.4
1965 年	48.4	8.5	12.5	8.2	12.0	10.4
1970 年	52.3	9.6	13.8	8.1	10.4	5.7
月份人事变动率,仅以制造业在册雇员为准					
	辞 职	解 雇	其 他	合 计	
1957 年	1.6	2.1	0.5	4.2	
1965 年	1.9	1.4	0.8	4.1	
1970 年	2.1	1.8	0.9	4.8	
失业的原因,按城市劳动力年平均百分数计算					
	新加入劳动力队伍	重新加入劳动力队伍	离 职	失去工作	合 计
1965 年 11 月	0.6	1.0	0.7	1.6	3.9
1967 年平均	0.5	1.2	0.6	1.6	3.9
1970 年平均	0.6	1.5	0.7	2.2	4.9

资料来源:U.S. Department of Labor, *Handbook of Labor Statistics*。

考虑前面所讨论的由于总需求的增加而产生的"过度就业"性非均衡状态:

平均货币工资率已经上升到预期水平以上,并且正是这种差异导致了失业的减少。(此外,假如厂商没有低估其竞争者们对劳动力的竞价水平,它们可能就不会采取扩张行为;但它们很快就会发现其竞争者们和自己一样,正支付着意料之外的价格,并由此获得心理上的平衡。)如果失业率持续保持在均衡水平以下,"实际"与"预期"之间的差异就必须被维持下去。如果我们假设,有关其他厂商支付同样高的货币工资率的信息,逐渐为全体雇员们所知悉,那么,假如失业率仍然保持不变,总需求必须不断上升,使得新获得的有关货币工资率的信息,像之前所掌握的工资信息一样过时。从工人们整体上比个人可能选择的结果有更多、更早或更糟糕的就业这个过程的惯性来看,必然存在货币政策制定部门的配合。除非货币供给能够持续稳定地上升,以维持总需求与价格水平的同步增长;否则,产品价格与货币工资率的连续上升,将给货币市场施加一种压力,迫使利率上升,进而总需求减少。在短时间内,财政当局将以固定的比率降低税率来达到目的。

  总需求自其均衡水平处的下降,可以被视为导致失业率上升的诱因,以及价格和货币工资率上升速度低于平均预期的过程。简而言之,需求的下降,会迫使货币工资率以低于预期的水平增加,进而导致工人们拒绝聘用而花更长的时间去找一份工资需求可接受的工作,或者放弃已有的工作,去寻找另一份更好的工作。⑦ 因为厂商自己并不知道,其他厂商也正在做着同样的事,每个厂商都很惊喜地发现,它们可以以越来越低的货币工资率,获得它们所希望的新工人。与此同时,厂商们不得不极不情愿地逐渐改变价格,使之与竞争者们预期外的减价相吻合。若由相关的货币工资率的下降,以及给定名义现金平衡水平下实际价值的增加推理(在一般的分析方法下)得知,就业的重组,并没有向其均衡水平靠拢的趋势,总需求必然要以税率上升或者货币紧缩的方式稳定下降。于是,由于工人们拒绝就业,以便于寻找其他可选的工作岗位,而实际上却得到逐渐下降的报酬,失望的搜寻者们不得不持续降低他们对货币工资率平均水平的预期,而确定的货币工资率又在预期水平之下,故货币工资率将有稳定下降的趋势。我们了解到,就业决策、价格与工资决策对于总需求行为的反应,综合起来能够描绘出菲利普斯曲线的轨迹,它描述的是稳态通货膨胀率与失业率之间的关系。然而,在这种关联结论下,必须明确我们的前提,就是在前述几种失业类型的讨论中,我们坚持假定,哪怕通货膨胀或通货紧缩是惯常状态,价格水平的变化率趋势和平均货币工资变化率趋势,并不取决于适应性调整。

---

⑦ 在工作配给下的辞职行为,与市场出清工资率下的辞职行为是不同的。

1.3.2 工作配给与搜寻型失业

我们已经尝试着在不太现实的假定情况下,或者具体来说,在计算两名工人的效率、信誉,以及其他成本优势上的差距造成的津贴之后,厂商时刻都会选择给定工作岗位类型中要价较低的工人,而个人也会时刻遵守这一游戏规则,在这样的假定前提下,去讨论搜寻型失业和工资与价格决策的本质。经济学的这一经典定律的问题在于,在一个信息不完全的集合中,厂商们采取的通常并不是预期成本的最小化措施。

工人的多样性,使得任何厂商获取各个招聘岗位的所有相关信息,成为一种非经济的行为。由于工人们的相关信息不完全,某工人自称可接受某一工作的工资水平,本身就成为厂商对此人感兴趣的信息数据之一。通常而言,厂商会根据应聘者的工资需求来评估他,或多或少类似于人们根据价格水平判断水果的新鲜程度。若某个认为他的择业前景十分黯淡的人,对雇用他的公司说,他只是为了养家糊口,公司可能会推测:"这一信息反映了更多他个人的问题,而不是社会问题。他肯定遇到麻烦了。"⑧

货币工资率即刻出清市场的另一个障碍,出现在某些特定工作岗位生产的最终产品彼此间有非常强的互补性的时候。一位应聘者或者从业人员,很可能会根据产品需求的下降而迅速作出反应,假如存在某些混在同一个木桶中的烂苹果(滥竽充数者),他们帮不上什么忙,却要求或多或少等比例地获得与其他的劳动互补完成任务的做作表演的报酬,他就会反问,为了较少的报酬而奉献他的服务,对他而言有什么好处呢?如果把它比作一个"是沉还是浮"("是溺死还是自救")的抉择问题,那么人们多半会选择"沉"。

当然,很少有工人有单独为自己的工资进行谈判的权利。作为信息稀缺性的一个重要方面,工人之间极为显著的多样性,使得在绝大多数的情况下,为了各工人应该得到多少工资的问题,而逐个进行协商会极其耗费成本。在行政上统一设定某一类工作岗位所需支付给从业人员的工资率,进而根据最可能占据那些职位的工人们的平均可预期的特性,来确定工资率的差别。此外,当雇员们发现从事等价工作的工人之间工资率的差距带有歧视性或者超出了可理解的范围时,这种差距很可能对雇员的士气产生负面影响。因此,我们在所有的工作岗位类别范围中,以非个人或者标准的货币工资率为假设前提,再来考虑一下工

---

⑧ 正如下文将要强调的那样,在工资率对于每个工作类型都标准化的经济中,也会发生类似的现象。通过工资评价工人质量的观点,是在 G. A. Akerlof,"The Market for "Lemons:"Qualitative Uncertainty and the Market Mechanism",*Quarterly Journal of Economics*,August 1970 中提出的。

作配给与失业现象。

必须承认，尽管各种工作岗位类别工资率有统一限制，但仍然存在通过各类工作岗位工资率的不断调整而实现的某种修正的或者有条件限制的市场出清。可以设想，一个公司招聘一名满足这类工作岗位要求的新秘书，将成为一场荷式拍卖的诱因，在拍卖当天，以能够保留所要求的秘书人数为前提，设置最低工资。理所当然，这种想法会令大部分秘书很不愉快，不过事实上，大多数人在常规上都会承受另一种风险，那就是被解雇。我应该认为，典型的情况是，雇主为了自己的便利，妨碍了他们（应聘者们）表达自己对这两种风险的偏好，而并非这些雇主和雇员们事先就一致地偏好某一种风险甚于另外一种。

通常我们之所以没有观察到这样一种良好的工资等级决策，其中一个原因就在于，雇主面临着随机波动的服务供给，就像电影演员面临着随机波动的需求一样。于是，在各工资水平上，雇主无法确定有多少工人、哪些工人明天会辞职，以及有多少各种不同类型的失业工人将来到这家公司寻找并接受工作。为了减少临时降低工资等级所造成的关键工人的损失，公司可能愿意在平时间歇性地或者也有可能在大部分时候，对各种不同类别的工作岗位，支付一个并不必要的高工资率水平，以产生公司想要拥有的平均就业水平。在许多生产过程中，当各种工作具有相当的技术互补性时，这种考虑自然是最为重要的。与此同时，这样的公司可能在其工作岗位种类中，很大一部分都处于闲置状态，厂商形象地称之为职位空缺（job vacancies）。

我们没有发现，以工作岗位种类划分的工资等级，有对供给与需求的变化无常作出反应的趋势的第二个原因，可能要追溯到雇主以工人对工资的需求来对其进行评估的问题上。在以需求分类的时候，有些人可能会发现，他们无法抓住低技术含量的职位空缺，或者发现他们无法令当前占用那些职位的雇员离开，因为雇主们认为他们的能力在这些职位上是大材小用[*]了。"应聘者们肯定是疯了。否则他们会很快离开这里。无论在哪种情况下，雇用他们都是不划算的。"

在工作配给的世界里，总需求超过均衡水平的上升，能在没有货币工资率上升的情况下，成功地使就业率上升。试设想，在均衡状态下，各种各样的工人代表正奔波于各公司之间，对一个各种各样的代表性空缺职位进行采样。当总需求增加时，就会有更多的公司对工人开放各种不同的工作岗位。于是，失业的工人们就会比总需求和空闲职位水平较低的时候，更倾向于早日寻找到他们所追求的那类工作。如果总需求成功地将就业率维持在更高的稳态水平，那么，是失

---

[*] overqualified，有人调侃地把它直译成"过立废"，过犹不及，超过了所要求的资格，反而不合格了。——译者注

业率的下降,而非失业人数的下降,反映出被缩短的寻业时间。事实上,我们所掌握的美国经济数据,就支持了这一假说,那就是,比起萧条时期,更大比例的适龄工人,会在繁盛时期经历失业。这一看似矛盾的结论,其实归根结底是因为一种刺激,它诱导人们退出当前的工作,进入失业群体,以便于寻找更好的工作岗位,因为很容易发现的工作岗位空缺表明存在这种可能性。

在以上描述的这种劳动力市场中,货币工资等级所显现出的这种上涨,在引发就业增加上,并不起关键作用。显然,在相关公司数量很少,并且公司所支付的工资率广为人知的时候,它对总失业率的影响是微乎其微,甚至不存在的。如此一来,在其他公司的货币工资率已经给定的时候,个别公司就能通过提高自己的货币工资率来赢得工人,然而,除非有一些可能会投机于货币工资率暂时上升的新进者加入——这种投机现象,我们曾在本章的第一部分讨论过——否则,从整体上让所有的公司都能通过提高其货币工资率来赢得工人,是不可能的。在各公司对货币工资率的调整并不频繁的情况下,这种现象几乎已经被认定,至少是近似如此,部分原因在于前文所暗示的不确定性,或许还包括出于管理上的便利性考虑,比如,为其他用途而放宽了决策制定的期限等额外原因。在那种情况下,影响工人们的信息不足的,主要是关于公司的招聘性质类别开放与否,以及各种可选择的公司中可获得的工作岗位非金钱性的待遇等方面的问题。

1.3.3 "工资-工资"螺旋

我们所讨论的非均衡状态中所出现的第一个轮回的货币工资率的增加,不太可能成为因总需求水平的提高而导致就业上升的诱因。鉴于这一理由,个别公司在其到达工资级别决策点时,将理所当然地认为,这些工资等级在自己预期能够成功地从失业人群或者其他公司中获取人力资源,以填补其职位空缺的行动中,拥有首当其冲的重要性。在许多劳动力的子市场中,工资级别是根据各个公司,甚至同一公司的不同职位,而逐一修订的。在某些公司中,工资级别会做周期性的修订;而在另一些公司中,工资级别的修订则是随机性的——在管理阶层的注意力因为某种刺激而被吸引到某些人事或者人力方面的问题上时,可能会做相应修订。

假如总需求水平较高(在均衡水平以上),那么提高工资的过程就会因此而比较缓慢,但也并非必然。作为对于膨胀的需求的回应,处于工资率修订阶段的公司,将会制定出它们的工资级别,作为吸引更多劳动力的计划的一部分。在年度修订的情况下,所有的公司都会在一年之内有机会回应需求的增长。由于在12个月的(工资级别修订)周期中较晚"轮到"的公司,将有机会观察到迄今为止工资的平均增长率,当下一个轮回开始的时候,在这一年里较早设定工资率的公司,将会发现自己遭遇了相对工资级别的下降。假如它试图再次提高其相对工资级别的话,它就不得不依照过去 12 个月的平均货币工资的一定比率,提高其货币工资率。因此,需要设定工资的公司想要奋起直追,就有许多事情要做。一家典型的公司如果想让自己的相对工资拥有 3% 的优势,若想通过所要求的总需求管理得以保持,就能够很轻易地使一般货币工资率产生一个,比如说,每年 6% 的上升——即便如此,各个公司仍然乐观地指出工资黏性即将到来,其他所有需要设定工资的公司,都将对自己当前设定的工资率感到满意。

描述工资非均衡通货膨胀过程的另一种方式就是,某典型公司在非均衡中错误地预估了多种因素——空闲职位竞争者的缺乏、已有的雇员超乎寻常的辞职率,以及其他公司正在进行中的非预期的工资增长——伴随着其关闭由于总需求的增加而产生额外职位空缺的努力终将失败的结局,在失业率和可供此公司选择的相应的日平均工人供给量都下降的情况下,留下更多的职位空缺。因此,对各种劳动力的平均超额需求提高了。雇主们(以及工人们)的这一失算,以及从劳动力市场中感受到的挫折与失望程度的简单指标,可以被视为工资通货膨胀率的解释变量——在我们的整个讨论过程中,对未来工资率及价格的预期,都将被默认为固定值。[9]

总需求的一个低于均衡水平的下降所造成的后果,是非常对称的。总需求的减少,削减了许多工作岗位种类中的空缺——当需求大比例下降时,所有工作岗位种类的空缺都受到削减——后果就是,合适的失业工人,要花更长的时间才能就位,并且从业于比他们期望中的档次低的工作岗位种类的频率增加了。失业的时间区间被拉长了,与此同时,辞职率有下降的趋势,因此,自愿进入失业群体的人数就会减少。此外,公司变得更加苛刻,并且比以前更迅速地解雇不满意的工人。如果某个公司在假定其他公司未来的货币工资率固定不变这一静态假设下运作,那么,它就将以降低其货币工资级别的方式,来获取由于被迫削减职位空缺和为了降低一点自己的货币工资成本而寻业的失业工人供给流量增加所

---

[9] 这种模型是 E. S. Phelps, "Money-Wage Dynamics and Labormarket Equilibrium", *Journal of Political Economy*, August 1968, Part II 中的主题。对于同一模型的一个更清晰的阐释,可以在菲尔普斯等人合写的同名论文中找到,该文选自 Phelps et al., *Microeconomic Foundations*。在那一个版本中,添加了人们或许会特别感兴趣的有关蛙跳(leap-frogging)的一个连续时间模型的数学附录。关于蛙跳与工资-工资螺旋(wage-wage spiral)的一个早期讨论,可以在 W. J. Fellur et al., *The Problem of Rising Prices*(Paris: OECD, 1960)中找到。同一意向的另一项最新的贡献,来自 G. A. Akerloff, "Relative Wages and the Rate of Inflation", *Quarterly Journal of Economics*, August 1969。

带来的优势,这种优势让它免于为了在能够预见到的相对工资的下降中产生足够的储蓄量,来抵消它在较低的相对工资下吸引工人的过程中可能触发的更大的难题。这些公司对其他公司所采取的类似的工资削减行为的惊讶,导致了一个非预期的工资通货紧缩的反复发生过程。

我们由此得到一个熟悉的命题,一个似乎是目前所得的有关失业和工资-价格行为的几乎所有理论都会导出的结论:在对未来的一般工资率与价格趋势的预期固定不变的情况下,一方面,货币工资率的变化率和价格变化率之间存在着某种关系,另一方面,货币工资率的变化率和就业率的变化率之间也存在着某种关系。以上分析已得出这样一个结论,即当劳动力市场中的非均衡给厂商们带来令人不快的惊异,而给工人们带来惊喜时,在情势属于卖方市场、供不应求的情况下,货币工资率将会产生非预期的上升;当风水轮流转、情势属于买方市场的时候,就轮到工人们感到焦虑了,货币工资率于是就会有非预期的下降。

到此为止,这项分析似乎忽视并违背了一个我们都很熟悉的现象,即在几乎所有类型的工作岗位中,平均的货币工资率都早已有了一定的上升。为什么会这样,又如何才能使事实与分析相一致呢?有时候,我们认为,货币工资率的上升源于劳动生产力的增长。即便我们在最适当的地方补充"边际"这个词,该答案也只能得一个"C"。一个优于前者的答案是,货币工资率的上涨,通常是由于公司和工人普遍预期货币工资率将要上涨。假如上升的货币工资是一种正常的预期,那么试图保持他们相对生产能力以及雇员数量的厂商,就必须提高他们的货币工资率,以维持其在劳动力市场中的预期相对工资。但如果想要得"A"的话,必须补充一点,即仅当厂商预期有能力支付这些更高的工资,并且不会因此发现,同时提高与那些竞争者之间的相对价格也很有利——进而不得不面临顾客减少的前景——的时候,各厂商才会真正地决定对保持其雇佣能力作出计划;因此,要么出现技术成本预期的下降,要么出现通货膨胀预期的下降,要么两种预期都下降。

于是,当我们谈起"低就业"(就业水平低于均衡水平),并将这些条件与非预期的工资削减相联系的时候,必须留意以下这一点:假如当前人们普遍预期货币工资率增长4%,那么在静态("平的")预期的情况下,平均货币工资就会增长3%,恰好以-1%呈现出非均衡状态。无论在哪种情况下,最重要的一点就是,货币工资率如果有所上升的话,必然没有人们预期中的那样迅速。

我们可将均衡就业率的概念阐述得明晰一些。我们可以说,均衡就业率是实际的货币工资率的平均增长率与预期货币工资率的平均增长率相等时的就业率。当(且仅当)预期处于平均水平的厂商在招聘新人和保留原有雇员方面成功(或者处于困境),且处于平均水平的工人在寻找他们所希望的工作岗位种类与报酬方面也成功(或者处于困境)时,这种等值关系才会出现。⑩

1.4　歧视、工作经验、重新分级与排队失业

此处有必要留意一下搜寻型失业的某些构成特性。这些特性从一个侧面使我们得以辨别另一种类型的失业,它与搜寻型失业有一些微妙的联系。

1.4.1　工作经验

当一家公司正依照已经建立起来的各类职位的工资级别运作时,我们理所当然要问:在各种职位上,谁应该被雇用而谁不应该被雇用? 一般而言,公司会在有足够的机会找到一个更优的工人来就职于公开招聘的职位时拒绝当前的应聘者。于是,问题就演变成:公司认为谁更优呢? 使得一名应聘者脱颖而出的一个重要因素就是经验,尤其是在本公司内部的就业经验。在没有实际聘用一名工人的前提下,想要确切地了解这名工人的能力和忠诚度,是不太可能的。即便设法来获得此工人的有用信息,也是相当耗费成本的。因此,在有本公司的实际雇用经验和没有经验的雇员之间,公司往往偏好于前者。成千上万的寓言告诉我们:不要买袋子里的猪(don't buy a pig in a poke)*;老朋友就是最好的朋友;双鸟在林,不如一鸟在手(a bird in the hand is worth two in the bush)**。

这一考虑,显然对于那些寻找第一份工作的劳动力不利。它也帮我们阐释了,为什么有资历的雇员总能得到偏爱。雇员的工作经验每多一年,公司就会稍稍减少一些对其工作能力和忠诚度的怀疑。哪怕能力与年龄之间并没有对应的

---

⑩　你可能会问,对于一个将要到坎特布当大主教或者类似职位的人而言,这个理论有什么用呢? (萨缪尔森式的问题就是由为自己做主而来的。)这样的人在目前讨论的意义上处于"非均衡"状态。当一个精神病患者处于"心理不平衡"状态的时候,心理思忖的无外乎:事情永远不会按照他的意志发展。在那种情况下,这一问题正好一针见血地指出了广义的均衡概念,但我们不能指望存在狭义上的全面均衡。答案只能是,为了计算宏观均衡,我们必须依照一定的比例赋予个人预期以特定的权重,这一比例取决于他察觉到自己错误的迅速程度、矫正其预期的应变能力,以及由此而采取的对其自身行为的修正。于是,我们得出结论,宏观经济均衡并不要求我们使经济接近充分就业,以通过劳动力市场中实际参与者和拥护者的惊讶感,来平息和抚慰狂人们的失望情绪。结合我们所讨论的主题,我们必须补充一个前提,即假如存在心理上的偏向作用,使得在同等的"客观"冲击下,比起极不情愿地相信工作机会变少,并且比预期中更糟糕,他们更热衷于认为,工作机会越来越丰富,并且比他们预期中更好了——如果存在着这种认知速度上的不对称性——均衡失业率必须足够大,才能使那些迟缓地降低自己的保留工资率,以响应对于他们所提供的服务的超额供给的人数,超过那些通过不断膨胀自己的货币工资需求,来响应对于他们所提供的服务的超额需求的人数。在本书第4章中,我们将对其中一些问题进行回顾。

*　指不要买未经检查、未见过实物的东西。——译者注
**　指多得不如现得。——译者注

相关性,我们也应该产生如下预期,即年轻的雇员更有可能遭遇下岗或者被解雇。同时,当一名资历很深的工人被解雇时,其他公司将视之为一种信号,它说明,经过对此人的行为表现的长期、仔细观察发现,此人并不是一名合适的雇员。因此,当你发现因年龄的影响而产生的平均失业时期区间的分布呈双峰(bimodally)状态的时候,不用过于惊讶,尽管存在非常多的其他因素作用于这一变量,从而导致这种分布的存在性,但这些都不足为道。

另一种陈述上述问题的方式就是,资历较深的工人拥有公司投资在其身上的某些公司特有的人力资本——信心因素。这提醒我们注意,公司对于一个雇员的投资还包含其他许多方面。当一个典型的新人还处在进入公司的适应期时,他很可能极少有机会接手新的工作。这些投资将对失业频率产生相似的影响。

1.4.2 统计学上的歧视

雇佣偏向也有可能在对同样无经验的两个工人进行选择的时候出现。于是,预期成本最小化决策,就只能根据公司认为对于预估一名工人的表现有用的已有的可获得数据来进行。公司一般最有可能着重获取如下类型的数据,比如年龄、性别、身高与体重、受教育程度、文凭与学历、出生地、前一份工作的属性——诸如此类根据人事管理者们所确信的标准来指定的一系列清单项目,这种标准决定了就业的工作表现是如何与这些变量指标相关的。因此,公司就是在运用统计学——一门在稀缺数据中进行权衡取舍,以作出最为明智决策的艺术。于是,即便应用最优决策法则,"错误"仍然有可能发生。一家银行可能会选择一名拥有博士学位的人作为经济顾问,指望他的学历能确实充分反映他卓越的耐性与雄心,尽管另一个竞争者实际上可能比他优秀,并且能力也更突出。

假如没有掌握足够的信息,一名不在自己住的酒店用餐而非要外出用餐的旅行者,可能被称为"有偏见的"人,尽管没有证据表明他所选择的餐馆确实比酒店低档。[11] 同理,一个成本最小化的公司,也有可能会在一些它用来作为个人行为描述的代表性数据的基础上,对那些不能让它认为很经济,甚至不能让它认为可靠的数据,产生某种"歧视"。举个典型的例子,公司偏好结婚男人多于离婚男人的这种歧视,很可能是明智的——社会学家也许需要测试一下这一假说。对于公司而言,在一定决策范围内,利用某些统计学上的"偏见",是非常"经济"的,因为获悉全部的真相,或者等待全部的真相大白于天下,都太耗费成本了,更不用

---

[11] 当他缺乏有关这家酒店的信息时,只要他感到酒店比平均水平低,就必然会到其他地方就餐,而并非深思熟虑后的决定。

说去正式地测试招聘所依赖的行为假说了。

因此,所谓的"种族主义"——还有类似的"大男子主义"——都可以从客观的利润最大化角度,被假定为"科学管理"的结果,而不是种族的敌意或者偏狭。然而,臭名昭著的情况是,大部分的种族歧视是不科学的。雇佣过程中的统计学歧视,往往基于在科学性上声名狼藉的老套路(尽管人事人员本身并不知道这种陈腔滥调有多普遍)。比如,并没有实质上的经验证据表明,黑人劳动力在基因上相对于白人和其他人种而言,处于劣势;民族学者和遗传学者以及其他一些专业学者,肯定是反对这一假说的。在黑人遭遇有偏见的雇主时,其委屈是不言而喻的。

然而,令人沮丧的事实是,的确存在一些有关种族群体的有害结论,将会得到客观公正的社会观察学者们的认同。有关起源于某一特定社会环境种群历史的群体行为,存在着一些被完全接受的假说。这种有关种群的破坏性的信息,被应用于每一个处在这种群体中的个人,无论他是多么才华横溢,都无法幸免。相应地,关于社会优势群体的举荐性事实,为处于这一群体中的每个人都提供了便利,无论他可能是多么平庸。即便没有人在乎肤色,在涉及个人问题的时候,这种情况仍然有可能出现。

这种"偏见"的统计精确性,并不意味着由此导致的以种群为基础的种族歧视,能够满足伦理道德的要求。恰恰相反,假如社会能够消除出于获取更多信息所需的成本顾虑,仅以肤色为判断标准,极力反对某些人就职,以达到国民生产净值的最大化行为,正义才能真正得到伸张。社会评论家们质疑劳动力市场或社会其他层面是否真的不需要盲目的正义和统计学公平。事实可能是,在极端的机会均等的前提下,客观的买卖公平原则,不可避免地要与个人问题的某些原则混杂在一起。

针对非白种人与女性的歧视,往往会导致他们的薪水低于同类人群。对于公司中雇用非白种人和女性的普遍不宽容态度,也会产生类似的效果。[12] 很难说这种种族与性别上的歧视,是否也会造成失业率上的显著差异。本书的第3章将讨论由于多种社会学和心理学上的因素而导致的失业行为。针对黑人的歧视,将使那种类型的失业有相当程度的增加。但在此,我仅将注意力局限在本章所集中讨论的摩擦性失业的范围内。

---

[12] 作为"偏好"而出现的种族偏见的新古典理论,在 G. S. Becker, *The Economics of Discrimination* (New York: Columbia University Press, 1959)中得到了发展。注意,歧视的新-新古典理论是以统计学上的偏见,而非心理学上的不宽容或偏狭的敌意为基础的,它并不取决于种族偏好的存在性。

表 1.3 按种族与性别划分的失业率,劳动力人口的百分数

种族	1957 年			1965 年			1970 年		
	男	女	合计	男	女	合计	男	女	合计
白人	3.6	4.3	3.8	3.6	5.0	4.1	4.0	5.4	4.5
非白人	8.3	7.3	7.9	7.4	9.2	8.1	7.3	9.3	8.2
合计	4.1	4.7	4.3	4.0	5.5	4.5	4.4	5.9	4.9

资料来源:U.S. Department of Labor, *Handbook of Labor Statistics*。

表 1.4 按邻居和种族划分的失业率,百分数

种族	1967 年		1970 年			
	城市区域		所有区域	城市区域		所有区域
	穷人区域	其他城区	城区与非城区	穷人区域	其他城区	城区与非城区
白人	5.3	3.2	3.4	6.3	4.5	4.5
非白人	8.9	6.1	7.4	9.5	6.5	8.2
合计	6.8	3.4	3.8	7.6	4.6	4.9

资料来源:U.S. Department of Labor, *Handbook of Labor Statistics*。

1.4.3 重新分级与排队失业

黑人与女性在工作中往往会发现自己是最先被解雇与最后被雇用的人,因为雇主们往往认定他们较不稳定,较不可靠,且较平庸,所以对于公司而言,投资的价值也就较小。顺便说一下,这个例子,也许可以解释不可靠的铅版印刷术的流行,因为数据显示,中年黑人男性的离职率,比同龄的白人男性要低。这种歧视能够给失业造成刺激的另一种途径,就是使这些工人被安置到一些技术含量低、无法长期忍受或者频繁解雇和雇用的职位中。简而言之,在被要求达到同一失业率水平、同一失业频率的前提下,受到这些偏见折磨的那些人,可能不会接受他们与白种男性工人工资率之间的差别。

关于这一点的详尽阐述,将我们引向重新分级(regrading)劳动的话题。到目前为止,我们一直都在讨论分离的不完善劳动力市场,在这种市场里,音乐家、演员、电气技师等,都是高度专业化的,而且根据前文的讨论,他们的才华很可能相当独特,尽管公司内部并没有技术的等级制度。但是,我们一直都忽略了一个事实,即在技术的某些领域内,一名工人的某些特定的技术,使得他不受数以万计的"低"阶层工作岗位的影响,而同样成功地继续待在他原来的工作岗位上或继续从事他现在从事的工作。

在遵循这种等级制度结构的公司中,对其产品需求的下降,可能会造成多米诺骨牌效应,此时,那些需要技术的工作岗位就被降级(正式或者非正式的)为

较低的技术密集型业务岗位,一些处于那些工作岗位的工人,也随之被降到下一个级别,依此类推,以致最后沦为最低级的技工。造成这一现象的原因是,公司对于最高级的技工,往往有最高限度的"投资"。作为最多才多艺但情况又复杂的人群,其同类人群的相关细节信息是最难以获取的,因此,替换他们的风险也是最大的。尤其是当公司预期到对其产品的低水平需求只是暂时现象的时候,常常将高技能多才艺的工人保留在不是那么有用的岗位上,这将会比解雇这类工人,然后再辛苦地慢慢重建高技能工人队伍更经济。当人们认为需求的衰退只是转瞬即逝的事情时,公司可能会选择保留其当前的全部劳动力,把工人放在日常零星工作(诸如更新记录等)的位置上,当机会出现时再完成。

关于这一征用低技能人员工作的过程,我们所能预期的一个后果就是,公司展现出这种等级制度的特性后,解雇和雇用新人的行为,将会集中在技能水平最低的职位上。假如受雇的高技能工人的人数增加为原来的两倍,我们可以由此预期,被解雇的低技能工人的数量是原来的两倍。这是因为,低技能职位空缺的数量,不仅仅依照投入产出效应的产品需求下降的比例而下降,它还随沦为低技能工作岗位种类工人(被认为是暂时的)数量的激增而下降。因此,低技能工人将发现,他们比高技能工人更难在其他公司找到工作。[13]

于是,在这种时候,低技能工人在其他公司寻找类似工作的信心,很可能会受到打击。只要失业的低技能工人觉得自己会在能够忍受的不远的将来重新被雇用,那么,他倾向于等待将来的事业重新崛起时,能轮到他作为老资历雇员被重新重用。这种失业被称为排队失业——由此,我们可以假定,此人无法通过在金钱上协商的方式,比如以一个较低的货币工资获得一份工作岗位,为自己在队列中买到一个更好的位置。很显然,排队失业并不取决于闲暇的边际机会成本的投机性下降。它和搜寻型失业不同,因为它并不一定包含搜寻行为。它更类似于一种被我们称作预防性失业的失业;但它们又不是完全等同的,因为等待与恢复某人正常就业的时间,并不基于劳动服务出售者们经过精心计算后的自主决策。

关于排队失业能否作为一种独立的失业类型长期存在下去,还存在一些疑问。假如我们已知大部分工人,无论技能高低,可能都仅仅在一段长期与艰难的寻业之后,才会有理由指望在某些特定报酬的职位上,以某些特定的值得考虑的工资找到就业机会(除各地的最低工资法以外),它便趋向于与其他种类的失业

---

[13] 作为这一结论以及其他一些假说的检验,参见 L.C.Thurow, *Poverty and Discrimination*(Washington, D. C.: The Brookings Institution, 1970)。以上所介绍的排队失业这一名词,便是在这一研究中所使用到的。

混杂起来。一旦人们开始拼命找工作,很多这类的工作都会被冲刷出去(这个词似乎是恰当的),并且我们将非常悲哀地发现,劳动力市场比我们想象中的要稍微完善一些。20世纪30年代农场劳动力市场中的工资率和工作环境的编年史,为我们提供了一次令人震惊的演示。不过,在任何时候,在短期衰退以及经济中的几乎任何阶段,只要结构性的变化正在降低产品的收益性,排队失业就似乎有可能从其他种类的失业中被独立出来。

在一个有等级制度的模型里,非均衡失业数量的存在,导致了工资率与技术种类之间产生了某种特定的关系。当总需求的水平在均衡水平以下的时候,至少一开始,低技能工作岗位种类的初始超额劳动供给,将产生一个相对于高技能种类而言更快的工资等级的下降率。然而,这种不公平的反应,似乎并不太可能会无止境地持续下去(在其他各项保持稳定的非均衡条件下),因为支付给低技能工人的相对工资,不太可能变为零。更有可能发生的情况是,一种稳态将趋向于在以下情况中发生,即低技能工作岗位的相对工资降至足以使低技能工人从拒绝降级的昂贵的高技能工人那里抢到工作。

1.5 非人力资源的闲置、价格动态学以及对劳动的需求不足

读者们也许会问,到目前为止,我们一直在讨论的失业类型,是否从整体上或者至少部分地与凯恩斯所讨论的"非自愿失业"相一致?他将"非自愿"失业定义为,受和工人保留货币工资率相关的商品的货币出价("需求价格")不足影响所造成的工人的闲置。由此可知,消除这种闲置,并不需要真实工资率的提高。因此,凯恩斯写道:"虽然当前货币工资的降低将会导致劳动力的衰退,但是这并不意味着由随后的物价上涨而造成的以工资-商品衡量的当前货币工资价值的下降,也会导致劳动力的衰退。"[14]在凯恩斯提出的非弹性货币工资率的解释,与此处所讨论的现代货币工资黏性理论的各种形成原因之间,是存在着区别的。关于货币工资黏性的形成原因,以及它对失业的潜在影响,凯恩斯似乎有他自己的一套社会学理论。

然而,此处所讨论的失业类型,全部都具备凯恩斯在《通论》中所提到的本质特性:总需求的增加,将会带来就业的增加,并且非常有可能巧合性地造成货币工资水平的增加,而并不一定同时带来真实工资率的增加。前述的失业类型(像凯恩斯自己的社会型失业一样),有可能通过他的"非自愿"失业检验:"假如

---

[14] Keynes, *General Theory*, p. 8.

工资-商品(比如消费商品)相对于货币工资的价格有一个小的上升,愿意在当前货币工资水平下参加工作的劳动力的总供给,以及在当前工资水平下对劳动力的总需求,将比现存的就业量大,那么,就称人们处于非自愿失业之中。"⑮只有没有分到工作机会,排队等待配额增加的工人,才会无法被凯恩斯的检验检测到,而从这种条件被公认的程度来讲,他们的闲置,理所当然是"非自愿"的。⑯此处的现代失业理论,与凯恩斯主义的概念之间,最大的差异在于,前者将"失业"视为摩擦性的,并在很大程度上取决于摩擦所引起的总需求的影响;后者则将摩擦性失业视为不可削减的,无论需求的压力怎么变化。

    凯恩斯的检验,包含一个商品价格相对于货币工资率的超过比例的上升,这一点在起初看来似乎有些奇怪。这反映了他在写作《通论》时的信念,即无论是繁荣还是萧条,只要从给定的处境出发,假如公司计算出其利润最大化产出已经提高了,那么它们总是必须作一个商品价格相对于劳动价格的改进。凯恩斯相信,价格能够清理商品市场,就如同他相信货币工资率倾向于清理(但并不像我们想象的那样有效)劳动力市场一样。他甚至更进一步假定,产品价格是通过商品市场中的纯粹竞争,或者一个趋同速度足够快,能够产生纯粹竞争的过程来决定的。由此,他相信,在萧条时期,只有很少的雇员会在非递减的资本积累中选择奢侈的生活,因此,劳动的边际生产力将变得非常高,并因此导致实际工资率高得惊人。

    随后的经验分析,对实际工资率对于边际生产力具有和经济周期同等的精确度(或者偏误)的假设,提出了很大质疑。于是,凯恩斯有必要把另一种失业类型排除在外,这种失业类型,有可能与我们正在考虑的失业类型并存,并且像这些类型的失业一样,受总需求行为的影响。假如在总需求的下降带来就业的减少时,实际工资率上升了,那么,其上升程度就会比估计的劳动边际生产力低得多,这是大家都认可的(也是被很好地证实的)事实。萧条的规模越大,实际工资对于边际产品之间的相对不足就越大。假如劳动力的供给总量是实际工资率的增函数,那么,由于萧条中实际工资率的"萧条"所造成的劳动力供给总量(他们当中的某些人将要找到工作)的增加就会少得多,假如实际工资率实质上已经下降了的话(相对于预期的长期趋势而言),劳动供给的总量甚至也会下

32

---

⑮ Keynes, *General Theory*, p.15.

⑯ 在凯恩斯理论的应用过程中,你必须假定公司是价格的接受者,而工人们是工资的接受者。因此,我们也很难将预防性等待失业硬塞到凯恩斯的分析框架中。除此之外,请允许我重提一点,即在劳动供给和具有如下性质的实际工资率之间的关系存在非连续性时,凯恩斯的这项检验似乎显得有些过强。这里,我们所指的实际工资率所具有的性质是,实际工资率的任何下降,诸如凯恩斯为了检验其理论而假设的,会导致劳动供给的离散型下降(通过退休等方式),使得要求更高货币工资率的工人数量下降,从而陷入困境。

降。我们当前假定中的这种对于劳动力的需求不足,就是归因于与总需求关联的实际工资率相对于劳动边际生产力的不足的一种闲置。从价格的角度来看,这种不足是这样发展起来的:在给定的货币工资率水平上,给定设备资本所对应的劳动力就业减少,产品的货币边际成本降低到产业水平(也许甚至深入到各个公司);然而根据这个理论,商品价格却不能在边际成本水平的下降所带来的刺激下按照比例下降。伯利(Berle)或加尔布雷斯(Galbraith)可能感兴趣的是,这种公司在萧条期间设法获得边际利润的显著增长,以及教科书中想象的苦行主义的竞争性生产者们把价格降到边际成本水平这两种情况之间的不同。然而,谁又能知道这种装有魔鬼的瓶盖在衰退期间被打开,以致经济总量越大,从而至此开始,在商业收缩期间,所实现的垄断力量越来越大。[17] 然而,价格相对于货币成本的潜在行为,在新古典微观经济学体系中,通过前述的劳动力闲置分析,可以得到解释。第一,在总需求水平异常低的时期,出于留待将来使用更为经济的投机性考虑,机器就有可能被闲置,或者以低于正常水平的速度运转。因此,对应于现存资本的受雇劳动力的增加和减少,对产出造成的影响,可能要小于资本被完全利用时所造成的影响。第二,在某些情况下,公司会为了某种预防性的目的而选择持有并闲置某种资本资产,以备于在期望中的某个能让其服务很快得到正规的标准化租赁需求的情况下,能不受限制并可以使用。第三,资本资产有时候会在不得不从生产中挪用的情况下,在为其寻找操作人员的期间被闲置。新的汽车不会在刚刚到达销售中介的展厅时就上架拍卖,而是在厅中展示从而处于闲置状态,直到被买走。闲置的珠宝、公寓,以及许多其他的资本资产,都有使实际工资率的可用性衰减的倾向。当对这些资本资产的产品需求衰减的时候,它们就会被更大程度地闲置。还有可能存在第四种超额产能的情况,属于排队类型中的一种。假如某生产者正面对着会为其供给者划分等级的产品购买者,那么供给厂商可能会频繁地处在持有并闲置其资本设备的状态,等待买者们发现自己正处于对供给品的需求的适当队列顺序中的机会。

即便没有交易成本或者不确定性影响异质的劳动服务和资本商品的雇佣,公司在寻求其最终产品的客户时所产生的成本,也会造成对所有生产要素"利用不足"的倾向,这一点也是很重要的。这种(寻求客户的)高昂成本,使得"商誉"项目得以产生,这些商誉项目在本质上是公司固定资产的重置成本与公司的市场价值之差。成本与价值之间的这种差异,还会同时造成实际工资率对于

---

[17] 正是 M. Kalecki 假设在萧条期间,企业会更活跃地串谋和联合,从而保护资本的相对收入份额,而且这样做的结果是降低实际工资率。最易取得的参考文献是他 *Theory of Economic Dynamics* (London: George Allen & Unwin, 1954)。看上去这最初是他 1930 那本书的扩充版。

劳动边际生产力的不足,以及租金(在某一适当的会计方法下)相对于资本商品边际生产力的不足。⑱

因为产品市场和资本商品市场受到因信息的稀缺性或者不可用性产生的不确定性的困扰,所以,我们无法假定这些市场必然处于均衡状态。产品市场的均衡状态,要求生产者体验频繁的订单、不断寻找顾客,以及对与他们的预期大概一致的竞争者价格的发现。举个最简单的例子,假如预期是"黏性"的,并且未来价格的变化率和工资率在这种黏性的预期中,没有变化的趋势,那么,资本过度利用方面的非均衡,就会表现为商品价格的上涨;而资本利用不足方面的非均衡,则会表现为商品价格的下降。

当总需求衰减从而使得劳动力市场和商品市场都处于非均衡状态时,与价格一样,公司将会把货币工资率设置到衰减后的水平。产品的价格并没有必要按照单位可变成本降低的比例降低。它依赖于公司对客户流相对于雇员流的摩擦性的预期,以及对劳动力和商品市场中人们认知的相对速度(或者均衡化的速度)的预期。因此,我们并未观察到实际工资率水平拥有上升的趋势,而这是一个技术报酬递减与完美的无摩擦的价格竞争市场本该引导我们去预期的现象。

对于均衡的另一方面而言,这些情况也是成立的。一个包含超出承载能力的过度就业与资本过度利用的热潮,并不要求实际工资率(或者更确切地说,是生产工资率)也下降。资本商品被投入使用,额外的劳动力也作为辅助而得到雇用,而它们在假定各公司经理都正确评定了他所经历的需求变化的系统化与整体化性质,并恰当揣测了他的竞争者们会如何在相同的参数变化中作出反应的情况下,是不会受到这样的分配的。

日光之下并无新事(there is nothing wholly new under the sun)[*]。丹尼斯·罗伯逊(Dennis Robertson)早就预言了利用过度(并且以此暗示了利用不足)的概念,并用他天生的敏锐眼光与才能,描述了这一现象。谈及超过预期或者惯常水平的一个价格上升时,他写道:

> ……价格上升的激励部分来自于错觉……(商业的领头人)受到了鞭策……这种鞭策来自于在损害他的商业伙伴的情况下,获取假想中的利益。起先的确令人难以置信,其他人真的会厚颜无耻地或者如此幸运地以与自己相同的幅度提升他们的收费。⑲

---

⑱ E. S. Phelps and S. G. Winter, Jr. , "Optimal Price under Atomistic Competition", in *Microeconomic Foundations*.

[*] 语出《圣经》。——译者注

⑲ D. H. Robertson, *Money*(Cambridge:Cambridge University Press,1929).

第 2 章 宏观均衡、通货膨胀预期以及"自然"失业率

前一章至少从三个角度介绍了劳动力市场与商品市场中的均衡概念。在对这些均衡概念进行简单总结后,随之而来的是有关均衡同时出现在这两个市场中——覆盖整个宏观经济的均衡——的前提的讨论。

我们将话题转移到均衡以及非均衡中价格与工资通货膨胀预期所扮演的角色上来。存在两个方面的问题:一是有关价格和工资通货膨胀的预期方面的问题,二是它们对于宏观均衡性质的影响问题。关于通货膨胀政策的一个令人感兴趣的重要问题就是,全面的宏观均衡中的失业率大小,是否取决于与均衡点相联系的预期通货膨胀率的大小。

根据自然失业率最原始的古典概念(及其关于自然就业与自然产出水平的推论),这一问题的答案是否定的。我们将专注于这一概念,以及常常伴随着自然率的假定而发生的,对于通货膨胀率的预期这种行为。将这两种假设综合起来考虑,就构成了所谓的自然率假说。这种假说隐含着非均衡的存在:通货膨胀政策的变化,带来的"仅仅"是产出与就业的暂时性变化,因此,如果一个偏离自然率水平的失业率维持的时间被延长的话,最终要么带来通货膨胀率的爆炸式上升,要么带来通货紧缩的加剧。有关这一假说的争论,以及围绕这一假说的一些方法(从标准经济理论视角来看尚且需要得到认证),最终将得到详尽的讨论。我们还需要考虑有关这一假说得以成立的某些证据。

2.1 一般宏观经济均衡

当且仅当产品市场中出现均衡时,典型的生产者才会发现,顾客正在购买的商品数量与自己的预期一致,与此同时,生产者在价格决策过程中也积累着赢得或者失去顾客的经验。这意味着,一般而言,各个生产者都能够正确地猜测其价格决策相对于他的竞争对手以及替代品的生产者的竞争力。他猜测到了他的竞争者们所设定的平均价格水平的趋势。① 类似地,家庭也正在寻求与他们的假设相吻合的价格与由供给者提供的商品的可用性。因此,当产品市场处于均衡状态时,生产者们随着时间的变化所收取的实际平均价格,相对于随着时间变化的一般价格的预期而言,将无须被矫正。举个例子,假如家庭和厂商都预期到竞争者的定价趋势将是平坦的,那就意味着生产者总体上都不会提高或者降低他们的价格。

当且仅当劳动力市场处于均衡时,作为一个整体的全部家庭才会发现,它们的工资率样本、公开招聘中所获得的经验,以及对于它们的服务的需求频率的均值,与其预期是一致的。② 厂商的情况与此类似。当劳动力市场处于均衡时,工资的制定者,便没有根据他当前对竞争者所设定的平均货币工资的预期,校正工资的一般趋势。举个例子,假如家庭和厂商都预期到经济中的平均货币工资率没有被重设的趋势,那么,劳动力市场的均衡将由实际货币工资率在平均水平上的零变化率来体现。

在技术、人口以及要素禀赋等参数给定的情况下,以上两个条件同时完全满足,决定了均衡的实际平均工资率,以及均衡的劳动力规模。对于劳动力的需求方而言,在完全的宏观均衡中,典型厂商所预期的必须支付的维持其在劳动力市场中的竞争力的货币工资,相对于他认为对于其产品在不失去客户的前提下所能收取的价格而言,从厂商目前所愿意雇用的劳动力来看,是足够高的,而且刚刚好;典型厂商的劳动力规模越大,"需求价格"也就越低。在劳动力的供给方,总的劳动力(就业的总量),处于与家庭所预期获得的平均货币工资相对于预期必须支付给消费商品的平均货币价格相一致的水平。我们可以假定,这两种关

---

① 此外,生产者的资本最优化决策,也通过正确地预见到将来的一般价格水平随可用的货币利率上升而得到预测。

② 此外,家庭的劳动参与决策是基于对赚取当前货币工资可能性下的未来购买能力的正确预测,比如,对未来的价格水平随货币利率的上升而上升的正确预测。

系共同决定于预期实际平均工资均衡值的某些解。③

于是,为实现一般宏观均衡,一个"供给方要求"将会出现:现行实际工资率的预期,必须处于这样的一个水平,即它确保劳动力市场与产品市场能够同时处于均衡状态。如果预期实际工资率低于均衡水平,那么,厂商为了获得更大规模的劳动力,将给出比其他地方的工资增长预期更高的货币工资率竞价。人们对货币工资率变化趋势的预期,将因此转为失望,并且一些当前的决策将变为悔恨。货币工资率增长率的预期,将被向上修正。如果人们假定,实际工资随着时间的变化与生产力的提高而有上升的趋势,那么,在达到一般均衡的情况下,实际工资水平必须有能够显示与随时间变化的生产能力改进相一致的趋势的预期。

此外,还有一个"需求方要求"会出现。财政与货币(政策)的刺激,促使典型的消费者以与生产者的预期(即部分基于他们当前的定价与工资制定决策的预期)相符的均衡价格,购买相应数量的商品。如果劳动力市场处于均衡之中,那么,这种需求方要求,就会使得"总需求"不存在短缺或者过剩。④ 本书中将频繁设定总需求的"水平"。它可以被视为顾客在以当前的雇佣程度(视为就业的一个函数)可以生产的当前产出上,所愿意支付的最高价格,或者顾客所愿意购买的产品数量(视为生产者所指定的产品价格的一个函数)。⑤ 于是,宏观均衡要求总需求处于这样一个水平,即使产品市场得以达到均衡的水平。

对于任意的宏观均衡路径,总有某一特定的失业劳动与闲置资本数量的时间路径,与之相对应。当我们说,当前失业的数量与闲置资本的数量"处于其宏观均衡值"时,我们意在说明,对货币工资率的预期,以及货币价格的预期(以及进而对它们之间比值的预期)于此刻在逻辑上拥有"大范围的"一致性,且进而是可持续的。当且仅当总需求由于机缘巧合,或者政府意愿(或两者共同作用),已找到适当的时间路径变化时,这种(一致性)才会持续。这种情况是"需求说了算",即由需求来决定宏观均衡是否会被实现。如果总需求表现为一个代表性的顾客,他的各个供给者所需求的产品数量,与他通常的预期相一致,那么,经济中其他地方对货币工资率变化的趋势,以及货币价格变化趋势的预期,

---

③ 资本商品生产替代消费商品生产的技术性机会,将对与预期货币工资率相一致的资本商品的货币价格预期水平产生一定的影响,我认为此处忽略这方面的问题是无碍的。

④ 实际上,鉴于劳动力由一个雇主流动到另一个雇主的摩擦,以及厂商的生产专业化,我们应该要求顾客同时以消费商品产业与投资商品产业两方面的预期,来决定他们的需求。

⑤ 如果我们不花太多气力去详细说明,需求数量或需求价格究竟是在假说中的乘数效应完成"之前"还是"之后"产生的话,此处就不存在模糊性了。

将被大致确定。于是,家庭将不再表现出任何系统性倾向,后悔他们接受或拒绝某份工作的决策,或希望他们曾经找到的是不同的产品供给者并把自己的惠顾给予它们。同理,厂商们也不会对他们为吸引新顾客与雇员而制定的价格与工资的结果感到系统性的后悔或惊讶。在某一适当的统计学意义上,计划正如人们所希望并焦急渴望的那样得到实现。因此,在整体的宏观均衡中,计划是不受总量修正所左右的。

2.1.1 进一步的定义与约定

正如之前已经暗示过的那样,此处必须正视一个细节问题,即均衡所需达到的失业率路径,可能与均衡所需实现的资本闲置率发生冲突。将资本利用率与失业率两个"量化"变量区别考虑,对于在劳动供给或者资本存量的一个显著扰动下的货币工资率与货币价格的动向分析而言,是非常重要的。这样一来,无论总需求如何变化,实际工资率的固有预期,都可能会阻碍均衡的产生。于是,平均货币工资与平均货币价格水平,将可能出现(相对于它们在劳动及产品市场中变化的预期而言)非均衡的反向移动。⑥ 然而,除了供给一方的巨变之外,总需求相对于宏观均衡所需路径的一个大的偏离,往往将产生诸如劳动与产品市场均处于非均衡这样的结果。除去明确存在矛盾的地方,本书将始终遵循一个假设,即在均衡失业率上"运行经济"的同时,将产生均衡的资本闲置率,并进而满足全面的宏观均衡。秉承同样的理念,我们通常应该使用预期通货膨胀率这一表达方式,来覆盖预期工资及预期价格的趋势。

关于上述概念,还有一些遗留的问题有必要澄清。我们是在独立考虑宏观均衡中某一特定时刻的失业率——假定我们今天达到了宏观均衡状态,它必然是均衡状态下的真实失业率——还是与任何产生于某一特定值域内的失业率一致的宏观均衡的存在性?凯恩斯主义极端论者认为,至少在第二次世界大战之前,政府以其诚信为代价咬完了通货膨胀苹果,导致了全范围的失业率与平坦无趋势的价格和工资预期的实现相适应。均衡可能在低就业的情况下,与在"完全"就业的情况下一样,轻而易举得以实现。⑦ 假如除了简化,以便说明之外,没有其他理由,我将选择现代假设。我应当假定,在任何一个时间点上,仅仅

---

⑥ 为说明情况,考虑工人平均退休年龄的一个显著下降,将劳动力市场置于一个超额需求的非均衡状态中,工资相对于预期水平升高,而失业率则相对较低;与此同时,对于较低的总需求水平而言,产品市场中可能会出现超额供给的非均衡,价格相对于预期水平下降,而资本的闲置率(比例)则相对较高。

⑦ 它们的位置通常以与水平轴在一个非常广的范围内重合的平坦的短期菲利普斯曲线来描绘。然而,它们没有考虑任何正的预期通货膨胀率所处的失业均衡。在此方面,它们的宏观均衡概念并不是十分清晰的。

存在一个可用的宏观均衡状态的失业率。正如短期菲利普斯曲线的负斜率所暗示的,只存在一条失业率的轨迹,能够保证真实的通货膨胀率与预期通货膨胀率相等。然而,这个"域"与"点"的对抗问题,将会以另一种不同的形式,在本书的2.4节中再次出现。

另一个问题是这样的:我们是否要以考虑一个静态竞争均衡模型下的均衡谷物产出的方式,来构想对应于宏观均衡的失业率呢?或者应该从更宽泛的角度,比如,由当前失业率水平(无论它是什么水平)开始,并(假定是)沿着某条极细的线路直至其稳态值,来考虑失业率的变化路径(假如它存在的话)呢?在稳态均衡失业率的情况下,就第一感觉而言,我应该使用"均衡失业率"这一表达。[8]

于是,当我们谈及"唯一的"*均衡失业率的时候,我们指的是一个独立于当前的一般真实失业率水平的均衡失业率。然而,我们既非有意说明均衡失业率的数值与基础的经济结构背景无关,亦非有意说明它对于经济现状的所有方面而言,都是一个非变量。举个例子说明经济结构的影响:劳动年龄人口比例的增长,必定会在均衡失业率的规模上造成一定的影响。经济中的技术进步率亦是如此。因此,均衡失业率从长期来讲,必定不是一个常数。

均衡失业率不可能完全与经济状态无关。在尚未确认相关关系的情况下,我们或许可以承认,均衡失业率的规模,取决于生产者与家庭对于经济中大多由厂商来设定的平均货币价格及货币工资的预期的趋势。我们在之前曾强调过,实际的价格及工资变化的均衡与非均衡的含义,是相对于那些预期趋势而言的,或者说,(基本上是)相对于未来短期内的"预期通货膨胀率"而言的。根据定义,当普遍的预期通货膨胀率为5%时,均衡使得实际价格水平提高5%。但这并不必然表明,在5%的通货膨胀水平和零通货膨胀的情况下,同样数值的失业率都意味着均衡状态。下面我们将进入这一主题的讨论。

2.2 自然率假说

我们已经尝试着在人为的"静态"预期假定下去讨论宏观非均衡的一些后果。举个静态预期的例子(注意,这仅仅是个例子):除非当前的价格与工资变

---

[8] 根据之前的图1.2,这暗示着一条使得真实的通货膨胀率与预期通货膨胀率保持相等的与水平轴相吻合的时间路径,在本例中的零点处不是均衡状态。而非稳态均衡轨迹,将被暗含在8.2节对路径稳定政策的讨论中。

* 原文为"the"。——译者注

化率不再为零,否则人们所预期的未来价格与工资的变化率将为零并持续为零。尽管它确实复杂难懂,但作为对非零价格与工资的变化率预期的引入,它仍然仅仅是一个适度的一般化。如果对价格及工资变化率的预期,在实际价格及工资率偏离其预期变化率的情况下是一个非变量,那么,预期在本质上就是静态的。宏观均衡作为一种预期频数、竞争者价格行为、别处的平均工资率等状态性概念,被实践证明是继续有效的。然而,假如人们预期价格及工资率将上升,比如说2%,那么,"过度就业"一方的非均衡,就会表现为价格及工资大于2%而不是零的超额变化率。伴随着劳动力低就业与资本低效率利用的非均衡,将体现为价格及工资率的增加,这种增加可能为正,也可能为负,只能推知它们小于2%。

经历一段长期的繁荣之后,一旦劳动与产品市场不再明确紧密,而价格仍持续上升,经济学家们便往往被指控持有价格及工资行为的陈旧理念。人们开始担心,迄今为止仍处于以某种方式进行检验中的那些未知的贪婪或者奸诈已经变得不引人注意了,并且怀疑经济学家们非常天真地不再考虑这些因素了。然而,这项针对标准经济学分析适当性的指控,是全然不适当的:它忽略了这一理论中考虑的,在长期繁荣的进程中,逐渐渗透到公司与家庭理念中的对于常规价格及工资增长预期的癖好问题。无论现代通货膨胀理论的真相是什么,它的内涵都不必然是将非均衡与通货膨胀或通货紧缩等同起来——只有在相对于货币工资与价格的预期趋势有超额的通货膨胀或通货紧缩时,等价关系才成立。

现在,让我们将话题转入围绕着所谓"自然"失业率假说的争议。这项争议引发了与宏观经济均衡相关联的两个经验性问题。其中之一就是:假如预期通货膨胀率(或者预期的货币工资变化率)对应的失业均衡量函数的自变量存在的话,是什么呢?

2.2.1 自然失业率假设

考虑如下新古典理论中的"可怕的如果"限制条件:货币仅仅是一个幌子,课税在没有无谓效率损失的前提下可实现,价格在无管理成本的情况下可持续地自重置,而人们都是全自动而无差错的计算机器。在那些限制条件下,我们可以自然而然地假定,预期通货膨胀率与均衡失业率之间不存在因果关系。假如预期到常规价格每年增长4%,而总需求水平则维持每年4%的通货膨胀率,那么,相应的失业率凭什么要比在预期到未来的一般价格水平稳定不变,且总需求水平将产生稳定的平均价格情况下的失业率更小或者更大呢?这种情况正如图2.1a中所显示的,被描绘成一族平行的短期菲利普斯曲线,它们显示了预期通货膨胀率相差1%时,相应的曲线1%的位移(记住,至少在稳态情况下,后一变量被当做价格和工资变化两者预期的一个满意的近似)。

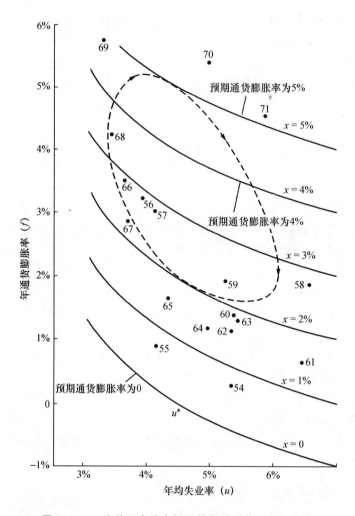

图 2.1a　一族关于自然率假设的货币型菲利普斯曲线

预期通货膨胀率(x)每增加1%,都表现为菲利普斯曲线向上的1个百分点的移动。沿着真实和预期通货膨胀率相等的均衡失业率的位置画线,当然是其坐标(u^*)为自然失业率的一条垂直线。当总需求使得失业率(u)分别大于或小于自然失业率时,自然率、真实通货膨胀率(f)将分别大于或小于预期通货膨胀率。

如果我们加上适应性预期假设,当失业率(u)低于(高于)自然率水平时,通货膨胀率(f)将分别大于(上升)或小于(下降)预期通货膨胀率。当然,在正常周期,当预期通货膨胀率通过自然率达到和通过其顶点时,真实通货膨胀率则较早地达到和通过其顶点,正像虚线的顺时针回路所表达的那样。围绕每一个菲利普斯曲线的利普西环将使图形更加复杂化。

对于这一假定的一个理所当然的辩护,一个可以通过任何一种可管理部分(manageable proportions)的特定模型进行详尽阐述的理由就是,厂商与家庭的微观经济学决策,仅仅取决于实际相对价格——现在及未来的,包括在当前的投资下预期所能得到的真实利率在内——的预期及概率分布这一论断;这些相对价格在本质上并不包括"名义"或者"货币"价格的变化率,因此,后者并不影响决定性的量(在给定的相对价格预期水平下),而只影响每一时刻为了实现个人价格制定者对于特定相对价格的期望所要求的货币工资与价格的设定。

在通货膨胀完全被预期的情况下,就业量以及产量相对于通货膨胀率是不变量,从而已经被适当"折现"的假定,可以追溯到 20 世纪 20 年代的欧洲大陆作家,甚至更远地追溯到对经典文献弦外之音的解读上。⑨ 我们现今为这一学说贴上"自然失业率"的标签。这就是米尔顿·弗里德曼(Milton Friedman)所赋予我们的对于在均衡失业率独立于预期通货膨胀率这种特殊的情况下,均衡失业率的命名。

失业率由不可逃避的经济摩擦形成,从这种意义上来说,它是"自然"的而非人为货币管制规定下的产物。然而,这并不意味着实际的失业率就必然会被限制在自然失业水平的范围内:非均衡政策对于财政与货币当局而言永远是开放的。此外,自然率可能会随时间而变化,也可能被政府用于改变劳动力市场结构的手段更改。

2.2.2 预期通货膨胀率的适应性

围绕着宏观经济均衡所产生的另一个问题是,人们基于真实通货膨胀率与预期通货膨胀率之间的差别所作出的决策,对于预期通货膨胀率的响应。到目前为止,上述内容中没有关于货币工资与价格的预期趋势变化率对于这些预测误差的发现有任何反应的严格暗示。你可以想象一下,人们永远都不会修正他们对于通货膨胀率的预期,因为要指出他们先前预测时所依据的模型中哪里出了差错,实在是一种太过复杂的劳动。从一个纯粹的逻辑问题的角度而言,在仅有一条具有实证关联的短期菲利普斯曲线的情况下,先前的装置(apparatus)是有可能成立的。长久的菲利普斯曲线,能够描绘出货币政策在失业与通货膨胀之间的一种"权衡取舍"。但是(相较于那种极端情况而言),平均货币工资及价

---

⑨ 其中一篇文献就是 L. von Mises, *The Theory of Money and Credit* (New Haven:Yale University Press, 1953),它是 1924 年 *Theorie des Geldes* 的英译版。在美国,这一学说几乎总是与 William Fellner、Abba Lerner 以及 Henry Wallich 等人的名字紧密联系在一起。它现今的复兴以及正规化,都是由米尔顿·弗里德曼及我发起的。这些文献包括 M. Friedman, "Comments", in G. P. Shultz and R. Z. Aliber, eds., *Guidelines, Informed Controls and the Market Place* (Chicago:University of Chicago Press, pp.55—61),以及 M. Friedman, "The Role of Monetary Policy", *American Economic Review*, March 1968;E. S. Phelps, "Phillips Curves, Expectations of Inflation and Optimal Unemployment over Time", *Economica*, August 1967, 以及 E. S. Phelps, "Money-Wage Dynamics and Labor-Market Equilibrium", *op. cit*。

关于这一观点与前面章节一样用显现经济模型进一步进行的论述,读者可参见 E. S. Phelps *et al.*, *Microeconomic Foundations of Employment and Inflation Theory* (New York: W. W. Norton, 1970),特别是 D. F. Gordon and A. Hynes, R. E. Lucas and L. A. Rapping, and D. T. Mortensen 的论文。

格的预期趋势,更倾向于对它们预测的系统误差有所响应。

其中一种调整速度的对策就是线性适应性预期模型,它界定了加在先前的预期上以获得新的预期的"实际"与"预期"之间某一特定比例的差异。⑩ 在各项用于这种结构的实证研究中,这一比例的一个典型的数值就是 2/5。假如人们预期在未来 12 个月中没有通货膨胀,而实际上他们经历了 5% 的通货膨胀率,那么,从今以后的 12 个月,人们将拥有 2% 的通货膨胀预期。假如人们在未来的一年中有 7% 的通货膨胀预期,那么下一年,他们的通货膨胀预期将变为 4%,以此类推。假如预期与真实通货膨胀率之间的差距仅为 50%,那么,预期通货膨胀率将仅以 50% 的速度修正。为了维持那个较小的差距,实际的通货膨胀率将不得不以同样的比例增加,也就是每年 1%。

为了理解这一模型的特性,考虑图 2.1b 中的通货膨胀调整曲线。这条曲线的逻辑在于:(1) 自然率假说。(在菲利普斯曲线分析体系下)是实际通货膨胀率与预期通货膨胀率之间的差异,而非真实通货膨胀率独立于预期通货膨胀率作用于稳态失业率。(2) 刚才讨论过的线性适应性预期假说。根据这一假说,预期通货膨胀率的变化,是以同样的差异成比例的。如此一来,就导致了这样一种预期,在稳态下,通货膨胀率的时间变化率,与失业率水平之间,存在着某种关联。⑪ 假说表明,这条曲线是稳固的,尽管它同时会随着经济经验的累积而移动。

这条曲线预告了在给定的通货膨胀率增长下(以单位时间内的增长计算),失业率所趋向于展现的相应的稳态值。即便缺少了可能会造成稳态曲线某一侧差距的偏移的随机扰动,我们仍然会由于总需求随时间的变化,而倾向于观察到曲线周围的偏移。假如总需求的水平正在以足以引起失业率随时间下降的速度上升,那么,经济将使短期(适用于当期的)菲利普斯曲线向上移动,从而使得通货膨胀率上升(仅由于总需求这项因素的变化)。除了这种上升之外,通货膨胀率还会由于真实通货膨胀率与预期通货膨胀率的差异,也就是说,当前失业率与自然失业率之间的差异,而发生变化。因此,曲线上方的点的预测与失业率比前一期小的时期相对应。因此,一个规则的高涨萧条周期可以被预见,并在图 2.1b 的逆时针虚线闭回路中,勾勒出散布的点。

---

⑩ P. H. Cagan, "The Monetary Dynamics of Hyperinflation", in M. Friedman, ed., *Studies in the Quantity Theory of Money* (Chicago: University of Chicago Press, 1956).

⑪ 这是一个由 E. S. Phelps 在"Phillips Curves, Expectations of Inflation and Optimal Unemployment over Time", *Economica*, August 1967 中引入的一个简单系统。自然率菲利普斯曲线族由 (1) $f = \phi(u) + x$ 表达,这里 f 为通货膨胀率,x 为预期通货膨胀率,u 为失业,$\phi'(u) > 0$, $\phi(u^*) = 0$, $u^* > 0$ 为自然失业率。(2) $x' = \beta(f-x)$,$\beta =$ 常数 > 0,x' 为 x 对时间的导数。(1) 与 (2) 联合起来表明 (3) $f' = \beta\phi(u) + \phi'(u)u'$。对于稳态下的 u(也就是 $u' = 0$),在图 2.1b 中,我们有单一的曲线。

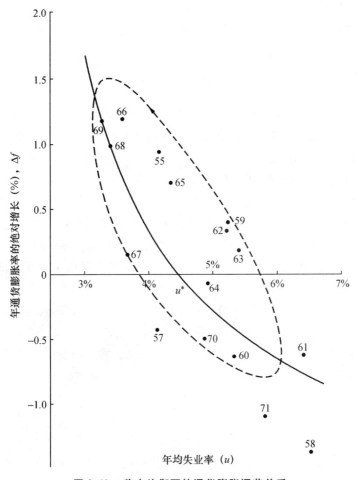

图 2.1b 稳态均衡下的通货膨胀调节关系

这一关系是线性适应性预期假设结合自然率假设的严格含义。该曲线指出,当总需求保持失业率暂时稳定时,通货膨胀率随时间的增长率是失业率的函数。等价地,如果总需求保持实际通货膨胀率在单位时间里以不变的速率上升,该曲线给出失业率趋向的(非均衡)稳态水平。

在稳态以外的点,将被观察到位于曲线之上或之下。当失业率下降(上升)时,通货膨胀率的增加将大于(小于)稳态曲线给出的真实通货膨胀率。其差异反映的是该时刻沿菲利普斯曲线的运动。

注意图 2.1a 中以通货膨胀率水平的形式所描绘的顺时针闭回路的相应暗示。对于这条顺时针闭回路的解释为,通货膨胀率的预期,对于近期内的通货膨胀率有"记忆"。在当前的模型中,预期通货膨胀率在失业率正好降至自然水平时达到顶峰,并在失业率走出低谷,达到自然水平时降至最小。⑫

通货膨胀率的预期,与真实及预期通货膨胀之间的差异成比例的假定,被过度限制了。一个非线性的适应性机制,也能得到异曲同工的效果。

2.2.3 稳态背景下的理性预期

如果预期建立在某种相关经济行为——也是典型的最有效的模型(习惯上,我们选择忽略模型体现出的获取知识所需的成本)——的明智模型的基础上,那么,这些预期可以被称作理性的。利用理性预期假定的分析家,通常假定预期与分析家自己的模型预测的结果没有差别。因此,他假定预期对于预测结果是无偏的。⑬

这种对待预期行为的方式,在经济体系以及在这一体系中所作出的政治决策处于非固定状态的时候,是几乎不具备任何吸引力的。你不能武断地说:"这又重返20世纪的情况了。"日期方面的因素,很显然又促成了每年情况的差异。要求每个人都能够在这样一个永远都无法获得充分观察的世界里作出对未来的无偏预期、掌握事情的动态,哪怕是对于经济分析家而言,都是一种不切实际的奢望。因此,假如有对通货膨胀率路径的目标置若罔闻的"新贵",接手国民货币政策的领导权,你就不能轻率地假定,他们的动向将会被全体人民准确地预期到。在这类情况下,新的政策被引入,适应性预期的概念似乎变成了当今的潜规则。

在稳定的经济中,理性预期假定理应得到严肃的对待,事情很可能会演变为随机构架下的动态,使得适应性预期变为非理性。适应性预期在经济政策持久地倾向于驱使通货膨胀率向某一特定目标发展时,就是非理性的。在这样的政治制度下,预期通货膨胀率要如何在理性而非适应性的情况下,区别于真实通货膨胀率的起伏变化呢?只要人们在意识里仍然认为,货币与财税当局会维持某

---

⑫ 熟悉菲利普斯曲线早期文献的读者,可能会有这样的疑问,图2.1a中的顺时针环路是否意味着,它与某些时候,由一些研究者(具有代表性的是利普西和菲利普斯)所发现的在同一平面的逆时针运动相冲突。确实,第1章的某些分析表明,伴随着需求引致的就业增长,可能会存在货币工资和货币价格的一次性增加,作为在总需求保持就业高于均衡水平这一行为发生时,货币工资和价格持续移动的前奏。当然,我们看到逆时针环路的情形,并不会让我们感到惊奇。

一个完整的分析可以表明,这种逆时针周期是与预期通货膨胀率的顺时针运动相冲突的,且其结果取决于周期的振幅与时期(把我们限制在正常周期内)。周期越"尖"——周期的时期越短或振幅越大——逆时针周期发生的可能性越大。但大萧条与大繁荣的缓慢转换,倾向于产生顺时针环。图2.1中的数据所表达的持续区间,见证了两个值得考虑的且在长期滞涨和较小波动两端延长扩展的周期,给出了这一顺时针环的很好证据。当然,也存在偶然的逆时针运动的短暂摇摆。

⑬ J. F. Muth, "Rational Expectations and the Theory of Price Movements", *Econometrica*, July 1961.

种长期不变的通货膨胀率目标,通货膨胀率的预期就会向下降至长期目标的水平(除非真实通货膨胀率位于先前通货膨胀预期之上足够高的水平,以抵消下坠的拉力)。⑭ 在极端的情况下,人们将各期的反常通货膨胀率视为完全无常的,无论如何都不会有任何持久的倾向,以至于各期的预期通货膨胀率,仅仅是原始政策目标的预期。这样一种预期理论,需要对图 2.1 中与既定失业周期相伴随的通货膨胀周期预测进行修正。这种修正,在肉眼看来也许相当细微,而事实上,它足以令计量经济学家抛却费心去验证自然率假说正确性的烦恼。

2.3 验证自然率假说

即便新古典主义附带条件的限制,使得自然率假说只是真实情况的近似模拟这一事实更加明显,你仍然可以将这一假说视为标准经济学理论的一种显著的操作性暗示。只凭这一项理由,从时间序列中获取证据的计量经济学分析,是否会支持这一假说,就足以引起人们强烈的兴趣了。而另一项令人们在验证这一假说上有强烈兴趣的理由,在于通货膨胀政策的选择与通货膨胀率在相应均衡失业率上的增加之间的关联。

假如本国的联邦政府预备采取每年 5% 而不是 2% 的通货膨胀目标,并且如果达到这一目标的散布和偏离这一目标的时间面,像过去曾经达到目标的情况一样,那么,对应的均衡失业率(处于实际失业率可能的波动范围)将比在其他目标水平下更低还是更高呢?在政府切实地将一切付诸实践之前,我们永远无法确定。计量经济学家们已经尝试通过估计某些通货膨胀行为假说模型的参数,来判断自然率假说的可信度,并进一步检验那些估计是否已经能够基本上满足通过把自然率假设联系到假设模型上所加的限制。假如参数的估计不能满足这些限制,那么,剩下的问题就是:是哪里出了问题?是自然率假说本身,还是潜藏在这一假说背后的整个模型?

对于一名实证研究者而言,最理想的情况就是,他掌握着货币与财政当局各时期改变其通货膨胀目标的数据。然而,即便在这样的情况下,如果研究者不希望错误地拒绝自然率假说的话,他仍然必须谨慎地对待其中包含的滞后结构。例如,有些经济学家曾草率地用一条根据通货膨胀-失业数据点描绘出的斜率为

---

⑭ 假定通货膨胀率的理性预期的两篇相当近期的论文是:R. E. Lucas, "Econometric Testing of the Natural Rate Hypothesis", present at the FRB-SSRC Conference on Price, November 1970, and T. J. Sargent, "The $\alpha = 1$ Controversy", Manuscript, February 1971. 后一篇论文推导出公式:$x' = \beta(f-x) - \delta(x-x^*)$,这里 $\delta > 0$ 和 x^* 是长期政策目标。

负的直线(如图 2.1a 所示),来作为反对自然率假说的证据。事实上,这一证据是无效的,因为建立在预期通货膨胀率行为基础上的假设,在整个计量经济学模型中都是无法被接受的。如果有人采用更站得住脚的预期通货膨胀率适应性调整假设,就像我们在 2.2.2 节所讨论的那样,自然率假说将引导我们预测集中于某条斜率向下的"统计菲利普斯曲线"周围的点的分布趋势。这种模式是以"通货膨胀率循着一条规则的环形路径,在对应的失业率低于自然率水平处达到其峰值"这一单纯的适应性模型为基础的,因为只有在那个特定的失业率水平下,加在源于非均衡的通货膨胀率向上的推力,及其对预期通货膨胀率向上的效应,才足够抵消总需求处于由其最大值回落阶段对通货膨胀率的下拉效应;在经济体恰好经过自然率水平的那一点,只有下拉的效应出现——真实通货膨胀率相对于预期通货膨胀率的超额部分已经消失——通货膨胀率必须下降的结果才会出现。[15] 鉴于通货膨胀率峰值与谷值之间轴线的这种倾斜,我们可以说,就整体而言,当通货膨胀率高于其平均水平时,它也同时高于预期通货膨胀率;而当通货膨胀率低于其平均水平时,它也同时低于预期通货膨胀率。这就意味着,失业率与测量或者说真实通货膨胀率之间的统计学关系,相对于失业率与预期通货膨胀率之间的相关关系,以负斜率的方式发生了偏离。

一个更成熟的通货膨胀行为计量经济学模型,会为预期通货膨胀率的"误差"保留适当的余地。假如某位计量经济学家选择采用适应性预期假设作为允许误差发生的适当方式,那么,他将不可避免地以某种方式使用过去的通货膨胀率数值,作为获得当前预期通货膨胀率的一个跳板。因此,当前通货膨胀率与失业率,将仅仅对于这些变量的滞后值有显著性。遗憾的是,这位计量经济学家冥顽不灵地陷于实现自然率假说这一检验过程中各种估计问题的禁锢中。其中一个问题就是,一项致力于逐渐达到某种通货膨胀目标的内生性货币政策的出现,可能会导致对滞后结构的错误分类:参数可能会被错误估计,并因此导致对自然率假说的负面评价。[16]

正如我们在前一节中曾经建议过的那样,适应性预期的假设,在政策制定者的启动下,或者在超出他们的影响范围,宏观经济学变量的基本结构似乎处于一种无法确定的情况下时,才有意义。然而,如果考虑一个不变结构下的起伏波

---

[15] 这一经济周期的典型化历史,忽略了失业率黏性的潜在影响,因而,失业数据在通货膨胀动态中的变化率,以及不同于某种赶超工资的长期工资合同,其增长会超过自然失业率的萧条边。按通货膨胀和失业描绘的繁荣和萧条图形,毫无疑问会揭示它们当中标记的差异,包括偶然的非正常性。

[16] 在我的论文 "Inflation, Expectations and Economic Theory" 中,有一个代数例子。载于 N. Swan and D. Wilton, eds., *Inflation and the Canadian Experience* (Kingston, Ontario: Industrial Relations Center, Queen's University, 1971)。

动,预期通货膨胀率相对于真实通货膨胀率的适应性假设,似乎就变得不那么站得住脚了。假如这位计量经济学家在大部分的样本空间内使用适应性预期假设,而预期是理性并非适应性的,那么,他将很容易再一次错误地拒绝自然率假说。

最简单的情况发生在预期中没有通货膨胀率围绕期望的长期趋势发生持续偏离的时候。无论过去的几年里情况如何,每年通货膨胀率的最佳预测值,就是它的长期平均水平。于是,我们将观察到,总需求推动通货膨胀率到预期率水平以上,产出与就业被推到其各自的自然水平以上的年份,以及通货膨胀率低于预期率,并导致产出与就业跌至其各自的自然水平以下的年份。这些观测结果,将倾向于落在通货膨胀-失业平面内的一条倾斜的曲线上(或者周围)。它们将错误地被解释为不利于自然率的证据。这会导致预期通货膨胀率不会自我调整,以适应真实通货膨胀率与预期通货膨胀率之间的差异,或者这种调适的出现,并没有判断出移动短期菲利普斯曲线的效果。[17]

理性预期的一个更复杂的情况就是,真实通货膨胀率超过正常水平的偏离,标志着预期在同一方向上的一个连续却短暂的偏离。与适应性预期假设不同,没有任何预期认为,这种偏离会是持续的,或者绝对持久的;然而,与方才所讨论的理性预期的最简单情况亦不相同的是,预期也不认为通货膨胀相对于正常水平的一个偏离,会是完全短暂或者转瞬即逝的。尽管存在消失的类型,但某种持久性还是可以预期的。此时,只用说是分析数据的那名计量经济学家错误地将其模型归类为适应性预期模型,将可能导致在自然率假说为真的情况下错误地拒绝它就够了;理由在根本上与刚刚检验过的较简单的情况相同。[18]

2.4 自然率假说的近似特征

自然率假说,形成了均衡失业率独立于预期通货膨胀率的大胆假设:一个高通货膨胀率水平上的均衡,将呈现与一个低通货膨胀率水平上的均衡所能观察到的相同的失业率和就业水平。作为一个纯粹数学上的或者几何学上的点,均衡失业率与预期通货膨胀率之间的关系,显然存在着不计其数的逻辑可能性。图2.2描绘了其中

---

[17] 当预期实际上是理性的时候,为检验接受自然率假设的适应性预期计量经济模型的无关性问题,是 Lucas 在"Econometric Testing"中的主题。

[18] Sargent,"The $\alpha = 1$ Controversy"。在这个介于原始的适应性预期与最简单的理性预期之间的混合模型中,滞后通货膨胀率系数之和,在提供下一期通货膨胀率最佳预测的加权和中,是小于1的。如果这名计量经济学家推断出它是等于1的,那么,这一变量对均衡失业率的影响,将会因发生偏误而不利于接受自然率假说。

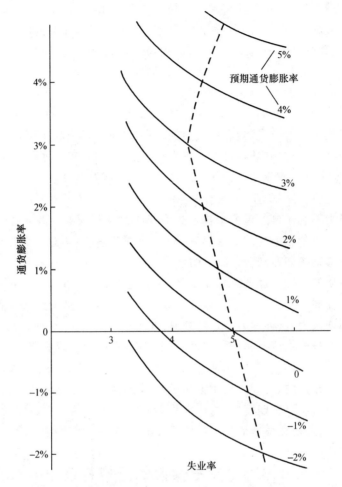

图 2.2　包含弯曲均衡轨迹的一族货币菲利普斯曲线

在小的或负的预期通货膨胀率情况下,预期通货膨胀率增加 1 个百分点,表现出货币菲利普斯曲线向上移动小于 1 个百分点(按实际通货膨胀率百分数计算)。但这里会达到这样一种预期通货膨胀率,即超过这一点后,每进一步增加 1 个百分点,会产生货币菲利普斯曲线向上移动多于 1 个百分点。其结果是,实际失业率与预期失业率相等的每一个宏观均衡点的轨迹,会凹向纵轴——而非像自然率假设下为一条垂直线。

一种不包含任何特定的经济学动机或理由的可能性。

如果对于我们乐意承认的经济理论没有任何限制,我们都能识别大量的因素,或许它们每一个单独来看都是微不足道的,其中许多有些模棱两可的影响,这会导致我们怀疑均衡失业率相对于预期通货膨胀率不变性的确切性。你得先仔细考虑均衡失业数量(在任意特定的通货膨胀率水平上)的根本决定因素,再来考虑这些决定因素本身是如何随均衡通货膨胀率的变化而变化的。本章将集中研究标准的当代货币理论——或者说,确立并强调摩擦与交易成本(不同于新古典理论),从凯恩斯起正在缓慢发展中的新-新古典理论——基础之上的自然率假说的定性分析。然后进一步将关注的重点限制在之前提到的用于激发自然率假说(2.2节)的新古典部分。第3章将会引入任一时点所对应的均衡失业率的大小,以及自然率假说的准确性所承载的外部性与社会因素。后一种讨论衍生出一些疑问,譬如贬抑历史性因素(尤其是最近的历史)的标准经济学理论本身,是否不需要作重大的修正呢?

一方面是当代货币经济学理论的确切含义,另一方面是自然率假说的确切含义。由于后者忽视了实际经济中与新古典部分相悖的货币、财政,以及计算效率远远小于100%的这一事实,导致两者之间的偏移。而比100%少多少则取决于(当然并不必然仅仅取决于)均衡的通货膨胀率。

试考虑货币效率的问题。[19] 全货币效率要求多种类型的货币各自承担一定比例的利息。某些类型的货币,比如现金,并不会承担适当的利息,甚至往往不承担任何利息,这项言论使一些经济学家得出通货膨胀率的一次增加,会刺激资本深化的结论——即便是(并且特别是)在这种增长,与随自然率水平宏观均衡的恢复而来的预期通货膨胀率的等量增长相匹配的时候。货币的外逃,削减了流动性的真实价值,而这又反过来助长了节俭(消费函数所对应的曲线向下移动)。储蓄和投资因此借由加在消费者"净"收入之上的税收偏好效应,受到预期通货膨胀率的影响。当某人预期到他不得不从自己的实际收入中抽出一部分,来填补被通货膨胀消耗的实际现金余额(购买力)时,他将减少既定可支配收入中用于消费的比例。这种节俭效应便是通货膨胀(哪怕是在宏观均衡中)也能得以(穿过虚假二分法的层层围墙)渗透到"实际部门"中去的一个切入点。

随后而来的预期真实利率(将来的资本真实产出)的下降,将极有可能在均衡失业率的大小上产生某种影响。对于有形资本、人工技能以及工业化技术的投资,可能会更多。与未来的资源(或者将来的收入)相比,当前的资源(或者真实的收入)将拥有一个相对较少的溢价。因此,有些人将更乐意多等候或者多搜寻一段时间,以获取比目前所知范围内可获得工作的工资率更高的工作。此外,通过招聘广告和外部场所(remote-location)面试等方式进行更集约的招聘,厂商可能会在设法帮助工人寻找空缺职位并找到工资更高的工作方面,变得更为积极。

---

[19] 第6章包含有关这一主题的相当完整的回顾。目前的讨论只是倾向于提示通货膨胀对于宏观均衡失业的某些可能的影响。

由于一个通货膨胀的预期会在其他条件不变的情况下削减消费，因此，它可以被用于解除最初以达到某一特定消费率为目的而征税的常规方法。如果政府准备在均衡通货膨胀向上快速增长的情况下，维持消费率不变，那么，它就不得不削减一项或更多项目的税率，比如收入税率等。如果这一决策被选定，那又会是怎样的呢？

常规税收入对于"通货膨胀税"使得消费支出保持不变的谨慎替换，将从某种程度上以常规税收入加上闲暇和失业上的替代效应，取代通货膨胀税的替代效应。工资收入税率的下降，本身就能够提供一个更大的刺激，使人们牺牲更多的闲暇从事额外的工作，以赚取额外收入。至于失业率，也可能基于相同的理由而被削减：可用的闲置税收存量变少了。搜寻型失业由于税后真实利率的增加而受到压制。

于是就出现了流动性效应。在消费保持不变的前提下，预期的真实利率也近似地保持不变，而较高的预期通货膨胀率，将使均衡的货币利率提高很多。在经过某一点之后，家庭所计算出的持有货币的机会成本越高，它们为节约现金使用而花费在交易管理上的时间就越多。这将产生减少参与就业激励的效果。假如失业倾向于像一个连带产品一样，造成投入这类家庭管理的时间增加，那么，失业率将会在一个比先前高出许多的均衡通货膨胀率上，对应一个较高的边际值；由于短期供给中流动性的存在，家庭希望有更多的闲暇以增加其弹性。或许应该更确切地说，保持流动性所需要的成本的增加，将使冒赋闲风险的意愿稍稍受到打压，且它会造成现金流失。

假如我们移除价格与工资在其迅速增长已被预期，并且没有管理成本的情况下，连续被重设的附加条件，我们可能会观察到，均衡失业率因为某些工人赚取低工资与高工资厂商之间套利的意愿而上升，厂商之间的这种差价，来源于观测年度以外的年份中其工资设定的日期。

人们在达到完美上能力的匮乏，以及以其脑海中已有的，对过去的观察结果为基础作出对数型预期推断上所花费努力的无效，将导致均衡失业率与预期通货膨胀率之间（至少在像通货膨胀率那样的货币工资率上升的范围内）的负相关关系。于是，当货币工资上涨的时候，一个由于纯粹的代数误差而产生的，对货币工资率变化趋势推测和估计不足的倾向，将倾向于在预期通货膨胀率增大的情况下产生一个减少的均衡失业率，直到在某个相当大的数字上，人们开始借助于计算，比如一个可选的账户单元。

对于自然率假说的一个周详观点——自然率假设以及误差修正，或者误差规避预期——应当考虑预测的微小误差对于人们尤其是家庭所产生的成本，可能是巨大的，以确信他们不会注意不到。对此作一简单思考，我们可以假定，当且仅当实际通货膨胀率与预期通货膨胀率的差距,小于某一特定的正常数(这一正常数是,比如说,与预期通货膨胀率互相独立的)时,这一差距无法产生预期通货膨胀率的一个修正。于是就出现了一个带,使得其中包含的所有的点,在行为上类似于一个真正的宏观均衡。它以自然率或其均衡轨迹的一般化为中心,导致通货膨胀调整曲线在该范围内沿水平轴方向,呈现为一个平坦的形态。由于趋势预期在总体上并没有修正,在实施中很难在该带的内部找到非均衡点。回想起超边际单元的报酬在某些时候完全是纯租金,我们将注意到,劳动与产品市场中存在足够敏锐的运行者,来防止任何惯性或者承认非均衡的长期维持。本书不会在带的假说上进行任何理所当然的论断。然而,它很有可能值得在连接失业和通货膨胀动态的图中,作为重要的特征予以考虑。

  尽管所有这些倡导者都以自然率假说精确性为名,我仍然怀疑,假若被解释为一个带,并像所有事物一样服从于变化的规律,自然率作为一个模型而言,可能是一种严重的误导——我并没有贸然断言,它就是一种严重的误导——那么,使其成立的理由,必然要在某些截然不同的失业理论里面才能找到。我们马上就要转向这些截然不同的理论。第3章为我们打开了有关自然率假说更广泛的怀疑之门(除此之外,时不时地还有许多其他经济学对此进行讨论)。

第3章 失业决定的社会因素

工资和工作决策的信息理论告诉我们,正如在美国经济中一样,应当把失业看做在经济发展中动态的和收入预期中的一个普通事件。这一理论体系也预言,失业现象并非在所有人群中都是均衡的,而是在新就业人群中相对高些,因此,在年轻人中会高些;另外,在再就业人群中相对高些,因此,在成年妇女中会高些。进一步地,这些经济学概念表明,处于劣势的工人或者受歧视的人群,其失业率也高于那些工作不够稳定的人的平均失业率水平。

虽然此信息理论提供的观点具有基本的重要性,但问题在于,这个理论体系是否可以对确定失业率作出可接受的精确、完备的描述,甚至是对现今美国经济的单个案例的合理描述。在有些问题上,一些长期以来所用的经济模型,不能确认权威社会机构的说法,即便是单个的案例也不行。例如,最低工资法的存在,或者工会,就与劳动力市场是不受规制的和原子式的市场假设相左。那么,这个论题变为,对问题的错误分类,是否导致所研究的行为的更大差别。

在美国,失业的某些事实却表明,当把我们迄今为止的分析框架对立起来时,更加需要扩展这个框架。黑人失业率几乎是白人失业率的两倍,成年人和青少年的情况也是类似的。1969年,青少年失业率是成年人的五倍。女性失业率也大约是男性失业率的两倍,这一点令人惊奇。国际间的比较也使问题更突出了。在美国,尽管与英国和瑞典有类似的工业结构,但过去20年平均而言,失业率至少要高出它们4.5个百分点。英国和瑞典,尽管有相同的产业结构,显然可以具有一个低于3%的失业率而不会导致通货膨胀率上升的总需求不均衡的压力——即使粗略地允许不同国家失业率定义存在一定的差异。

在这些数字中,假若其中有任何使人感到惊奇的东西的话,那就是有一种趋势,即经济学家们往往把劳动力看做由那些头脑清醒、心明眼亮、受过良好教育的人们组成的,这些人多才多艺,精于应对各种变化、不确定性和不完善的信息。然而,全面考虑人们在寻找和保有长期性工作时的各种障碍,甚至是对于那些最有利机构和合理的动因来说,也许这些数字就并不那么令人惊奇了,这些障碍来自于文盲、智障人士和体弱多病者。在最发达的欧洲国家,严重的贫困问题并不普遍,在这些因素中的有利地位,有助于说明在这些国家的低失业率。然而,一个更广泛的理论,一个对社会习俗和社会心智具有吸引力的理论,有必要满足对于这个国家失业的构成和规模的理解。

我要指明的是,前述关于失业的信息理论的重要局限,是它们忽略了某些外部因素。在这方面值得注意的是,关于个体动机的信息理论,无视人们将其一生的消费趋势可能的概率分布最大化的愿望。非常私人的动机也许是某种等价地用于分析克鲁索(Crusoe)没有星期五*的经济,但它也许不足以用于分析现实社会环境下太多的选择行为。

一个人的工作,其工资、任务和提升机遇,足以成为他的中心,或许有时还包括他的自尊感、团体威信、不满、友爱的感觉、忠诚和福利,等等。这些感觉具有经济行为影响,正如它们把"外部性"注入到个体效用函数中那样。它们甚至有助于解释从未受规制的原子式市场制度的矛盾,且当然与全面的福利分析是相关的。

所以,虽然关于失业的信息理论与传统经济学有重要区别,作为雇佣和工资行为的全面分析,它也必然偏离所谓的个人最大化的经典模型。值得注意的是,两种偏离有达到一致的趋势。这会导致实质上的经济摩擦的出现(比如在劳务市场上的信息摩擦),经济交易变成人与人之间的关系,因而有被人际或集团的考虑影响的趋势。因果关系也有在其他方向运行的趋势,所以配偶市场是不完善的。

本章对各有关失业的理论进行了综合,它们在某些方面的论述几乎没有什么差别,并具有共同的外部性主题。其中的许多理论认为,个体效用函数不只包含自我消费——它包含某些外生变量,比如他的相对工资或者相对于其所属群体的收入。这些观察显示,预期穷人和受歧视人群的失业人员比例会增加。这些观念也显示,整体失业率有所增加,正如人们所预期的美国经济中存在任何稳定的通货膨胀率那样。他们扩大了"自然"失业。其中有些人怀疑均衡失业率的不变性。

3.1 歧视、相对工资和实际工资

具有重要意义的经典经济理论之一是,永远不可能有真正的技术性失业。

---

* Friday,指《鲁滨逊漂流记》中鲁滨逊·克鲁索的仆人。

也许没有多少资本支持生活,或者支持最低生活开支。但是不可能有这么大的资本,或者这样可怕的生产力的资本,使得对某些工人来说,根本没有生产性工作可做。每个人必须在某类工作上拥有相对于其他人和机器来说的相对优势。在经济学意义上不能受雇于资本货物的人,可以从事不需要工厂和设备的服务业。从而,对某些工人来说,在竞争经济中,不可能存在支付正的工资率而没有工作做的工人。①

对于社会弊端和歧视的受害者为什么会承受高失业率这个问题,如果以没有足够的生产性工作来解释,实际上是不正确的。然而,也许存在法律意义上所允许的工作短缺的问题;下节会讨论最低工资法问题。也许有可接受的工作短缺问题,即值得为其付出的工作短缺。这两者与经济摩擦事实上相联系,并导致关于社会地位低下的少数人群的失业规模和特征的解释或者假设。这里我们提出歧视使失业状况恶化的观点。

表3.1 以种族、年龄、性别划分的失业率,按公民劳动力的百分数计

种族	1957					
	男 人			女 人		
	16—17	18—19	20+	16—17	18—19	20+
白 人	11.9	11.2	3.2	11.9	7.9	3.8
非白人	16.3	20.0	7.6	18.3	21.3	6.4
全 部	12.4	12.3	3.6	12.6	9.4	4.1

种族	1965					
	男 人			女 人		
	16—17	18—19	20+	16—17	18—19	20+
白 人	14.7	11.4	2.9	15.0	13.4	4.0
非白人	27.1	20.2	6.0	37.8	27.8	7.5
全 部	16.1	12.4	3.2	17.2	14.8	4.5

种族	1970					
	男 人			女 人		
	16—17	18—19	20+	16—17	18—19	20+
白 人	15.7	12.0	3.2	16.3	11.9	4.4
非白人	27.8	23.1	5.6	36.9	32.9	6.9
全 部	16.9	13.4	3.5	17.4	14.4	4.8

资料来源:U. S. Department of Labor, *Handbook of Labor Statistics*。

---

① H. A. Simon, *The Shape of Automation* (New York, Harpet & Row, 1965); or Simon, "The Corporation: Will It Be Managed by Machine?" in M. Anshen and G. L. Bach, eds., *Management and Corporations*, 1965(New York, McGraw-Hill, 1960),pp.17—55. 我并不相信外部性和联合产品,比如有体臭的工人,会颠倒这一定理,尽管它们可能影响工资率的大小。

人们日益认识到,工作歧视和简单褊狭,是从不同程度上歧视不同的肤色、族群、生活方式和妇女。从某种程度上说,承受歧视的人们,是一群承受着各种不同歧视的集体受害者,他们承受着来自偏好于不同的特殊社群、种族和宗教背景的人们的商家和劳工联盟的歧视。在美国,歧视对于黑人族群来说是沉重的,这是宏观经济学上人口部分的重头戏,占10%以上。而此处的讨论将瞄准对黑人(Negro)失业的歧视的影响,而所谓"黑色皮肤的人"(black)只是非白人的一种比喻说法(其中92%是黑人),是对广义的歧视受害者的一种推广。

在美国,大多数黑色皮肤的人所经历的是,由于过去和现今的种族偏见,黑色皮肤的人中男人所挣的平均工资,是白人男人所挣的平均工资的60%。经济和社会剥夺的背景,追索到奴隶制时代是困难的,甚至在当今城市人口中,大多数黑色皮肤的人要求的是教育、培训、商业定向和文化认同,挣中等收入的工资。家庭制度破裂的报告表明,黑色皮肤的人中最劣势的群体,情况变得更糟。有资料显示,现今的种族偏见,仍然是受同等教育的白人和黑色皮肤的人收入不平等的重要原因。这些偏见包括白人偏好于白人做邻居和同事,以及统计上的歧视。②

由于社会的歧视和不利地位,被限制于低层次工作的黑色皮肤的人往往从劳务市场中退出,有时在市场中会暂时拒绝聘用而热衷于闲暇活动。③ 至少这一假设可持续应用于假定不需要负责任支撑其家庭的那些工人。在黑色皮肤的人中,高于平均失业预期的有两类原因。其中之一包括常见的观点,即时间的选择性利用。

众所周知,没有技术的和年轻的黑色皮肤的人,往往选择低工资的工作。他们中的大多数并不缺少聘用机会。但是,在没有工资的情况下只要有足够的钱能够支撑一段时间,他们往往就会辞掉这份工作,或者说他们想摆脱掉这份工作所累积的沉闷。这样至少在宏观均衡附近,非常低工资的工作并没有太大短缺,所以,离开它们也不会带来什么风险。④ 当他们在大多数可接受的工作中感到不满意、没有快乐、前途渺茫、获得的工资低廉时,他们就会决定采取自己喜欢的其他方式(即在"进入和退出"的边缘选择退出)。

---

② 参见 G. S. Becker, *The Economics of Discrimination* (New York: Columbia UniversityPress,1959)的第一章,以及 L. C. Thurow, *Poverty and Discrimination* (Washington, D. C.: The Brookings Institution, 1970)。两者都是最近对该问题最完整的经济分析。

③ 应该注意,在未受雇期间,进行家务工作、慈善工作,甚至犯罪性的工作的机会在增加。

④ 波士顿的人力资源培训中心的求职者研究发现,大多数失业工人以前有工作经历,并自愿失业。P. H. Feldman, D. M. Gordon, D. M. Perch, "Low Income Labor Market and Urban Manpower Problems", Institute of Economic Research, Harvard University, Discussion Paper No. 66, February 1969.

宁愿少点工资收入,而多些空闲时间,使一些人宁愿选择兼职工作。有些兼职工作像正常工作一样稳定,只是工作日或工作周较短。但是,这种偏好常常体现在从全职工作中退出,或者更愿意选择临时性很强的工作上。因为对于每一个再进入的劳动力而言,通常有一个寻找或者等待被雇用的时期,这两种劳工参与比率的减小,将适时地反映为较高的失业率。相对来讲,对于那种适合于年轻的或者没有较重的家庭责任的黑色皮肤的人来说,具有闲暇时间并能支付较高工资的好工作的缺乏,基本上在某种程度上表明了这些人群的高失业率。

福利经济学家可能恰当地认为,由于种族歧视导致的雇佣减少,以及适合于黑色皮肤的人的工作的实际工资的人为减少,是"劳工供不应求"的一个例子。然而,这并不是说,对于个别的人来说,对特定的歧视情况作出减少其雇佣频率的反应,是不理智或者病态的。没有对学业和事业未来的思考,意识到不能够完全被吸收到学校和商业机构之类的地方,一些年轻的黑色皮肤的人为了得到基本的认同和信赖,以使自己可以在行业或者学校里被接受,被迫另辟蹊径。事实上,城市里的黑色皮肤的人可以发现,其他黑色皮肤的人在街边闲荡,跳着一套套的摇摆舞,使得悠闲时间对他们来说更具有吸引力。人们也会欢迎公共政策,为黑色皮肤的人拓宽机会,使得他们可以选择一种其他的生活方式。

也有第二个原因使得黑色皮肤的人比白人的失业率更高,虽然这个原因也许并非广泛适用。当一个人感觉到被不公平地对待和歧视时,也许对他来说,最适合的工作也变得很难适应(或要适应很长时间)。这些空洞和贬低人的工作,如果不避开,就只能短时间地忍受,这依赖于经济需求程度,因为这些工作机会是以失去某些自尊和空闲时间为代价的。受到歧视和压抑的人们,坚持要求其保留工资要高于其生命周期工资的当期价值贴现的数学期望的最大值。这种对工资要求的提升,包含了雇佣的平均频率和时长的下降。

原则上说,这种现象在高收入水平和低收入水平时都可以观察到。但是低收入或者中等收入的黑色皮肤的人面对歧视时要有自豪感是困难的。渴望经济成功的黑色皮肤的人在某些场合,面对难得的工作机遇和职位,必须要比其白人对手牺牲更多的自尊,努力克己。对于这种歧视的反应,必须在某个正常的范围内才能够被认为是健康的。⑤

在弱势群体中的失业率的确定方面引入心理参量和态度参量,不会抹掉整体需求的影响。事实是非常清楚的,非白人青年的失业率对于整体需求的反应,就如同白人青少年的失业率一样。进一步地,这些因素应该假定危害自然率模

---

⑤ 关于市区街角的人们对他们工作机会的态度的第一手资料,参见 E. Liebow,"Tally's Corner" (Boston: Little, Brown, 1967) 的第 2 章。

型的宏观精确性这一点并不是显然的。

3.2 最低工资法

我们注意到,从经典经济学定理来看,在正边际生产力的意义上,对每一个人来说,都有潜在的工作可提供。然而,不加约束的完全竞争也许会向严重弱势群体的人们提供所谓"尊严线"以下的工作。有些工作可能会支付较低的工资或使人们做较为低级的工种。不得不接受这些工作的工人,其身体和精神的极限应该是明确的。

最低工资法将消除工资非常低的情况。而这些法律的真正动机不会困扰我们,也许值得注意的是,它们可借助于外部信息来予以解释。它们折射出理解和关心,以及低工资、卑贱劳动任务带来的窘迫。社交酒吧的工作岗位,其工资比想象中的少,甚至低至没有尊严。也许其基础并不像他们所强调的那样,是不希望看到弱势群体的存在。尽管也有慈善的意愿存在,但其目标可能不是首先为了提升非常穷的人们的收入。⑥

最低工资的一个效应是,提升了那些能够持续就业而工资非常低的工人的工资水平。但是,这也有另一面的后果,那就是,在经济的许多领域中,也许是大多数领域中,最低工资法的使用有增加失业量的趋势。这对那些在读书年龄段,想从事兼职工作,而所得工资较低的人们,更是如此。1957年青少年失业率的显著提高,可能就归因于最低工资的提升。一些评论员建议,解除最低工资规制有助于青少年们寻找临时性的工作。

有些全职人员,如有严重残疾的人,如果要保障其工资高于或等于法定最低工资,那么他们可能在任何工作中都很难被聘用。这些人会变成永久失业,尽管有人建议,这些人不应包括在失业率统计范围内。其他受法规影响的全职人员,被迫去干那些比法律上所不容许的事情更令人不喜欢的事情。在许多情况下,他们不得不接受那些稀少的临时性工作(各类支付最低工资或略高于最低工资的工作)。降低工作的稳定性是其可能的影响之一。这就是问题的一个"维度",即"效用损失"被"消除"了。一些人可能会选择危险的,或者极繁重的,甚至是犯罪性的工作岗位,其工作的负效用限制了供给。工作的种类也变得较不

---

⑥ 最低工资法旨在抵消大公司在高度孤立的劳务市场中运作时的剥削力。只存在一个公司的村镇,提供了一种静态垄断模型,其支付的工资在有一个以上的员工时,比应该支付的工资少,因为支付给大量工人时,必须提高工资额。强制的最低工资可能提高对所有雇员支付的工资,而并没有减少(甚至会增加)公司最大化雇佣水平时的利润。新员工进入公司,导致垄断的削弱,在经济学上,正常的失业率实际上因最低工资而减少。

稳定(也许会出现一些机构来影响法定工资下工作的均衡分享)。那么,前提假定就是,最低工资法有减少(合法)雇佣频率的趋势。

然而,如果理论经济学家认为,国家的最低工资法就一定要达到法律的效果,那或许就有点幼稚了。有些众所周知的案例表明,存在雇主和雇员逃避这些法律的情况。也有规避这些法律的情况,如以通过中介帮助寻找雇员的所谓中介费的形式,以及以其他方法支持连续合同聘用的形式。法律覆盖的不完全性,也弱化了其效果。进一步,国家最低工资法所带来的均衡失业部分,显然是很难估计的。在经济学家的定量评价与其他经济观察家的评价之间,存在着极大的差异,这一点并不奇怪。

评估总需求对最低工资法导致失业的影响,还依赖于建立在现行法律上的最低工资对实际工资的影响。如果假定立法增加了失业,那么,引起立法者及私营企业和家庭离开均衡的未预期到的通货膨胀,将降低最低实际工资,从而减少失业量。人们可以想象,如果立法者不随时依据形势变化,调整他们对于总体工资的期望值,那么,稳定的通货膨胀将会成功地使得最低工资率的变化持续放缓。但是,如果立法者事实上学会适时调整他们的总工资水准的期望值,就会存在一个不确定增长率的通货膨胀水平来保持失业低于其"自然"水平——这里包括所谓的"非自然"失业是由于最低(实际)工资法的出现。有证据显示,立法者们可以期待常态趋势,只要他们的立法行为在足够长的时间内是正常的。所以似乎不太可能得出以下结论,即最低工资法的行为,在自然率假设的定性方面,会产生严重的误导。

3.3　个人工资和价格调整的动态学中的社会摩擦

当今流行的是将应用微观经济学(通常是随机运筹学型的)生硬地运用于处理一定范围的行为(和由此提出的社会问题),这些行为曾经主要是社会学上的、传统的和道德上的问题,等等。工作决策和工资行为领域,如第 1 章显示的那样,已经被微观经济学家侵占或重新侵占。凯恩斯的《通论》,现在正被重新解读为忽视了其控制论有限信息基础的证据[7],似乎要合法化新的范式。

至少在美国的课堂解释中,凯恩斯主义经济学通常被解释为假定实际的经济行为"好像"是纯粹竞争的,不存在显著的信息短缺。我们从某种宏观均衡出发,假定稳定的产品价格和稳定的工资已成常态。假设总需求突然下降,市场出

---

[7] 参见 A. Leijonhufvud, *On Keynesian Economics and the Economics of Keynes* (London: Oxford University Press,1968),特别是第 91—102 页。

清产品价格下降(就好像每天要出清货架上的面包一样),这种情况下,如果工人们立即接受随生活成本的下降按比例来削减货币工资,那么,这个事件将会在第二天就成为整体经济中的普遍现象(只不过是处于较低的名义工资和价格水平)。但是,他们不会接受工资的削减,至少不会以任何形式带头这么做。由于犹豫和初期的阻力,实际劳动力成本上升,利润最大化产出和就业因而降低。

为什么对接受工资削减犹豫不决呢?部分原因在于工作团体的社会压力。只有出卖工人的人,才会想做接受削减的工资的第一人(特别是当工资信息迅速广为传播时)。没有人愿意与这样的人为伍,特别是当他们的工资率全面下跌时。即使假定他们的工资是独立的,工人中的权威人士也可能认为,所有工人的工资是捆绑在一起的。为什么他突然没有以前"值钱"了呢?如果产品成本必须削减,那么就让那些无足轻重的人接受削减了的工资,或者由公司来吸收成本消耗吧。可想而知,同样的效应,可以按惯例由供方来承担。显然,对于一个男人来说,最糟糕的事情之一是削减他的工资(虽然须臾间闪过解雇他的念头)。最后的结局必然是,一些人不得不被解雇。乘数过程开始。⑧

《通论》坚持认为,当就业问题解决后,就存在对应于新的就业水平的某个平均货币工资水平,准确地讲即指失业均衡。正式地讲,不可能有挣工资的人想勉强屈尊就卑,对于需求萎缩的情况,平均货币工资的确没有多少调整余地来应对——除非存在某种趋势,首先将获得过多支付的工人解雇。但是,对于一个低工资水平的人,也可能有某种倾向,即大量购买食品,那是因为全部家庭收入整体下降,恶化的财政边际并没有使得工人做好承受风险的准备,在这种情况下,如果你能挣到钱来购买商品,食品是便宜货。⑨ 所以,尊严在前,工资下降滞后,然而,太长的领先时间会转移对失业的关注。

凯恩斯主义者常常对产品市场行为形成的对称性不以为然。⑩ 没有人想在俱乐部中被当成骗子。(在需求方,或许人们可以把消费者想象得如此敏感,以至于他宁愿根本不买,也不占供应方亏本出售的便宜。)

也许存在某种意愿,给高于货币工资和价格的点找到理由,以找到稳态水

---

⑧ 两篇论文对口头传统描述具有部分代表性,参见 J. Tobin, "Unemployment and Inflation: The Cruel Dilemma", 载于 A. Phillips and O. E. Williamson, eds., *Price: Issues in Theory, Practice and Public Policy* (Philadelphia: University of Pennsylvania Press, 1968), pp.101—107;同一作者的早期经典作品, "Money Wage Rates and unemployment, 载于 S. E. Harris, ed., *The New Economics* (New York: Alfred A. Knopf, 1957)。

⑨ J. M. Keynes,《就业、利息与货币通论》(*The General Theory of Employment, Interest, and Money*, London: Macmillan, pp.252—253)。

⑩ R. H. Strotz 在他的论文中对此作了详细阐述,参见其论文 "The Keynesian Model with a Generalized Money Illusion", 载于 T. Bagiotti ed., *Essays in Honor of Marco Fanno: Investigations in Economic Theory and Methodology*, Vol.2 (Padua: ECDAM, 1966), pp.636—652。

平。随着平均失业持续时间的延长,需要对声望和实际收入作出重新评估。在这个过程中,一定会导致运用手段谋取工作,以及货币工资和价格的螺旋下降等结果。这个过程会变慢,不是由于反馈的迟滞,而是由于作这种重新评价和确定人们到底想要什么本身,需要时间。(价格要回落,这一点绝不意味着自动稳定的性质出现,像在某些完全版本的模型中那样。)

但是,即使货币工资弹性的程度被承认,社会心理学方法对于工资行为的研究,当然也要求我们依其原则来检验自然率假设。该项研究的某些代表人物得出的结论是,(在某一点以后)总需求行为导致的货币工资率减少得越快,均衡失业率就变得越大。如果这样的话,在这个范围内,自然率失效!

与自然率假设相左,他们坚持认为,如上面所说的情况那样,接受货币工资削减的心理阻力会产生一个矛盾,就是当总需求导致强烈的通货紧缩路径时,会产生导致长期高失业率的摩擦。只要有那么一些人,他们必须面对的工资所得比他们以前所挣的比较体面的工资少,每一个稳定通缩率的减少(即稳定通货膨胀率的增加)就将与某些相对应的均衡失业率相联系。

自然率假设的拥护者可能机敏地承认,的确存在以任意稳定的期望通货膨胀率增加均衡失业率的重大社会摩擦。但是他也认为,这并不意味着,必须使一个人的货币工资保持他以前的最高值。重要的是,使其保持某个相对正常的水平。被要求适时按照普通货币工资稳定性来削减货币工资,并不比被剥夺按计划正常提升5%的薪水更丢脸和更受伤害;即使你所有的工作伙伴们如他们所期望的那样,都按时获得了正常的工资提升,你也不必为你不能正常按时提升工资却还得继续工作而感到难过。可以论证,均衡失业率所部分依赖的情绪摩擦的量,总与一个人的货币工资相对于某种常规调整的痛苦相伴随;这种调适可能稳定地增加或者稳定地下降——给定相对工资,痛苦程度与此并不相关。

那么,我们的结论应该如何呢?如果伴随着预期平均货币工资率同样的下降,难道平均货币工资率稳定下降的货币工程学必须加剧因无处不在的相对工资调适而提升摩擦,从而导致更高的均衡失业率吗(如在图 2.2 中的曲线范围那样)?我们不应该由个人情感来做决定。必要的阿 Q 精神有时非常重要。但是我们也完全确信,要使得削减货币工资的预期形成惯例,需要很长的时间。即使稳定的货币工资率的罗伯特森世界(Robertsonian world)——一个价格按生产力增长率而通货紧缩(按年均约3%的速度)的世界——的建立要几年的严重通货紧缩才能完成,在这些年中,信息和社会摩擦必然伴随失业率暂时升至一个相当高的水平。其福利分析的含义是,从这样一个步骤中实现的利得(如果有的话),不能够补偿伴随的成本。所以,我们不必为均衡失业率对于正的预期通缩率的精确敏感性而过于烦恼。

3.4 流动性和空间

工人的流动性和（相关）工作的稳定性的传统，造成在经济活动中的辞职率和解雇率的差异，且因此产生了平均失业率。

在美国的发展过程中，从其早期的定居和跨国迁徙中，偶尔反映出的事实表明，（在大多数群体中）即使今天，在美国，改进和迁移并不显著。与此相联系的也许是美国人会尽他所能做得最好，并不满足于居住在附近或者依附于父母的模式（除非可能遵循了古老国家的习俗）。在美国，相对高的收入才较容易承担得起那种雄心勃勃的不停迁移的传统。

利润最大化（在所有人类成本上）的相互野心，刺激（源于雇主的）雇员离职率的规律，在其他国家并未发现。流动性的传统习惯，鼓励雇主在淡季中止不重要职位的雇员的雇佣关系。中低层的管理者宣称，为节省工资，要保持"临时停职的低级雇员"的储备，来满足不时的或周期性的来自上层的需求。⑪ 可以将这个与欧洲和日本的一般传统，即倾向于生命周期的工资保障做对比。以高解雇率运转，把失业状态的劳动力作为供应流不断地提供给公司，补充临时停职者，一般来说，这样的结果是很容易雇到人。这种高辞职率和高解雇率的结果就是高失业率（在加盟失业大军的时间不变这种极端情况下，将会成比例地高）。

毫无疑问，美国的自然环境也发挥着作用。自然与气候的多样性，地域的辽阔，或许增加了远距离迁移的吸引力。即使这个情境在物理上是一致的，对于相同的人口和工作密度，游离的空间越大，在一个新的地方自由地寻找新的工作和重新开始新的生活所期待的回报也就越大。我们都知道劳工从意大利和欧洲其他地方到瑞士、德国、瑞典和其他国家的大移民（和再移民）。（完全地稳定不变，事实上是不实际的。）如果定居的外国失业者和未定居的侨民失业者都包括在整个欧洲的失业率中，那么，也许实际状况要比那些国家官方报道的平均失业率高得多。

3.5 失业和工会理论

关于工会对于失业均衡量的影响（如果有的话）的争论该停止了。在20世纪60年代的美国，总劳动力中几乎22%的人属于劳工联盟。如果扣除军队，这

---

⑪ 关于美国消防的一份可怕的报告，应用于非代表性工作岗位领域——电子工程，可以在 I. Catt 的论文中找到，参见其"The New Reality in U.S. Management"，*New Society*, November 20, 1969, pp. 814—815。

一比例在某种程度上要大些,如果再排除政府工作人员,这个比例将更大(进一步地细分,甚至可能达到接近 100%的期望水平)。

因而,详尽的分析必须考虑该制度的影响。作这种考虑时必须记住,工会并不是事情的全部,甚至不是主要部分。在考虑有组织的和无组织的劳动力市场之间的非相似性时,绝不可忽视其相似性:劳工联盟对工资的需求如同个人计算他们的保留工资一样,都是基于在前面综述基础上描述的一定的偏好和认知的机会。

虽然关于工会的病源学未被广泛接受,但幸而这未能妨碍许多对于经验主义问题的研究,如工会的存在如何影响其自身的劳动力市场和其周围的劳动力市场上的工资行为及其所产生的失业问题。趋势判断表明,工会增加了均衡失业量,推高了工资超过其他地方的"较早期"市场在无组织情况下预期的增幅(这里"较早期"隐含的困难下面再谈)。有些人同时认为,工会的存在,抹平了瞬时菲利普斯曲线(当它上升时),而其他情况下则是使其变陡。

正如他们中的实践者可能首先会说的,对于引起劳动力市场工会化的特征,作出随意或不可靠的前提假设,以此为基础进行的这些横截面数据研究,使人大为困扰。从经济学的观点看,如果我们能接受工会以完全随机的方式遍布于经济中,或者好像在某种农学实验中那样,通过了智能的统计设计,那么,他们的发现看起来更具有结论性。许多这类研究也都受到他们的单一市场局部均衡方法的限制。事实可能是,当经济处于宏观均衡时,在那些工会化的产业中,劳动组织成立了工会,增加了"在这些产业中"的平均失业率;也许同时,在未组织成工会的产业中,在宏观均衡状态,工会化降低了平均失业率。

即使在面对数据困难之前,假说-演绎法也有其自身的困难。在瓦尔拉斯(Walras)完善信息的世界里,即使假定工会存在,这也是一个棘手的事情。没有联盟,每个单个的人可以以不易察觉的效果来抬高竞价,对付大量非个人的买方和卖方。如果在市场活动中,个人的偏好被察觉到,并仅表示为对那些非个人的有价物品的偏好,如食品、饮料和休闲等,也就是说,没有外部性,工人们的联合实际上不可能阻止某个相对抗的联盟标出高过它的价格。随着买方和卖方的数目无限增加,这种可能的不可阻滞的联盟也许归于消亡。这也就是所谓的每个人都靠自己(或许禀赋匮乏者会得到政府的大笔转移支付)。

然而,人们不需要那么极力主张用语简洁:为了获得一个逻辑有效、有价值(即使并不令人满意)的具有"非经济"、"纯粹社会学"特征的工会理论,你可以假设兄弟情感、暴力威胁、技术的伦理传统等。暂时遵循这种理念,我们可以在一般均衡背景下,说出工会对宏观均衡失业的一些影响。

除了在经济中的这里或那里出现工会以外,在瓦尔拉斯式的完善信息情境下,这些工会的效应是完全清楚的:像工会前(pre-union)的情况一样,工会后(after-union)的情况,将继续在任意严格意义上是一个零失业。当然,工会会影响相对工资,有些实际工资率将会被推高,有些则被推低。如果替代效应超过收入效应,就会存在某种假定,即由实际工资率扭曲带来的净效率损失,将减少总劳动力供给;但是,如果工会使得它们的会员工作得更合意,这一推测就不是那么合理了。

考虑不完善信息和不确定性引入的经济摩擦,宏观均衡失业率变成一个大于零的数。在这种情况下,有选择性地(根据以上社会学极其简单的建议)把工会引入到经济中,会如何影响均衡失业率呢? 如果没有关于工会到底做什么、它们如何兴起的经济学理论,答案看起来就不是非常清晰。为什么组成工会(或他们自己组织起来)的工人们,想以任何程度,以更经常性的失业形式,来实现其经济利得? 特别是,是否可以缩短工作周,或者延长假期?[12]

首先,缩短的工作周或者年,对于通过其他方法得到同样的工资收入来说,可能增加了产品的单位成本。从成本的观点,因而从雇主不得不对一定数量的雇员支付工资,并给予其享受假期的"机会"——当总需求看起来暂时低时——的观点来看,这也许是有吸引力的。更进一步,更高的工资,应该是对雇用雇员的较大无规性的一种补偿。因而,工会能够留住这样的一些雇员,他们没有参加工会组织,不论是在同样的职业中(以较低的工资)还是在其他工作岗位,他们都会选择更稳定地受雇。但是,人们会期待着,工会能够保证相对工资以15%左右的增长率增长,也就是说,如果对它的工人们(当然是其一生)不能够承诺,其失业率至多不会超出工会外的预期失业率(一生)1—2个百分点,工会就不能够继续存在。因此,工会通过更好的安排和更有保障的工资,来寻找更合理的工作保障,这是除获得更高的相对工资之外,它们在经济上的利得之一,这是很正常的。[13]

当我们将工会纳入经济学理论来加以考虑时,至少经济学家会更高兴。当

---

[12] 与米尔顿·弗里德曼昔日留下的"引入工会并不能增加宏观均衡失业率,仅能影响相对工资率"的印象(不管他是否完全是这个意思)进行争辩,也许是有用的。为简单起见,假定宏观均衡和非均衡工资行为的自然率描述,从定性来看是正确的。弗里德曼似乎说,相信在一个部门引入工会,毫无疑问会推高货币工资率,这是一个小学生犯的错误,人们把名义工资与相对工资以及实际工资搞混淆了。但是,它是否如此,完全依赖于假定什么保持不变。如果总需求被控制住,以便保持总失业率不变,假定工会化部门中货币工资率仅能上升一个有限量,也就是设定(或预设)了对于问题的回答,即(以否定的形式)回答了自然率没有增加。如果代之以货币供给和税率保持不变的假设,那么,不论自然率因此是否被推高或者推低,货币工资率在工会化部门当然仅推高一个有限的量。参见 M. Friedman, "Comment", 载于 G. P. Shultz and R. Z. Alibereds, *Guidelines, Informal Controls and the Marketplace* (Chicago: University of Chicago Press,1966)。

[13] 我的论文"Money Wage Dynamics and Labor Market Equilibrium",载于 *Journal of Political Economy*, August 1968,特别在第一节表达了这样的信念,即工会的存在,可以使宏观均衡失业率增加少许(无须改变基于摩擦的非均衡工资行为模型,包括自然率模型的定性性质)。该节的剩余部分表明了思路的某些变化。我随后试图发展的劳动工会的经济理论,借助了某些附加的支撑材料,但是它引出了新的考虑,提出工会可能减少宏观均衡失业量。

我们看到超越瓦尔拉斯时,这个理论的模糊轮廓就开始出现了:带有不完善信息、不确定性、搜寻和希望性质的非瓦尔拉斯经济,确实是产生大量工会活动的基础。工会对抗竞争联盟得以生存,得益于那些不完善性带来的摩擦——如果我们把威胁和社会压力排除在外的话,这是必不可少的。进一步,这些摩擦,从某种程度上给出了工会存在的理由。从信息的观点看,工会的存在,也许是为了在其成员中收集和传播信息。

劳动工会执行着本质上具有信息特征的许多功能,在有摩擦的世界,它们可以大大降低宏观均衡失业率。在完善市场中,没有进行这类活动的必要。工会可以改善其会员的安全条件,使工业事故趋于其合理的水平,由于单个劳动力供应部门所具有的信息缺乏的特征,自由市场在这一方面没有能力发挥合适的激励作用。通过在工业行业中跨公司地强力推行统一工资率,或在更宽的领域进行,工会能够减少其会员的工资不确定性,消除发生于工人身上的这样一种可能性事件,即他不得不在各大公司中搜寻,直到找到高于平均工资水平的出价,或者无论怎么说,使其保留工资率高的工作。⑭ 工会也能够如同一个雇佣办事处一样提供服务,告诉会员们,在各种工作招聘栏中哪里有空缺。在合同中,工会也提供友情警告,那就是工人们可能常处在冷淡和无情的非瓦尔拉斯社会中。

然而,到目前为止,工会最重要的功能是研究(收集和处理与信息相关的)工资率、工作条件、在其他行业和地区接近竞争类型的工作的需求强度,以及为了服务其会员,在其管辖范围内,对不久的将来,在某工作上的需求量作出估计。所有这些,都是为了达到其会员所要求的掌握与货币工资标准相关的可靠信息。简言之,工会对于其会员来说就如同一个经济学家,确定机会成本和需求,以便设定一个集体的保留工资。在其工资决定中,如凯恩斯所观察的,理性的工会非常像理性的个人:"每个工会都要表现出对削减工资的抵抗(因为这种减少'根本就不是全部特征')。但是,没有哪一个工会会梦想与生活成本上升的每一次情况相抗争……"⑮

就劳动力市场中信息的不完善会因工会的活动而减轻的程度而言,工会可能有减少失业量的趋势;否则,在均衡时,考虑到无组织市场的摩擦,其会员会经历失业。

然而,正如 3.1 节中所述的,工会的存在,可能增加工会会员以外的失业。无论在哪里,一个工会为其会员建立起的工资,超过了其他地方的会员或者是相同熟练工人所能挣得的工资,那么,它就使得寻找这种工会工作职位的工人数随

---

⑭ 但是要注意,如果有共享工作的可能性,因此要风险共担,工会可能会为其会员争取比那些非会员的个人更高的工资。那么,在两者间选择,工会就可能会增加失业。

⑮ Keynes, *General Theory*, pp.14—15.

之上升,此时,那里就发展成在那些工作中,意外地对工人的需求过剩。在那里,工会对已经处于不利地位的族群实行区别对待,额外的失业在受歧视人群中发生,对抗通过感觉上的怨恨和疏远随之产生。这些可能是某些工会的重要影响。它们起到了增大均衡失业比例的作用。

我们假定,从更宽的范围看,工会的目标是建立这样一种货币工资,这种工资(在正确估值的可能范围内波动)足够低,使得所有的会员都可被雇用,且其约束条件为,尽可能高地从雇主那里获取利益(把我们自己定义为多雇主的情况)。我们假定一下工会业务:如果没有工会的人员可用,厂商可以从工会外雇用工人,只要这些工人愿意加入工会,并承担他们应付的费用。一个足以引起对这些厂商产品预期外增长的总需求增长,会增加这些厂商按照工会设立的工资想要雇用工人的数量。这样,当存在总需求的不正常增长时,对于先前不属于工会的工人来说,就变得更容易找到属于工会范围的工作,并在此过程中变成工会的会员。结果,就有减少非会员所经历的那种失业的趋势(如果此时工会的工人供应过剩,由于以前的错误计算,工会会员的失业也会减少)。对此,有两种解释:在那些正在等待或者寻找工会工作机会的人中,极少人是正在失业中的。如果工会要维持其扩大后会员的就业,就没有能力提升工资率——当然,不包括工会以外,由于总需求增长,所带来的平均货币工资率的一次性增加。⑯ 其结果是,工会工资率的相对规模下降了,这样,前述失业减少的原因,可以归咎于工会工资的相对规模的下降。⑰

这种现象,对菲利普斯曲线族、均衡失业和自然失业率的概念有什么意义呢?刚刚分析的单轮未预期通货膨胀的影响,将持续到未来。这个性质,使菲利普斯曲线和自然率概念生出枝节。如果工会把其会员的就业作为它们的首要责任,对新老会员一视同仁,那么,工会名册所发出的信号在长期会减少工会可能建立的相对工资。结果,归因于会员工作和非会员工作之间的可得工资率的不平等的总失业率的组成部分,就会有一个长期持续的减少。如果通货膨胀率被设定在较高的(正的)水平,就会发现,当预期到零通货膨胀率和工会力量还未形成

---

⑯ 这里参考了 1.1 节和 1.3 节讨论的以及图 1.2 所描绘的,有关瞬时菲利普斯曲线上,到达逆时针李普希(Lipsey)回路的高点。

当然,在工会建立的工资率足够低以能够为其会员提供工作的约束条件下,如果总需求管理保持非工会化部门处于某一非均衡,工会就能够跟上经济中其他部分货币工资率向上移动的步伐。

注意,在工会总部,存在着相对于工会工资规模,与生活成本的一次性上升有关的官方悔恨,当草拟现期工资合同时,存在对需求信号预测错误的埋怨。重要繁荣的出现,对工会管理造成的困难,会与重要萧条一样严重。

⑰ 对于这个重要思想,我要感谢与 Robert E. Hall 的谈话,是他提出了这个分析。遗憾的是,此处的讨论没有受惠于他随后的关于此专题的文章,"Unionism and the Inflationary Bias of Labor Markets", Jan. 1970。

气候时,对应于(等量的)较高的预期通货膨胀率的均衡失业率,将比繁荣前的老的均衡失业率小些。这样,均衡失业率与预期通货膨胀率没有差异的自然率假设就失去了意义,它也不是预期通货膨胀率的不变函数。历史这只"活生生的"手,产生了一个滞后效应:趋向平衡的时间轨迹部分地形成了这一均衡。⑱

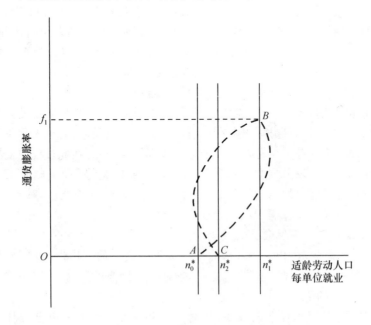

图 3.1

从表示工作年龄人口比率的自然就业水平的宏观均衡点 n^* 出发,繁荣可能产生滞后因子,它可能将自然就业水平增加到 n_1^*。在图中,轨迹 AB 使得在 B 点达到一个新的持续的均衡。在 B 点,稳定的通货膨胀率为 f_1。如果使通货膨胀率回到其初始值是理想的,那么,紧缩会促使这种理想状态实现。这会产生同样相反的滞后因子,其作用使以前繁荣期的自然就业水平上升。但可能出现的是,自然就业水平将不再出现。

相反,下降轨迹可能导向 C 点,此处,新的自然就业水平处在比原来高的位置。在这种情况下,不能如同第 2 章那样称之为违反历史的均衡位置。在第 2 章,不存在垂直的或倾斜的违反历史的"长期菲利普斯曲线"。对应于任何稳定通货膨胀率的均衡就业水平依赖于近期经济状况的历史记录。

---

⑱ 如果财政和货币当局采取政策,适时恢复零通货膨胀期望,相应的均衡失业率也许比工会会员增长之前小。这样,结果可能是,相应地在均衡失业率和预期通货膨胀率之间会产生某种松动。但是,对于恢复零通货膨胀预期而言必要的未预期到的通货紧缩,通过解雇某些工会会员,可能会产生某种相反的滞后效应。因为某些离开就业岗位的工会会员,对重获工会就业岗位感到失望,因而停止支付工会费用,放弃其工会关系,并使他们自己坚定地设立某种非工会工作岗位或就业活动,参见图 3.1。

如果工会会员们习惯于让他们的孩子到了工作年龄以后就自动成为会员，对均衡失业率的滞后效应，相应地，对菲利普斯曲线族的滞后效应，就会真的是持续的。在那种情况下，属于工会的劳动力占劳动力人口的比例，从而由工会设定的相对工资率，以及归咎于非工会成员对工会工资反应的那部分失业率，将都会持续受到未预期到的通货膨胀转型期的影响。[19]

3.6 工作经历的作用

然而，从未预期到的通货膨胀的任意阶段来看，还存在许多其他滞后效应。每次繁荣都可能对工人的态度有持续影响。繁荣可能比其他事件更容易把年轻工人从学校里吸引过来，并且，这会导致将来均衡失业量（对于每一预期通货膨胀率）不可逆的上升。繁荣之后，经济在物质资本、政府债务、工作经历、赊欠账户以及工会会员关系等方面，典型地表现出更加富裕的状态。

在这些因素中，工作经历以及干中学和在职培训的机会，可能是最重要的。当人们从事某种可持续的工作，而对这种工作，他们没有任何相似经验时，他们就会变得不同，因为它（工作经验）以许多方式与均衡失业率相关。按时上班，几乎是所有类型工作的工人最重要的习惯（我的母亲就一直保持着这种习惯）。如果参过军，据说对诸如早起等这些习惯会有持久的影响。对于构成最经常失业群体主要力量的许多人，变得"可信赖"和学会同其他人一起工作，是持续工作所必要的特质。同样地，更有优势的中产阶级工人和管理人员，需要时间学会指导或者与穿着橘色套服的伙伴一起工作。[20] 用这些简单的方式，可能会发生这种情况，即最初由总需求超过均衡水平的增长所引起的就业增加，最终会导致均衡失业率本身的某种收缩——至少是，如果增加的通货膨胀是可持续的，以及或许即使相同的旧有的预期通货膨胀率最终被恢复，就会发生这种情况。

对于其他人，在技能等级中，获得比他们在正常的恒常均衡的总需求行为情况下，通常能够合格胜任的工作更需要的工作方面的技能，或许是更重要的方面。这会发生在所有工作层次。许多因总需求的非均衡化上升而升级的工人，会逐渐在劳动力队伍的平均质量方面，导致真正的升级。除了宏观均衡失业率

---

[19] 相反，罗伯特·霍尔（Robert Hall）考察了工会会员关系不能转给其孩子的情况。这样，就存在工会会员萎缩的趋势，相应地，在这个过程中，工会的相对工资就有上升的趋势。结果，那种作为工资不均等函数的失业，将趋于增长（除了在劳动力队伍中，工会没有任何经济意义的那一点以外）。这就意味着，只有通过重复未预期到的通货膨胀情形，才能够阻止（在那种情况下）均衡失业率随着时间上升。

[20] 许多报刊，报道了雇主给底特律和纽约黑人居住区的年轻人工作和培训的经验，参见 The New York Times, Sunday, March 24, 1968, p.1, 以及 The Wall Street Journal, February 4, 1970, p.1.

行为以外,最关键的就是对技能最差者在技能上的不同影响。如果说过去几十年的历史有任何指导作用的话,那就是那根使得我们所有人都变得更有生产力的魔棒——如同20世纪90年代科技演讲中指出的那样——并不能保证均衡失业率的任何减少。当普通失业率下降一定量时,正是因为那些技能最差和最具劣势者的失业率以最大的点数下降,当总需求推动总失业率下降时,这些人的确获得了赶超那些已经更具技能的人的机会。

有一个与此密切相关的观点。设备和工艺,倾向于是为头脑清醒和具备钢铁意志的所谓超人设计好的。在这些情况下,那些完全没有相关经验的工人,从来都不能成功地与有工作经验的人的技能相匹配。这些新工人的可持续就业,可能导致新的技术、生产方法以及补充的资本设备的设计和引入,以便公司能以较低的单位成本雇用较低技能的人员。高于均衡就业的经验,不仅使工人转型,而且使管理技术和设备转型。

很清楚,对均衡的每一个偏离,会产生许多类型的不可逆影响。通货膨胀和失业分析者面临的问题,是一个判断问题,即决定这些影响中,哪一个影响(如果存在的话),对总体政策决策最重要。在本卷中,其战略将是,保持我们的分析,承认存在滞后效应的可能性,以及承认均衡失业率与预期通货膨胀率之间存在某种关系的源泉(在第2章已讨论过)。这些可能性将被当做偶然性事件来处理。然而,我们并不以这种方式,过于强调这种偶然性,或者从一开始就显示出依赖于这些偶然性,来构造整个分析,而是正如它们所表现的那样来处理。

至此,我们一方面完成了关于经济中失业存在以及失业和未预期到的通货膨胀之间的关系背后的动机与机制的介绍,另一方面完成了关于总需求水平的论述。接下来的章节,试图运用这一理论,连同需要引入的其他经济理论,参考失业、未预期到的通货膨胀和预期通货膨胀,评估可供选择的总需求政策的成本和收益。

第二部分　失业和通货膨胀的成本与收益

第4章 就业的社会收益与私人收益之间的差距

本章的目的是考察货币政策和财政政策影响不同就业水平的"配置"效率的结果。关于就业变化和相伴生的通货膨胀(通货紧缩)的分配影响的分析,将放在第5章讨论。

我们的讨论从自然失业率假设开始。在本章的后面,对这一假设的偏离也是可以采用的。我们所探讨的自然失业率,是指相对于闲暇、消费和其他时间收益的配置而言有效率的就业水平,或在给定民众偏好的前提下,以及在给定通货膨胀预期的前提下,比这个就业水平更高或更低的就业水平。

4.1 效率问题的性质

在经济学家和商人之间,长期存在着关于高就业对经济生产力好处的争论。[1] 商人所持有的观点是,当就业上升到一个不寻常的高水平时,厂商会感觉到很难为熟练工作找到或保留合适的工人,其结果是,经济效率开始受损。

---

[1] 一些标准文献如下:W. H. Beveridge, *Full Employment in a Free Society* (London: George Allen & Unwin, 1944); B. G. Ohlin, *The Problem of Employment Stabilization* (New York: Columbia University Press, 1949); A. P. Lerner, *The Economics of Employment* (New York: McGraw-Hill, 1951); M. F. Millikan, ed., *Income Stabilization for a Developing Democracy* (New Haven: Yale Universiyu Press, 1953)。亦可参见本章后面的文献。

经济学家则持相反的观点。他们经常进行如下反问来作为对商人的观点的回应:增加就业会提高总产出,难道不是吗?众所周知,当失业率在4%左右时,就业率的一个微小增加,在统计上会伴随产出的微小增加。当然,每个被雇用者的产出或每人-时的产出会随着总产出的增加而下降,特别是在储备劳动被再贮藏时更是如此。但是,在许多情况下,就业和产出之间似乎绝对存在着正向关系[2],这并不奇怪。外部不经济,即当单个厂商再多雇用一个劳动力时,虽然可以增加被雇用者的当期实际收益,但却实际上减少了当期国民产出,这种情况,并不像我们通常所想的那样严重。

关注总产出而不是关注每人-时产出,是一种进步。但这并不适合于回答自然就业率是否有效率这样的问题。看来,这是把没有经济价值归咎于失业了。隐含在经济学家反问中的思想是,当产出增加时,失业和放弃的闲暇是"非自愿的",也就是说,它"揭示"了这样一种偏好,即被雇用者们进行自由决策,他们为了更多的家庭即期收入而选择工作,而以放弃更多的工作寻找时间或更多的闲暇为代价。但这种偏好并没有清晰地表现出来,因为到目前为止,基于一个广泛的以局部代替全局、以暂时代替永久、以随机性代替系统性的错误,失业率的下降被认为是一种非均衡现象。"最大产出"这种效率观点是不完善的。

重新考察失业的福利成本,要求我们记住,绝大多数失业决策和劳动参与决策,还应包括投资方面。从这种观点出发进行考虑,经济学家的反问可能产生误导,即它只是考虑到减少失业所产生的对产出的当期影响,而没有考虑当期失业减少对未来产出的影响。还有一个问题,就是额外生产出来的商品流向最需要该商品的人群时,他们需要该商品的程度问题。同时,我们必须记住,人不能单靠产出和闲暇生活,外部性和相关的社会参数具有同样的重要性。

第1章所解释的三类失业模型都是跨期模型,这样,在纯粹经济模型只适合于描述的意义上,我们应当从跨期的观点来评估失业率与自然水平的差异。在每种情况下,失业都被当做一种私人投资。搜寻失业模型视失业为因预期改进未来工资收益而牺牲的当期工资收益。预防失业被解释为一种投资,一种为更好的就业而进行的等待行为。投机劳动供给模型视就业为一种有计划的跨期权衡取舍,即为了未来消费的闲暇成本和未来闲暇的预期的改善,而进行的当期闲暇的权衡取舍反应。

从跨期观点看,个人失业可能包含着社会投资行为,这也是很清楚的。考虑每年永久性地减少一定量的失业的总需求曲线的移动,国民生产总值会即刻上

---

[2] 关于短期相关性的经典探讨参见 A. M. Okun, "Potential GNP: Its Measurement and Significance", in *Proceedings of the Business and Economic Statistics Section*, American Statistical Association, 1962。

升,其数量大致上与受到影响的那种类型的劳动的边际产品相当。但这会对未来产出产生何种影响呢?

根据搜寻失业模型,缩短搜寻失业的结果,会减少代表性工人在搜寻失业池中所花费的时间可能带来的改进其工资待遇的数量。如果支付给每件工作的工资率与从事该工作的工人的边际生产率成比例(或至少是其增函数),那么,他们从浸泡在搜寻失业池中所获得的边际生产率改进的平均数量也会相应减少。其结果是,每个工人的产出(以及每人-时产出)最终也会下降。这一点没有什么值得奇怪的。如果我们的问题是,某一单个个人在其一生是否应该总被雇用或总是失业,那么,在每一时点,在前一种情况下的产出都会大些。但这样的问题并不是恰当的问题,因为工人在任何时候都会合法地接受当前的就业机会。适当的做法包括这样的比较,即在整个生命期间从更经常和更正常的就业中所获得的平均产出,与在工资率分布中和其广泛分散相联系的产出损失相比较,从而,与不同工人相对应的边际生产率相比较。

预防性失业可当做一种社会投资。它们也适合于那些坐以等待的情形。通过拒绝以就业为目的削减工资,一个人当期接受等待失业,虽然会减少当期国民产出,但却会获得未来国民产出的增加,只要他在未来工作中的预期生产率,高于他当期因接受工资削减而可能获得的工作的生产率。

在新古典劳动供给模型中,就业才是基本的投资。人们花光他现有的财富,为未来而工作。新古典型家庭拥有可用的劳动服务,其跨期约束条件是,它们从额外工资收入中预期收到的真实利率,经过当期闲暇损失调整之后,并不能购买足够的未来消费品(或促使家庭成员花足够的时间休息)。

因而,根据这些模型,自然失业率会超过"有效率"的失业率这样的结论并不是显而易见的。然而,这些评论还是足以表明,至少在社会贴现率足够低的情况下,存在一定量的失业与不存在失业相比,在配置上更优一些。但这并不是说,自然失业率在配置上是最优的,也就是说,通过某种总需求非均衡化政策,有可能形成一种在就业与搜寻或闲暇之间配置的改进。

本章和第 5 章我们所考虑的是自然失业率的"最优性"问题,直到第 6 章,我们都保留货币工资和价格在暂时状态下上升的预期。"最优性"问题可以划分为两个熟悉的组成部分:"分配"和(给定分配时的)"效率"。本章研究自然失业率是否"有效率"的问题。第 5 章将探讨偏离自然率的分配结果。

我们所说的"效率"是什么意思呢?对于给定的穷人所享有的税后和转移支付后的经济利益的相对份额,当(且仅当)优势和弱势群体的可支配收入或经济利益在整个生命周期的贴现都得到改进时,如果货币和财政措施有可能导致某种不同的失业率,那么,某一特定的失业率就是无效率的。

在这一观点上再作一些澄清可能是有用的。穷人和非穷人所收到的税后和转移支付后的经济利益的相对份额,被想象为保持不变,这只是为了进行思想实验,为了对某个失业率的效率,特别是自然失业率的效率进行假设检验。这并不意味着,当失业率因假设的总需求变化而改变时,税后和转移支付后的经济利益分配真的会保持不变。第5章将分析失业下降的分配效应。在那里,我们将提出,失业率的效率在某种意义上取决于我们给定的穷人在分配中的相对份额的大小。在这一章,我们把与我们的讨论相关的在当前通行的税收-转移支付体制下出现的分配的相对份额当做给定不变的。

在进行假定的就业水平变化的成本收益分析时,从跨期观点出发,在比较未来与现期收益时,有必要界定"社会贴现率"。为此,我们必须记得要运用平均真实利率,在这个利率水平上,厂商在微观均衡时,能借到足够的钱为平均风险的投资融资。③ 在本章的后半部分,我们将对适当的贴现率进行更多的讨论。可能得到的结论是,这个问题是晦涩的,而且对于本章所提出的定性问题的回答,可能也并不是关键。

在提出某一失业率是否有效率时,我们假定的是市场信息结构,实际上就是整个社会经济制度及其结果,就如现在所表现的那样。当然,这并不意味着我们不想去检测经过某种(实际或假想的)环境改进之后的自然失业率的效率。

当我们给定基本的环境特征时,很清楚,有效率的失业率(对于给定的分配而言)是大于零的,对此我们已有论述。在现实经济环境中有效率的失业率为正,在完善信息和确定性世界里有效率的失业率可能为零(在各种分配情况下),这二者并没有明显的冲突。但如下说法可能使人产生误解,即如果对我们的经济加以某种完全确定的和无摩擦经济那种类型的有效率配置解,抑或让现实经济向这个方向移动,将必然是一种效率的改进。

同样正确的是,对于我们这个不完善的世界,自然失业率是有效率的,是在坏的运气下的最好失业率,这并不是一种臆断。不完善信息和不确定性特征使现实经济内在地具有一定的外部性。消费者和厂商对未来的预测存在着系统性偏差,这也是可能的。其结果是,"看不见的手"的定理可能只是一种特例,而非规则。如果"看不见的手"在没有政府的经济中逾越了这些障碍,那么,在一个广泛存在着因聪明的政府为其事务融资而采取的必然是不完善的税收导致的激励扭曲的经济中,它做不到这一点。我们的问题其实是"对效率而言,自然失业率是太大还是太小"。

---

③ 收入税在税后和税前真实利率之间打入了一个楔子,其结果就是我们这里和4.2.1节所要探讨的主题,在我们后续章节的其他模型中也会有所运用。

考虑财政官员和政治家创造性地设计的无数不同的税收、补贴和支出计划，我们不禁要问：通过货币运动将失业率（暂时地）设定在偏离自然失业率的水平，这一水平的失业率是政府使用其他政策工具，特别是通过税收、补贴和其他鼓励家庭和企业的各种各样的经济活动所不能实现的。如果这样做，会取得怎样的利益呢？

一种答案是，任何现存政策工具的使用都会产生净的负效应，货币政策和预算政策也不例外。每种政策的印记都稍有差别，没有哪种工具是其他工具在尺度上的复制品（线性相关）。因此，政策工具越多越好。如果你愿意将关注的焦点离开增长目标、货币政策，以及财政（预算）政策的可用性，那么，可以扩展一点政府选择的"机会集"。很不可能的是，货币政策工具的最优使用，具有使自然失业率确切有效的性质，因而，使失业率偏离自然率水平的货币政策的使用，不会消除效率情形。④ 例如，如果自然失业率是非效率的，使用货币政策使失业率向效率方向变化，并权衡这一行动的其他成本以及其他政策工具所包含的成本，在很大程度上应该能够增加福利。

这里所提出的效率问题，需要有更清晰的阐述，因为它是一个全新的问题。探讨不完善信息经济中可能的非效率偏差，会把我们带到对经济学专业而言的未知水域。这里的分析会使人感到仍需要达成某些核心观点。然而，根据目前所获得的理解基础，可以相信，如果必须作出某项决策，你也许只能获得如下暂时的结论：使失业率有限地减少到自然失业率以下，可以获得一个净的效率提高，而将失业率提高到自然失业率水平以上则不会提高效率。这一命题看来像是我们从传统经济摩擦角度去观察时的一种占优势的预测结果。把我们的观点扩展到包含这个国家当前的社会因素时，我们余下的怀疑似乎就降低到可容忍的水平上了。

4.2 自然率的非效率性

当考虑失业率的自然水平中可能包含的非效率的源泉时，通过我们在第 1 章和第 3 章提出的各种不同模型来组织我们的讨论，将是很方便的。

---

④ 可能存在一些令人难以置信的灵敏的税收和补贴制度，也许与负荷因素、失业率以及其他类似的因素联系起来，能够改进资源配置。但只有在极为假定的情形下，这类补贴和税收才是可以计算和管理的。然而，企业像政府官员一样，也能根据可用劳动力、顾客频率等，找到一种灵敏的滑动价格和工资率。正像新英格兰谚语所说的，在找到篱笆为何建立的原因之前，不要把它拆毁。我们必须记住第 1 章中所讨论的各种各样的导致价格和工资率刚性的原因。理想的税收和补贴安排可能面临同样的困难。

4.2.1 新古典投机性劳动供给模型

即使从新古典观点来看,睿智的经济观察者也不会事先假定我们经济中的均衡就业量是有效率的,正像不会事先假定木材产出或储蓄量是有效率的一样。许多关于木材产量太多或储蓄量太少(当政府采取特定的税收政策时)的类似的符合逻辑的论点,实际上可以转化为这样的问题,即在一个混合企业经济中,"竞争性"劳动供给对经济效率而言是太大还是太小。[⑤]

这里我将提出某种新古典的理由来考虑为什么就业的自然水平太低——自然失业率太高,尽管勤勉无疑会产生与新古典特征相同的某种对立因素。

美国所运用的税收偏向于鼓励接受闲暇和非市场生产的消费品,而不利于对市场生产的商品(包括现在和未来)的消费。这是避免任何一次总付税因素所不可避免产生的结果,它使得个人在他挣得第一个美元之前处于不利地位。个人在其没有赚取收入时,享受的仅仅是闲暇,或者个人消费的是自产的商品,如果在这两种情况下不对其征税,与此同时,如果通过税收体系给个人提供一种激励,这种激励让他牺牲的闲暇等价于由税收创造的让他放弃市场生产的消费品的激励,政府来自后者税收的全部收入,应当补贴就业,以对闲暇产生负的刺激。此时,政府将没有净收入,因而也不能进行支出或发放贷款。

联邦政府以及州政府逐渐严重依赖的收入税(包括公司收入税),会产生一种替代效应,即它鼓励闲暇的同时,会以减少工资收入和市场生产的商品作为代价(收入效应的作用则相反,在随意的经验研究中,它会隐藏激励效果,这就是说,同样的收入效应会在任何有效率的税收安排下产生与一次总付税类似的税收,而替代效应则不然)。家庭从额外工作或更经常地工作中所获得的额外购买力,等于它所获得的额外工资收入减去因此而必须支付的额外税收。根据就业(也就是"劳动")的社会边际生产率至少等于所支付的工资的假定,税后和边际产品之间的差别,必然导致一个无效率的较小的均衡就业水平。[⑥]

[⑤] 注意,在每一种情况下,劳动供给或储蓄供给或任何其他供给,是太大还是太小,都是相对于所采取的税收政策而言的。作为"参考政策"的便于使用的一个标准是财政中性的政策。粗略而言,它意指平衡的预算(因而既不偏好于高的总私人消费和闲暇,也不偏好于低的总私人消费和闲暇),加上某种对于消费束中的个人商品的公平税负。

在我的著作 *Fiscal Neutrality toward Economic Growth*(New York:MacGraw-Hill,1965)中,有将这一方法运用于私人储蓄的适当性问题的相当完整的应用。在目前的 4.2.1 小节,有关"努力的供给"的论点,在那本书分析"储蓄的供给"时有对应的观点。

[⑥] 一些具有美国背景的学生报告说,劳动力中的许多底层妇女正为满足对消费品的嗜好而工作。尽管也许我们应当寻求改变文化传统,而不是机械性地降低劳动力参与率,然而,如果低于自然就业水平的暂时性衰退必然会打破习惯,同时又不增加渴求,那么,这种因素就值得予以一定的考虑。

利息收入税和利润税也会导致这种偏差。如果投资的社会报酬率至少等于税前利润率,那么,利息税和红利税就在家庭储蓄者所获得的私人报酬率与厂商借钱投资的真实利率之间打入了一个楔子。后者就是我们的社会贴现率。这种作用于税后报酬率(相对于贴现率)的替代效应,同样是就业水平的下降。正如劳动供给行为的非均衡投机理论所强调的那样,家庭预期从额外储蓄中挣得的(税后)真实利率的增加,加上足够吸引它工作的额外工资收入,将被储蓄以用于未来支出。

从这一观点出发,仅考虑这些因素,那么,推动就业高于其均衡水平的总需求的非均衡化增长,就确实有助于提高经济效率。从效率观点来看,它减少了宏观均衡中过多存在的闲暇和自产消费品。当然,这不能作为无限制地增加就业(相对于适龄劳动人口)的论点。在某个相对于自然就业率而言"过度就业"的点,就达到了有效率的就业水平。

4.2.2 预防性失业与过度定价

考虑出售异质性劳动服务的人,他们面临对其对应的服务需求的随机波动。特别地,当需求的中值频率(在每一个可能设定的费率下)被正确地预测到时,每一个服务供给者都接受时常赋闲的风险。如果这种就业值得他以额外的闲暇成本为代价,那么,为了增加其就业频率,他会在所有时间承受工资的削减,即便他曾经以更高的工资水平就过业。如果劳动服务供给者能享受高就业频率而又不牺牲完成每一工作的高报酬,(在达到某一点之前)他将乐于作出增加就业频率的选择。

企业通常也处于类似的情形。就价格下降而言,单个企业独自行动不能发现其是否值得。价格下降相对于工资和其他要素支出而言,它应能增加其已有客户的订单的频率,或能争得其竞争对手的客户。但如果产品需求频率同样微小的增加在一个浅银盘里被提供,且不需要对顾客削价或对生产要素支付更多,企业将乐于增加其就业,以满足更经常性的需求。

在这个需求不确定的世界里,每个供应者的异质性在某种程度上将其推到一个垄断者的地位,至少在短期内,它害怕通过削价增加其销售量会损害其市场。总需求的增加会导致供应量的增加,利用销售者的无能来提高销售量(至少起初是如此)。在这里,所发生的是需求分布的系统性移动,而不是在未改变的中值水平之上的偶然的样本偏离。这样,使失业低于宏观均衡水平的总需求的增加,是引起劳动和产品供应增加的方法。在这里,每个供应者都欢迎这种增加,但又不愿意采取这种措施。因为它们都知道,这样做会牺牲其生命周期内实际收入的数学期望。⑦

顺便提及的是,通常的单边垄断或双边垄断的出现,允许我们作出同样的论证,这也许值得注意。同样,像前面的模型一样,在该模型中,对利息收入征税,会导致对锁定其供给的过度刺激。因为它降低了当期销售收入投资的税后回报率。

当然,对某些暂时闲置的异质性资源(甚或同样暂时闲置的政策)的通常论证是,销售者对低价竞买者不提供其服务,以此节约资源以便为其他未来买者提供服务。对这些未来买者而言,这些服务无论对于社会还是私人来说,都更有生产性(或可获利性)。我们已经给出了一个理由来预期非协调的私人市场倾向于(在均衡时)过量地生产闲置资源——空置的房屋、库存、工作之间的自雇佣合同,等等。显然,这里还有另外一种论证,尽管这一论证有点不那么纯粹。

有些买者可能并不很了解市场。这可能是因为从获取信息的成本角度完全理性地忽视了市场信息,或者因为市场对买者而言太陌生。其结果是,某些卖者可能锁定其供应,等待机会对小孩、游客和新来者收取过高的价格。一个市场有时存在一两个这样的卖者,他们专门向无知的或容易上当受骗的买者销售。通过刺激提供服务数量的增加所导致的总需求的增加,有利于减少过度要价或供应不足。

4.2.3 搜寻型失业

从经济效率的观点来看,在宏观均衡时,搜寻型失业是太多还是太少,在假定每个企业的货币工资率都随当地劳动力流动供应充分变动的情况下,即在某种意义上是市场出清的,因而没有人被配给在工作之外(即使是暂时的)的情况下,是一个极端困难的问题。我们将从分析适合于市场出清模型的因素开始。但工作配给的影响对于可能得出的推论而言,在某种意义上当然是相关的。

即使没有工作配给,也会经常出现这样的情况,给某些失业工人提供的货币工资,至少是对那些一直在寻找工作的人而言的最优货币工资率,并不高得足以补偿对应就业所包含的负效用,甚至在这些工资率水平上的工作,因为预期进一步的搜寻会得到更高的工资率回报而变得不可接受。如果企业是工资设定者,这样的结论也是成立的。也就是说,即使是在一个原子式的情景下,在宏观经济

---

⑦ 这一命题给出了一个最优运行的租金控制系统的某种合理性。租金控制的目的在于消除因房屋异质性而带来的垄断势力。你也可以看到串谋协议的经济效率优势。在该协议中,一群买者同意对某些特定服务的支付不超过某一特定的价格。在这里,这种协议具有可操作性。因为从总需求的非均衡增加中所获得的效率是无效的,过量的闲置已经在很大程度上被其他方法修正(或者也许是被过度修正)。

均衡中,雇用者通常提供这样的工资率,这类工资率不能补偿工人的边际生产力,因为按照他们的计算,等待或寻找追加的平均工资水平的工人,会比招募或接受高工资的工人更便宜。当然,在正常情况下,当前已知工作的边际负效用,与当前工作的社会边际生产力的边际效用之间,是存在差异的。

然而,人们不能从关于边际效用与边际负效用之间差距的单一观察中,就立即得出关于搜寻型失业的效率性的任何结论。搜寻型失业的存在,表明前面提及的差异是存在的。当然,在搜寻更好工资待遇时"放弃的工资"作为某种投资,是社会有效的。因为如果没有任何搜寻型失业,那么不同就业的劳动的边际生产力应该各不相同。问题是,在自然失业率水平,搜寻活动倾向于过度投资还是投资不足。

4.2.3.1 乐观主义与悲观主义

分析这一问题的"最简单途径"是作出这样的假设,即在宏观均衡时,每一个参与者对未知数据的概率分布具有合乎实际的预期。也就是说,他的预期就像"某个官僚主义者"或某个学术研究者为他作出的预期一样。在遵从这一研究方法之前,也许从相反的假设去探讨是值得的。

搜寻型失业的自然率,可能受到乐观主义者和悲观主义者的平衡的影响。自然失业率曾被描述为对应于这样一种经济状态的失业率,在这种状态下,事情平均地适合于所有参与者,并与预期一起一致性地被解决,因而不会产生对那些平均预期的系统性的总的净修改。但许多错误的信念可能存在于宏观均衡中。通常情况下,正确的预期也有可能被修改。

存在这种可能性:某些或所有人对于他们在其他地方可获得的平均货币工资,其预期经常是悲观主义的,即每个人都相信,就人口总体而言,平均工资低于实际获得的工资。预期的平均工资小于实际的平均工资——尽管在宏观均衡中,工资率的实际趋势等于平均工资率的预期趋势。为什么悲观主义者不明白,事情并不像他们所想的那么黯淡?只要关于工资率的口头传播信息很少或没有,事实真相就不能被揭露。每个人在一生中会一直相信,他过去搜寻努力的特别好的运气,使得他获得的工资高于平均工资。[8] 这是基于对人们——特别是悲观主义者——并非足够挑剔的印象的一种论证,他们锁定的保留工资率,相对

---

[8] 注意,每个人都可以很好地计算其最优保留工资或可接受的工资大于其预期样本分布的预期平均工资。即使对未来工资收入按现在的工资收入可能的借贷机会,使用正的市场利率进行贴现,或由于某种原因可以有限地进入信贷市场,提供给他的最高工资超过平均工资的概率,也能够足以证明,在期望效用最大化背景下,其所获得的工资好于其预期的平均工资是合理的。这在某种情形下是绝对最优的,这种情形就是,风险无差异的拥有无限生命的个人可以无限制地进入信贷市场。

于实际可获得的目标平均工资而言太小,其结果是,很少会放弃,而且从效率观点来看,当搜寻发生时,通常在平均工资水平就提前结束了。

乐观主义看来更少轻率。乐观主义导致的失业率的延长,平均而言倾向于教育人们向下修改其对平均工资的美好的预期。然而,每时每刻总存在一个傻瓜,从而也存在这样的可能性,即乐观主义总会被不断重建。如果乐观主义的影响超过悲观主义,失业将通常被大大延长,从效率观点来看,特别是对那些没有经验的工人和每年都保持乐观的人们而言,更是如此。

假定悲观主义事先占优,那么如何管理总需求才能通过偏离自然失业率产生效率呢?在这种情况下,人们的第一个答案就是更多的失业。总需求的非均衡下降,将延长工作搜寻时间,从而增加失业率。但是,一旦你将工作配给引入,这个答案就不再显而易见了。从而,总需求的下降能降低放弃率,使得较少的人经历失业,而那些经历失业的人也只经历平均失业长度。搜寻的人-时增加,但劳动在工作中配置的非效率也就更加僵化而非得到解决。我们这样认识的时候,也许就是指将失业率降低到自然失业率以下的总需求增加了。在均衡状态下参与劳动的年长的和悲观的工人会停留在原地不动,他们相信其他地方的状况并不足以让他们被激励着搜寻更好的工作,从而有可能导致配置改善。与此同时,通过吸引年轻的和乐观的工人更早地参与工作,就会带来收益。只有缩短失业的悲观者本已很短的搜寻时间,才是一种效率损失。

这类因素非常重要。但很清楚,你只能基于现有知识去猜测。至此,我们当然可以假设,人们既非乐观主义者,也非悲观主义者,至少从总体上而言并非如此。正像前面的脚注提到的那样,对相对长期存活的工人而言,如果他们相信提供给他们工资的概率分布的分散程度足够大,他们就倾向于锁定一个高于平均工资水平的工资(相对于他们经历的平均工资),在这种情况下该判断依然是正确的。但这些人将倾向于被那些接受低于平均工资的人们平衡掉。其结果是,在均衡时,每个受雇工人正确地猜测到他那种熟练程度和技能的工人的平均工资,这一点仍然是可接受的。⑨

4.2.3.2 信息溢出

搜寻型失业存在一种外部性,这种外部性可用技术研究与工作搜寻之间的类比来表示。经济学家长期以来熟悉这样的观点,即当发明者缺乏对每一个使用者收取恰当费用,从而成为完全价格歧视的垄断者的能力时,技术知识的生产

---

⑨ 宏观均衡的搜寻型失业的数量具有这样的性质,即刚好弥补"代表性"工人保有的提供工资的主观分布与他可接受的等于或高于平均水平的工资的差距。

将倾向于小于在有效制度安排下的产量。可以想象,正像我们刚讨论过的,由于认识到生产这些知识存在的社会成本,受信息短缺限制的竞争市场,所生产的关于工作机会和工资机会的知识,也会少于在最优可用制度安排下应当生产的数量。

与技术研究类比是基于这样的事实,即通常不能预期工人在他们的搜寻过程中,能获得完全"适合于"他们自己的工资率和对他们开放的工作的知识。失业工人可以被看成一个智能机器人,他每天晚上回来,在保龄球场向家庭成员和孩子们报告。如果我们假定,工资提供大致上与边际产品成比例,这样考虑时,代表性个人就会有这样的倾向,即他在达到搜寻的社会效率时间之前,就削减了搜寻。来自额外搜寻的部分社会收益,就是个人在其额外搜寻之后反馈回来的信息对其他人的价值。

有时这一普遍观点会走向其反面。人们常说,受雇工人能每天向他的朋友报告大量的工资数据和工作岗位的信息,邻居会因此而受益。失业工人在积累和向其周围邻居传播他们自己和那些具有相似技术熟练程度者特别有兴趣的经济信息方面相对有效率,而受雇工人更倾向于积累关于特定企业的一般信息。很显然,在关于个人就业状态产生的信息副产品的这两种冲突观点之间,很难通过经验信念来作为媒介沟通。

有效失业率与自然失业率差异的另一个可能来源是社会风险与私人风险之间的差异。一旦个人决定放弃或选择不接受最后提供给他的工资,那么他将在很长一段时间内难以得到提供同样高工资的机会。这就意味着,如果个人回避风险,他将接受稍低于最大化其生命周期工资收益贴现的数学期望水平的工资。那么,作为一个整体的国家,大数定理将能相当好地保证对抗任何可预期的风险,不会使整个国家在寻求更好的劳动配置过程中因一段时间的坏运气而遭受损失。因而,从国家效率的角度来看,失业是非常令人恐惧的。

这里也存在对风险畏惧的企业的类比,这类企业不愿意为技术研究的不确定性冒险。

个人可以购买某种类型的保险,该保险可以在人们很不幸地碰不到足够有吸引力的工作时,得到某种程度的补偿。但这里存在道德风险,一旦被保险人的保险利益生效,他将倾向于更少的主动搜寻(尽管搜寻时间更长)。搜寻不会被太多鼓励,保险费的支出结果使得私人部门发现,提供这类失业保险到任何程度,都是有利可图的。

我们确实有一个对失业的公共保险,它对正常范围的失业期间和失业频率提供实际的保险利益,但它对碰上一连串没有吸引力的工资提供,且仅从效率观点来看,应接受保险利益以激励其在工资改进方面作出适当努力的工人,很少甚至不提供保险。它像医疗保险框架一样,在对日常医疗支付微小利益的同时,对医疗灾祸提供很少的保护。这一体系有可能鼓励工作搜寻,但也鼓励缩短工作保留的期限。⑩

这些考虑论证了,从预期的生命周期的收入来看,存在这种趋势,即失业者极少会放弃工作,而且会过于仓促地接受一份工作。同样,产生更少失业的总需求的移动,将增加放弃工作以进一步搜寻的就业工人的数量,但它却会更进一步缩短平均搜寻时间。因而,教训也就不完全清楚。

4.2.3.3 作为实际工资保险的高需求

上一节我们没有得出突破性的结论,因为有时设计这个问题之后,我感到存在一些干扰。工人被描述为被他们的胆怯和风险回避拉向经济效率,失业保险不足以克服它。当然,这里存在某种预期的缺乏。当某人要求你和其他人忍受偶然的但却是在整个职业生涯中严重的实际收入削减的风险时,由于国民生产总值的微小增加,甚或你自己的生命周期收入的数学期望的一个微小增加,你都很有可能会将其计算在内。

技术、偏好以及人口统计特征的变化,经常会把人们暴露在失去工作,或不得不接受严重的实际工资削减以便保持就业等风险中——甚至当经济沿着统计上宏观均衡的自然失业率运行时,也是如此。由于经济结构变化所引起的偶然的失业或实际工资削减会变幻莫测地突然来临,没有任何特定理由地使得某些个人而不是其他人遭受私人经济损失。当然,不必惊奇,在每一个国家,失业都有一个坏名声,且失业率的提高都被人们看做坏消息和对个人而言的坏兆头。

经济学家将注意到,就个人不喜欢忍受失去他们的工作,或搜寻更好的工作的风险而言,他们将回避放弃工作或延长工作搜寻,如果这样,将倾向于减少通常在宏观经济均衡时观察到的失业数量。因而,愿意忍受一段时间没有工作的个人越少(像上面我们提到的),自然失业率就越低。但是,在一个因为不完善信息和其他原因表现出摩擦的劳动力市场上,当每个人支付其结束或避免失业的成本上升时,都会对这类成本敏感,并受其伤害。在这种情况下,他会知道降低实际工资或从工作阶梯向下走的必要性。另一种减少个人实际收入不确定性的战术,就是赞成对工作提供给予更大的就业保障。然而,在其他条件相同的情况下,每个人必须为额外的工作保障和实际收入确定性作出支付。当在你的一生中失业或遭受实际收入损失的频率可以反映你的偏好,且是你在不确定性情况下最优的能力时,这并不意味着你偏好于不得不进

---

⑩ 我将使后面的内容回到失业保险主题的讨论上。

行最优化的危险的环境。

同样,对实际工资削减或丧失工作的风险回避——当然,大多数人在相同的生命周期内实际工资平均预期情况下,都偏好于更多的保障——使得人们愿意接受一定数量的"社会保障"成本,以对抗结构性失业时的暂时性收入损失。假定该国适当的公共失业保险理论意在提供一种对实际收入损失的保险(而不是提供对搜寻或在高工作风险线上工作的激励),作为对每个人支付其收入的一个微小部分的回报,政府已做好准备,对于失去工作或发现离开其现有工作是最好选择的个人,政府将与其共同承担实际收入损失。但社会保险并不是解决因结构变化导致个人实际收入损失风险问题的完美方案。它会产生"道德风险",使个人保有工作或尽快找到一份新工作的激励消失,从而增加保险成本。不仅现行失业保险的利益远低于社会愿望的水平,而且,即使将保险利益设置在最优水平上,从妨碍激励的观点看,如果结构变化降低了个人在其现在受雇的企业中获取收入的能力,这种制度还是会使雇员不舒适地面临风险。

因而,我认为,人们个别地或通过社会保障改进其工作保障或实际收入确定性的方式,在他们看来,其成本是足够高昂的,而且,劳动力成员的实际收入保障问题,仍然是一个严重的问题。在美国,不管是白领还是蓝领工人,都不得不接受实际工资削减的风险,或不得不为寻找相同实际工资的另一份工作花费更长时间的风险,对他们来说,并不是不寻常的忧虑之源。此外,也许许多人都倾向于非理性地低估其因结构变化带来的风险和困难,因而,有保障和没有保障的工作之间的工资差异,可能不足以证明风险值得避免。我们都知道,不管最终是因为潮流的暂时变化,还是某种不可逆转的过时作废,导致结构变化,都会使某些工作岗位丧失或存有风险。丧失一份工作对人所产生的心灵创伤,就像经济损失所带来的创伤一样重大。⑪ 即使失业的增加在某种意义上对社会没有实际产出损失的成本,但从人们的福利感觉来说,它仍然是成本高昂的。同样需要注意的是,这不是一种分配效应,因为如果国民产出真的奇迹般地保持不变,那么对那些设法保住他们的工作,或对那些遭受实际收入损失的人而言,这里不存在由那些变为失业者的人提供的作为补偿的精神所得。确实,如果更高的失业率增加了那些仍在就业的人对他们早晚要失去其工作的忧虑——失业者会竞争剩下的工作——那么就会存在福利的一个普遍下降。

从这一方面来说,将失业减少到自然水平以下的总需求的某种增加是有益的。它会降低人们不得不接受实际工资削减或经历失业去寻找新工作的频率。当然,变紧的劳动力市场不会消除对过时企业和工作的淘汰,但它会改进人们的

---

⑪ 这一点将在4.3.2节讨论。

机会，使得他们在达到退休年龄之前，不需要对其实际收入作出大幅调整，或不需要经受不得不在别处寻找另一份工作的打扰。这种考虑，对于老工人尤其重要，他们尽管有很丰富的工作经验，但其早期教育对于他们受雇的企业来说是特定的，这使得他们的技能较少地适用于其他企业的要求。老工人在紧的劳动力市场有更好的机会完成其职业生涯，不会中断，因而也不会出现获取实际收入机会的明显下降。如果工人能无限生存，劳动力市场收紧的效应，可以被简单地看做企业推迟经济地停止提供经济中每一种不同工作的时间，如果我们把儿子或孙子看做父亲的轮回转世，这样解释就是可以的。但只要时间就是金钱，这种观察并不会使改进工作持续期的效用贬值，在这一持续期，今天的工作能够被有保障地保持，且不会有实际收入的大幅调整。

当然，这一分析是对称的。如果总需求将失业率推到自然率水平以上，某些工作就会比在其他情况下提前消失，那么，仍然留在其工作岗位的工人，不得不担心在未来某个特定的日期之前，可能有更多的机会，从而不得不转向另一份工作。

上述自然就业的这种情况忽略了成本吗？可能是这种情况，即随着工作搜寻和等待的减少，平均寿命周期实际收入最终会有所损失。但是，正像较早所假设和下面将要进一步论证的那样，这是难以确定的。任何这类下降或许只是一个需要支付的很小的代价。在欧洲大陆和日本，整个制度实践已转向提供更高的工作保障。

4.2.4 工作配给下的搜寻失业

从经济效率来看，自然失业率过高的许多重要论证，取决于许多次级劳动力市场的特征，到目前为止，对这个被称为非工资工作配给的特征，只作出了表面的分析。

4.2.4.1 柠檬问题

不管二手车的卖者多么需要现金，由于害怕潜在的买者会根据价格判断车的质量，从而得出低价车是"次品"的结论，因而他不敢把价格定得太低。与此相同，更复杂的、难以评估的技能和才干的卖者也会发现，通过降低价格与在岗的、其工资在他可接受的工资之上但所拥有的能力不比他强的工人竞争工作，是毫无益处的。因而，对许多类型的工人而言，找一份工作，就是按照他们所寻找的这类工作所公认的工资，找到一个空缺岗位。

这种统计决策现象的一个结果就是，支付给许多工人的实际工资率，会超过劳动力成员中许多失业者所愿意接受的实际工资率。在某一给定时刻，如果说某些或全部失业工人预期能够以更好的工资条件，找到更通常的工作，从而自愿规避某些较差的就业的话,那么毫无疑问,他们在正常工资水平下寻找工作空缺过程中延长失业,就存在非自愿的一面——即使在自然失业率水平的宏观均衡中,以及更为可能的是,在高于自然失业率水平的宏观均衡中,也是如此。在宏观均衡中,劳动力市场出清部门的平均实际工资被工作配给的实践压制,而在这一相同部门中,就业会相应地增加;反之,在实行工作配给的非市场出清部门,相反的结论得以成立。

看来非常清楚,如果仅关注劳动力市场,那么对我们来说,通过调整总需求,以便将失业率降低到自然率水平以下,可获得一个效率改进。暂时地处于失业池中的个人,以及处在实际工资率刚好抵偿从事这类工作可接受的工资率因而劳动力市场出清的部门中的某些个人,都会通过工作配给,被吸引到实际工资率倾向于超过许多合格工人可接受的实际工资率的部门。

即使质量评估问题是反对自然失业率效率性的唯一论点,我还是怀疑理想的失业率会远远低于足够消除所有"自愿"失业的自然率——该失业率是如此之低,以至于不存在任何一个工人,在其至少按照"平均"绩效完成的所有不同工作中,其所得到的平均实际工资与其可接受的工资之间,存在任何差距。雇主也时常不得不压低其提供的工资,以免潜在的新成员推断出其企业可能存在什么问题。企业时常也面临着柠檬问题。紧的劳动力市场使得这类企业更难以吸引它们想要的工人类型,而且这类工人又确实想被这些企业雇用,这是因为在一个工作和工人都是异质的劳动力市场上,存在着关于不同企业空缺岗位的数量和质量的信息不对称。因而,很可能是,最有效率的失业率并不会如此之低,以至于在上述所得到的工资支付与可接受工资"差距"的意义上,消除所有的非自愿失业。可以相信,从效率观点来看,理想的失业率发生在与岗位空缺率相等的那一点(在稳定状态,它本身是前者的递减函数)上。[12] 这就事先假定了允许非自愿失业存在,尽管在所有可能的情况下,这一失业率远低于自然失业率。但我知道,对于这一特定的失业率,没有任何有说服力的论据。我也不预期在企业与工人所拥有和搜寻的信息差别方面有任何这类证据——这里仅提及一种因素。

4.2.4.2 工作配给与拥挤现象

我相信,工作配给本身使得失业对于未来个人收益的私人贡献与其对于未来生产力的社会贡献之间,产生了差别,这样的命题还可以作出另外一种论证。这种论证基于一个不同的工作配给理论。其基本含义是这样一种类比,即把寻找工作(其中许多工作已经被占用)与各种不同的关于拥挤和排队的运筹学模

---

[12] Beveridge, *Full Employment*.

型相类比。

让我们想象一下,如果客观环境不发生任何变化,那么每一个厂商很快就熟悉了对异质性工人"定价"的管理成本,而且,更重要的是,熟悉了每一类型的工人供给流的随机性,这使得厂商对某种工作类型的最优工资——作为对该类型的工人的到职和离开的反应——所作出的重新计算,是不经济的。相应地,每一个厂商在每一工作类型中,转向建立规范的支付计划。其结果是,在宏观均衡附近,通常的情形是,在某些厂商的某些工作类型中,可能存在工人们发现自己被"配给"在某一工作之外的情况。此外,某些在他们的工作类型中由于货币短缺,导致其可以赚取特别高的货币工资率的工人,将会失去这种意外收入,并决定去其他地方寻找工作,尽管厂商也可能通过建立有吸引力的超时工资率设法留住其中的某些工人。

在新的工资设定安排下,被驱赶进入失业池中的工人,没有谁能说服厂商留住他们,即使新工资计划足以补偿其闲暇,以及如果他接受在这里就业,就必须放弃搜寻更好工作的成果。但除非存在这样的因素,它的净效果是,在采用新工资设定安排之前,使得宏观均衡的失业率的效率太低,否则,这种驱逐工人进入搜寻失业池的做法,从社会效率观点来看,就绝对会导致宏观均衡的失业太大(现在已经比以前大了很多)。使失业率降低到其(新的)自然率水平以下的总需求的非均衡化增加,会在降低由工作配给所引起的时间极长且范围极广的搜寻活动方面,发挥作用。

对这一论证的精确辩护大大超出了本书的范围,但也许某种类比会使其令人信服。考虑持续不断的一系列去大瀑布或大峡谷的旅游者的行为,当每小时的新游客的平均数固定不变时,观光者人数是稳定的(至少在统计上是如此)。这里存在许多异质性的有利地形,且大多数人会找到不止一处远景值得花一定时间观光。但在景区存在拥挤状况,且为了获得好的观光位置,会有很多欺骗,因为没有可用的计算出来的程序让川流不息的人群有效通过——也就是说,以这种方式通过的话,如果其他人不必忍受更坏的指派,没有人能享受更好的观光指派。其非效率性是显而易见的:当(且仅当)某人获得一个好位置时,他会超时占据它,因为他不需要补偿因为他占据该位置而导致超时等候的其他人。其结果是,大多数旅游者被迫花费太多的时间寻找一个满意的观光点,或因为害怕这样而太早地被阻隔在某个位置上。如果拥挤程度非常严重的话,可能有少数运气真的不好的人,在其找到值得停留的有利地形之前,就放弃寻找了。

游览瀑布可以被比喻为参与劳动力市场,新到的旅游者可以被比喻为劳动力市场的新进入者,旅游者的当期存量可以被比喻为当前的劳动力规模。当然,占有瀑布观光的某个位置,相应地被比喻为占据能够获得支付的工作。("每一份工作都是观看瀑布的一个观察点。"*)失业的时间被比喻为寻找或等待有利地形空位所花费的时间。

从某种程度上来说,该比喻是有用的,它表明,在宏观均衡时,就业工人由于寻找更好工作所包含的风险,被引致太长时间锁定在其工作上,而能力不强的失业者被引致产生忍受该风险的激励。其结果常常是,大多数劳动力队伍的参与者,在发现他们失业时,被驱使在寻找满意的工作上花费了太多的时间。搜寻过程被无效率地延长,放弃工作也是无效率的,令人沮丧。如果有效的指派能以某种方式安排,那么总体上而言,对每个工人,在其生命周期中,都会有更多的不同工作可供选择,而且,可以在更年轻的时候挣得其给定的生命周期收入。

对失业、放弃工作、被雇用等,根据经济状况以不同比率征税或补贴,不会比工资率变化更敏感。工资率的变化,是由于每个厂商对不同种类劳动力供给流随机波动的反应,企图找到其愿意保留的每一类型工人数量的最低工资。但总需求的增加在两方面起着有利作用:它减少了预期的搜寻时间,因而减少了失业,并且同时,它鼓励配置不佳的雇员放弃对更好工作的搜寻。参考我们的类比,它就好像是政府为先前未被注意到的景点安装指示牌,从而减少了拥挤。

这里提出的命题,可推导出普适性的经济政策。考虑一个小的地理市场上异质性商店保有的存货这样的问题,正如新古典经济学家本能地回避正的失业率出现一样,他对这些正的存货的第一反应是不自在。更深层的思考是,他认识到,这些存货并不缺乏社会目的。但这里存在总量效率或浪费吗?如果供应商联合到一起,例如,他们同意将其存货减少1个百分点,你就会想到,在不减少未来生产和消费流的情况下,减少的存货数量可以被消费掉。但你为此必须设置额外的频率,这个频率就是消费者发现其熟悉的供应商短缺某种产品的频率。[13]这样,计算被简化为比较卖者差异化的收益与取得实际市场安排所必需的额外存货的成本。看来,每个商店减少平均存货,通过刺激销售率和降低其他商店的存货,将产生外部经济,是很合理的。[14]

---

* 一句俗语。——译者注

[13] 确实,如果你不因为转向下一个最近的卖者而认为有额外成本的小幅上升,就不会包含社会成本的增加。但必定会存在某种类型的成本,否则,各个卖者不会同时存在,且每个卖者持有的存货超过其在纯粹竞争情况下为投机目的而持有的存货数量时,还会赚取正常的回报率。

[14] 你会想起张伯伦对均衡的古老讨论,以及这样的论点,即在张伯伦产业中,从社会观点看,厂商数量太多了。这里存在一种不言而喻的情况,即张伯伦厂商值得生存,因为其成本曲线下方的面积小于(且显著地小于)其需求曲线(和补偿需求曲线)下方的面积。但这种对传统论点的抗辩是不够的,因为在这个问题中,起作用的是厂商所面对的假设的补偿需求曲线,当所有其他厂商在边际社会成本上定价,而不是在其各自的边际收入水平上定价时,就会存在问题。但如果小的分权化厂商被置于更集权化的管理之下,就会产生信息经济的问题。这种经济在这样的产业,也会导致显著的更小的失业。

4.2.4.3 排队与升级

自然失业率的另一个效率目标,来自于这样的事实,即工资是按照工作种类,而不是严格按照工人特性设定的。⑮ 从工人异质性的观点来看,这里既包括技能,也包括偏好和预期的异质性,通常情况下,提供给工人的工资会超过其可接受的工资。事实上,许多厂商会规定一定的工作等级,且在每个等级内,工资是统一的。每个等级的工资必须足够高,以保证将最好的工人锁定在该等级的工作上。在他们各自的工作等级中,该厂商工作技能最差的工人,获得的工资通常会超过其可接受的工资。当政府增加总需求,从而在顶级水平创造更多工作岗位时,厂商可以通过把每一工作等级最好的工人,转向上一等级最底端的方法,使其工人队伍升级。从厂商增加其产出和就业的程度,也就是说,从通过升级加之在底级增加雇佣来看,厂商增加其产出和就业的社会成本,低于它这样做的私人成本。厂商增加产出的社会成本,只存在于以下情况,即失业池中的工人如果不在该厂商那里就业,就会在其他地方工作,或者另外一个在其他厂商那里就业的工人,转向在该厂商那里就业。但要计算出额外产出的私人成本,厂商很自然要把对工作等级上升的工人必须增加的工资支付涵盖进来。因而,这里就存在从雇用位于排队者的末端的相对非熟练的工人所得到的私人边际收入,与从额外就业中所得到的社会收入的差异。当然,看起来,政府通过增加总需求,能否导致更高的产出和就业水平,取决于厂商生产的意愿,也就是说,如果它们的额外产出和就业的边际私人成本与真实的额外产出的社会成本一样低,厂商或许会选择生产。⑯

4.2.5 产品市场不均衡的影响

某些经济学家一致认为,当仅关注劳动力市场时,导致失业降低到自然率水平以下的总需求增加,看起来是值得的。与劳动力市场上"工资固定"的工作配给相对应的是,产品市场(包括值得注意的资本品市场)上"价格固定"的产品配给。生产能力的闲置率越小,则交货时间越长,且产出在资本品购买者和耐用消费品采购者中配置的随意性越大。有时这意味着,这些影响会显著破坏甚或抵消在经济效率上的所得,否则,把失业率(稍微)推到自然率以下,就可以获得这

---

⑮ 这一节的观点来自于 Max D. Steuer。在他和 M. Godfred 的未完成的关于升级(upgrading)的手稿中,有所提及。

⑯ 确实,原则上,通过复杂的税收和补贴系统,根据工人的特定才干和技能,以适当的方式校正支付给各个等级不同工人的工资率,可以得到相同的结果。但使用任何这类机制的建议,都忽略了找到适当工资校正的实际计算成本,以及执行的管理成本。

种经济效率的改善。⑰

当然,产品市场可能正像劳动力市场一样过紧。高收入消费者,其时间更有价值,他们可能在为商品和服务延长排队等候时间方面特别脆弱。但我们可以确定,不存在一套关于效率的论据能够证明,来自于更紧的产品市场的效率损失,刚好精确地抵消了来自于更紧的劳动力市场的效率所得。当应用于产品市场时,大多数反对在宏观均衡时劳动力市场有效率的观点仅仅是被加强了。其前提假设是,生产能力闲置的自然率太高,正像自然失业率一样。我给出两个例子:

上面论证过,利息收入税使得劳动力供给朝供给不足的方向运行。总需求水平的非均衡化增长,刺激额外的劳动力队伍参与,因而有助于校正供给不足。以同样的方式可以论证,利息收入税会导致具有可变使用者成本特征的资本品的运行寿命过度延长;如果我是正确的话,考虑到这一点,某些资本品就存在使用不足的倾向。总需求的非均衡化增长,通过刺激这些资本品的更集约使用,来发挥校正作用。

第二个例子考虑谨慎的闲置。上文已经论证过,独立的工资设定协议者在其正常价格下,而不是在较低的价格下,会偏好于较少的闲置期间。如果他单独行动,当总需求将经济置于宏观均衡时,降低价格以保证更经常性的工作是必要的。这就为通过增加总需求水平获得效率改善打开了方便之门。同样地,从某一点来看,通过总需求的非均衡化增长,从住房空置、保留生产能力以及减少存货等来获得效率改善,也是可能的。

另一方面,每一失业率是与某一确定的生产能力闲置率相对应的,认识到这一点非常有用。因此,"有效的"失业率必须刚好平衡劳动力和产品两个市场的效率所得和损失。逻辑上可能的是,如果我们认为,通过增加总需求水平,失业率按一个连续的量下降,一个产品方面的效率损失就会逐渐发展和变化得足够大,以平衡来自劳动力方面的效率所得,这在后者衰竭之前就已实现。那么,有效的失业率仍会小于自然率,但并不会小太多。不管这是否是事实,该情形都是很不确定的。

关于过紧产品市场的观察结果的主要争辩,可以很容易地达成如下意见:对于经济效率而言,设备运行率可能太高,就业率也可能太高。在一个经济中,效

---

⑰ 关于这一点,大多数是口头的论证,书面分析的论述极为少见。尽管他们对"高压的"总需求政策的批评,比上一段提出的一两个观点要宽泛得多。例如,参见 F. W. Paish, *Studies in an Inflationary Economy* (London: Macmillan, 1962),以及 H. C. Wallich, *Mainsprings of the German Revival* (New Haven: Yale University Press, 1955)。

率要求一个正的失业率和一个正的生产能力闲置率,它们是由不完善信息和不确定性设定的。

4.2.6 货币-财政效率与信贷配置

我们一直在讨论使得就业水平偏离自然水平的总需求方法。我们所使用的货币或财政工具(或多种工具)将具有我们所称的"货币效率"或财政效率的结果。这样,目的(资源配置更有效率)并不独立于手段。同样,在正常环境下,对于从偏离自然率中获得的某种效率所得,我并不认为这里引入的考虑非常重要。

假定就业率高于自然率水平的非均衡上升,"纯粹"是通过降低税率,以刺激消费品支出和产出获得的,那么,为简单起见,我们规定,货币政策用于抵消任何来自于消费品生产和利润上升所引致的更大的投资支出。我将仅验证一种有吸引力的情形,在该情形下,假定社会起初在自然率水平,以最优的财政-货币组合均衡运行。那么,一个小的财政宽松——如果伴随着足够强的货币紧缩,以减少足够的投资需求,使其与增加的消费需求相协调,保证就业处于自然水平——不能被看作效率改进。由税率的净替代效应下降所带来的效率所得,将刚好被归因于更紧的货币政策的各种成本——例如来自于更高的货币利率的额外流动性的成本(加上任何来自于国民产值的消费-投资部分变化的算术所得)——抵消。

如果货币政策没有被抽得如此之紧,因而产出和就业被允许上升到其自然水平之上,那么,财政效率所得也许不能被完全抵消。[⑱] 通常的教科书假设的是,如果投资未被终止,以适应增长了的消费需求,从而保证其落在宏观均衡的总产出的限制范围之内,利率就没有必要提高那么多。但这里也许有一种抽水-灌水现象在起作用:总产出水平越高,为保持相同的投资需求水平所要求的货币利率就可能越高。那么,结论可能会相反:财政效率的微小所得,可能被流动性成本的大规模上升以及信贷市场的过度拥挤抵消。

应当注意,只要货币紧缩未被预期到,且被认为是异常的,它就可能对贷款配置给借款者的效率具有特别的破坏性效应。当工作配给等的螺丝松开时,贷款配给的螺丝就紧了;这时,在劳动力市场上受柠檬问题困扰的家庭,就会受到资金市场柠檬问题的困扰。然而,人们不应当把货币市场以及起源于财政的有计划的和有序安排的不均衡的投资资金配置的结果,与像在战时那样突然的和主要的财政扩张所导致的结果相混淆。

[⑱] 当政府发现其有必要偿还大规模的公共债务(相对于一个大规模的可征税收入而言),同时又保持相同的被扩大的赤字时,税率可能会部分恢复到其原有水平。

现在,假设就业率的不均衡上升是由货币放松导致的。而且,同样假设纯粹的情形,假设提高税率以保持消费需求不变。在教科书所假设的情形下,利率被压低,而信贷配给被放松。与前面的推论相对称,税率上升了,但却没有达到足以消除货币效率所得的程度。但抽水-注水现象能够足够强地运行来听任利率更高而不是更低(至少在资本深化进展得非常深入前是这样)。

简而言之,对刺激就业高于自然水平可能必要的财政和货币工具,在教科书所假设的情形下,本身也可能是某种效率所得的源泉;而在注水-抽水情形下,则可能是效率损失的源泉。但到此为止为高于这一自然率的就业水平所发展的效率情形是足够强的,以使得这些货币市场考虑对于这一就业扩张的好处来说,看来不像是决定性的——在这一章,我们是在谨慎限制的意义上讨论这个问题的。确实,在另一方面,货币市场的考虑、流动性成本、信贷配给的严重性等,在严重不均衡情况下可能变得足够重要。⑲ 这就论证了:如果某种带来高于自然就业的有管理的非均衡,在当前背景下是最优的,那么它将在所有市场(而不只是劳动力市场),努力保持恰当比例的非均衡。

4.2.7 适当的社会贴现率

带着自然失业率对于经济效率来说太大这一实质性前提假设,从对自然失业率可能的非效率性这一"狭窄的经济"分析中,可以揭示出一个命题。应当承认,并不是每个论证都以这种方式得到解决,并且,并不是每一点都是能够解决的,但这些论证争论的平衡绝对是朝着这一方向的。

然而,这里依然存在着一种诡辩。我们把搜寻和等待看做投资,在那些术语里,我们所得到的结论是,失业是一个糟糕的投资。用投资咨询的术语来说,这意味着失业是一个这样的项目,即它以太高的频率反复出现于代表性个人或复合个人的投资组合中,以至于在达到投资者目标的过程中,其作用不如它应有的作用那么大。但要是他的目标错误了又会怎样?那么,他的技术错误也许正好是校正第一个错误所必需的第二个错误,从而服务于其适当的目标。

具体地,如果人们被引致从总体上过度贴现未来商品又会如何呢?那么,在他们自己的"目标函数"中,他们会过少强调未来消费、未来证券以及其他未来商品。这里,我并非意指对人们处理其私人事务方式的第二猜测的意愿,相反,

---

⑲ 聪明的读者可能会注意到,流动性成本严重性的任何增加都取决于货币利率的水平,在这个利率水平上,在就业扩张之前,经济就开始达到宏观均衡。因此,它取决于预期通货膨胀水平(本章中我们假设其是固定的)。然而,后者在最优长期预期通货膨胀率附近,不可能高到起决定性作用,更强的论证是在较低的预期通货膨胀水平。这两个点都恰当地反映在图 7.1 中相应的短期效用曲线的峰顶位置。

该观点指向这样的问题,即个人使用的未来收入贴现市场利率的适当性问题。不论个人的纯"时间偏好"或"耐心"(以这样的价格度量,即他为了现期消费的某个微小增加,而愿意支付的未来消费的减少,否则,他在每一时期的消费将相等)如何,如果他在储蓄的当期收入上能赚取7%的实际税后利率,他将发现为了一个低于7%的税后回报率而放弃现期收入(例如,为了寻找更好的工作,或为了获得进一步的学校教育)是不理性的。结果,如果市场利率更低些,某些人将比他们应该做的更经常地或更早地获取工作。宏观经济在自然率水平上达到均衡时,因为个人使用的贴现率太高,某些闲暇被牺牲了,某些搜寻被放弃了。考虑到这一点,自然就业水平就其本身而言可能太高。至少,如果在自然就业水平,搜寻具有一个正的社会回报率时是如此。

对于可能的市场真实利率的某些向上的偏离,或许是由私人部门导致的。当政府采取或多或少中性的财政预算政策时,可能存在一种储蓄不足的倾向,依照相同的理由,这里的这些引证存在一种倾向,即在宏观均衡时会有过量的失业。[20] 然而,事实上,政府可能采取非中性的财政和货币政策,以降低利率(更准确地说是预期真实利率),并创造额外的公共储蓄。如果把政府预算政策解释为已知的和工具性的,至少在直观水平上,认为采取市场利率太高的观点,表明不同意政府决策部门对其预算政策的选择及其对市场利率(在宏观均衡时)的影响结果。人们完全可以这样做,即市民及其代表都是典型地太关注现在,而对未来各代的福利漠不关心。但至少清楚的是,考虑到这一点,在这种情况下,对自然就业水平太高的批评——不管你最终的总体判断如何——是基于你自己远离最优社会贴现边缘而作出的。

对个人面对的市场利率太高这个命题的另一种解释是,与最优市场利率水平和财政-货币政策组合相比,联邦政府的执行机构和立法机构面临着更多的压力因素和更少的不透明因素。在这种情况下,福利经济学家应该根据某个不需要与市场上任意真实利率相等的社会贴现率,评估自然就业水平的效率。

一个观点是,所使用的适当的贴现率是人们的边际时间偏好率——如果人们对未来各代不制定道德上可接受的规定,甚或一个更低的数字。但在这种方法下,看来你会忽视任何因此而增加投资的倾向——比如说,增加工作搜寻和对相对好的工作提供的更大的等待意愿——以取代获取相对高的市场回报率的诸如私人资本形成等其他投资。

在任何通过单一政府部门"次优化"的次优问题中(这里,联邦储备体系是

---

[20] 关于储蓄决策的可能缺陷的类型,参见 Phelps, *Fiscal Neutrality*。有关的章节在 A. K. Sen, ed., *Readings in Economic Growth Theory*(London: Penguin Books, 1970)中重新被引用。

这种部门的一个自然例子），你必须注意这种替代效应。如果替代是美元对美元，我们就回到了税前利率作为适合于公共投资检验的影子贴现率。然而，给定财政-货币政策组合，在搜寻和等待上减少一美元投资，是否会鼓励在资本形成上增加一美元投资，用我们目前已有的知识很难说明。

幸而，这里没有必要假定贴现率是关键性的。在自然就业水平，搜寻和等待甚至可能具有负的社会回报率，这样，社会贴现率的选择，只能影响有效就业水平超过自然水平的程度。而且，效率水平对贴现率的敏感度并不高。当有必要说明贴现选择的不可靠基础时——在搜寻和等待是某些社会利益的生产力的意义上——看来值得怀疑的是，对社会贴现率选择的重新考虑，可能推翻上一节得出的结论，即从时间上的配置效率的观点来看，自然就业水平太高。

4.3　从社会外部性观点来看的有效失业

上一节可以看做是提出了几种外部性，这些外部性是在不确定性、不完全信息、不完善财政工具和公共管理下，任何经济运行的内在特征。由于个人就业和工作决策对其他人的外部效应，因此在宏观均衡时，效率性条件并不满足。但这些相当传统类型的外部性，并不是我们在探讨失业效率时，必须考虑的仅有的类型。[21]

这一节将讨论失业的效率问题包括的其他外部性，其中大多数已经在第3章介绍过了。很自然地，经济学家在处理更多社会心理学的外部性时，会感觉不自在和有所不同。但如果我们渴望对失业有一个完美的评估，就无法避免面对这些外部性。

4.3.1　财务独立性和从好工作中得到自尊的价值

经济学家应当记得，劳动力市场中包含着人的中心地位，这与其他市场显著不同。参与劳动力市场，对于大多数人来说，是为了养家糊口，它消耗了大量的时间和能量，它也极大地影响着一个人在家庭和社会中的作用和影响力。相应地，与现金收入和实际净国民产品相联系，存在许多心理收入和成本需要予以考虑。这些心理方面以某种方式具有外部性，因为它们起源于工作的社会背景、自己和他人的比较，以及可能起源于对他人评价的关心。某人的实际所得不止包

---

[21]　我将细化我所使用的外部性术语。我把它限制在这种相互依存性上，即在没有政策干预时对市场失灵的处理。确实，某人购买任何商品都会给整个经济带来微小的影响。但如果他取得商品时仅支付边际社会成本（净社会快乐），这种相互依存就不是一种外部效应。

括他的消费。

失业率的下降低于自然率,给那些由于其自然禀赋和社会劣势而处于工作等级低端的工人,以更大的机会获得好工作。更好工作机会的创造,看来会对那些抓住这些机会的工人产生一种尊严和自尊的所得(以及实际税前收入的所得)。②

看来,这种观点,对于那些由于各种方式的种族歧视,导致承受情绪问题的、极度贫穷和享受极少权力的少数人群的工人,具有特别的实用性。某些社会学家坚定地抱有这种观点,即家庭制度在黑人居住区正在被打破。这种现象,使得黑人居住区承担其家庭主要生活来源角色的非熟练成年男性,具有极其稀少的工作机会。父亲在赚取来自社会福利的收入方面不具有竞争力,有时在赚取收入方面与妻子相比也不具有竞争力。

根据这种考虑,可以得出如下结论,即与前一节在狭义的经济考虑基础上计算的失业率相比,有效失业率应当更低。不论事先确定的收入分配如何,这一点都是正确的。这一结论强化了较早的讨论中得出的有效性,即对于经济效率来说,自然失业率太高。㉓ 可以确信,除非采取其他改良措施,否则就可以证明,自然失业率对于底层的城市黑人的生存而言也太高。

然而,这里存在资格不确定的重要性。在这一章,我们一直致力于这样的思想实验,即失业率被驱使远离自然率,并保持一个任意的时间间隔。但根据自然率的性质,货币管理者如果不能最终发展某个与我们已知的货币系统绝对不一致的足够大的通货膨胀或通货紧缩率,他就不能永远保持就业水平与自然水平的一个不可忽视的差异。这些货币方面的问题将在第 6 章完整考虑。当然,实际上,在我们心里,对自然率的偏离存在一个有限的时间间隔。如果在我们所关注的转型期,不存在来自失业率水平上升和下降的不对称影响,这一点就不会对我们探讨的效率问题的答案产生影响。但可能刚好存在如下不可逆性:就业机会的短期猛然下降,可能产生如此深的创伤,以致最终恢复到自然就业水平时,仍然不能终止其损害。你也可以想象一下在繁荣后最终回到自然率的情形,用某个经济学家的话来说,"回到现实"可能如此令人迷幻,以至于消除转型的痛苦可能超过次自然失业期间的暂时性所得,但如果在向次正常失业转型的过程

---

② 这一主题在第 5 章有更深入的讨论。
㉓ 可以反驳,在这一章,作者曾经承认,沿着帕累托效率的崎岖山路,没有人需要回头去看令人担忧的分配效应;而现在,作者断言,帮助穷人而(在某点)妨碍其他人的收入分配变动会产生社会所得。然而,在我心中,来自于更好就业机会的心理所得的利益能够补偿受损者,从而相对"利益"将表明同样的收入分配,并且富人和穷人都将会变得更好。确实,国民收入账户中的总消费(从适当的跨期观点来看)并未证明来自于失业率最终极端推动的所得,但这一点表明就业具有超出现金所得的收入维度。

中,存在一个相匹配的令人兴奋的事,或如果事实上并不存在显著的转型,结果就不会如此。

4.3.2 经济地位和对相对工资的追求

在第3章,我们曾经对如下命题作出过说明:人们互相之间存在着对经济地位的竞争,在某些社区,存在许多与某人相对工资率以及其工作的其他特征相联系的自尊。当人们因为想得到一份与其邻居相比更好的工作(或一样好的工作),从而为了获得比任何已知可获得的工作更好的工作而赋闲时,平均搜寻时间就被延长,因而宏观均衡的失业率就增加了。[24] 粗略而言,均衡的失业率必须足够大,使得人们估计的找到更好的工作所必需的相应搜寻时间如此之长,以至于大多数人勉强地接受自然和社会规定他们在宏观均衡时所得到的相对工资。

这种相对地位的竞争,从总量上看并不是积极的。如果所有的人都想改善其相对工资和相对地位,则平均而言,个人难以获得这种改善。被延长的工作搜寻和工作等待时间,可能带来人们寿命期间实际所得的某些收益,但不会给人们带来他们期望的相对地位的改进,因而也就不能补偿他们所放弃的现期收入。这种不适当的现期所得牺牲,给通过刺激就业高于自然水平的需求扩张政策获得福利改善开辟了一条道路。只要它刚好是人们想要的相对收入,这种非均衡化需求政策就将满足人们在他们看来不需要延长工作搜寻的前提下,感觉到更高相对工资的愿望。确实,总体来看,相信自己的相对收入已经改善,只是人们的幻觉,但用这种政策愚弄人们当然是对的,因为如果没有这项政策,人们最终只能自我欺骗。

上述关于来自需求扩张的这种福利所得的论证,并不要求我们在个人层面把对地位的竞争当做非理性的。毫无疑问,高的相对收入对某些人所具有的象征意义,在某种程度上是非理性的。如果你指出,他们主要是由其朋友和同伴评价的,这种评价是对与其经济成就相当不同的特质的评价,那么他们可能会改变其行为。从这一观点出发,从其对通货膨胀预期的影响来看,总需求的扩张,要比通常的个人劝导、使个人注意力转移等便宜得多。这一主题将留待第6章讨论。

但在美国,把对经济地位的探求看做个人好奇心通性的紊乱是不现实的。我们的社会事实上确实是按照人们工作的特性赋予他们威望的。因此,在美国背景下,很难证明,像系统所定义的那样,某些人希望在博弈中做得相对好些,这种对经济成功的一个小的渴望,并不能当做不正常的。这对于我们社会中那些

---

[24] 因此,工作搜寻就像自尊心旅行。

被剥夺了相等成功机会的群体而言,尤其如此。从这一点出发,至少从劳动力市场观点来看,对相对成就的竞争,可能需要在放弃现期收入方面产生某些社会成本,这一点仍然是正确的。总需求的扩张被用于事先防止这种社会成本的产生,而不是为了迎合道德成就。当然,工作的象征意义也应当予以考虑。

在经济成就的道德方面占优的社会中,失去工作的心理成本可能会超过经济成本。即使某人找到了比他以前的工作更好的工作,他也会感觉到失业对他造成的伤害。某项研究发现,由失业所造成的心理损害,在如下情况下,似乎会变得特别严重:"在赋闲带有特别强的社会和道德耻辱的国家……失业的另一种成本是感觉到对社会无用和不被社会需要……"[25]

这里存在引证这些心理成本的直接和间接证据。在大萧条期间,尽管失业是非常常见的,但是许多失去工作的人仍然感到羞愧、有罪和失败。[26] 据说公司经理们今天有时也对其朋友甚至家人保守他们失业的秘密,直到他们找到满意的再就业机会为止。一项对 1910—1960 年纽约州数据的研究表明,该州的失业率指数,解释了绝大部分精神科疾病入院率差异。[27] 很显然,失去工作通常会引发受害者或其家庭成员出现心理疾病。

当然,在这个对适当的工作地位的"愿望"基本上是一种强制的国家,假定劳动力市场抽紧到超过这样一点,在这一点上,狭窄定义的经济利益刚好补偿经济成本可能带来的额外利益。那些避免了失业痛苦的人们将愿意对其他人作出支付,他们所不愿意放弃的是他们对经济地位的愿望。

4.3.3 团体骄傲、无势力、罢工与抗议

使失业率维持在自然水平之上,会产生不健康的关于相对份额的挫折感,对此有时还是会有争论,对上述观点有一种反对情绪。人们一度相信自己总会和别人一样,甚至超过别人,但当他们一次又一次地看到其他人领先时,就会感到自己被愚弄,感到愤怒。随之而来的罢工、鲁莽的停工,或效果相同的威胁,据说都是这种情绪的表现。一些观察员持有这样的观点,即这些扰乱社会秩序的事件,不应该被宽松的货币与财政政策支持。我们如何来评定这些反对观点呢?

---

[25] T. Scitovsky and A. Scitovsky, "Inflation versus Unemployment: An Examination of their Effects", in Commision on Money and Credit, *Inflation, Growth and Unemployment* (Englewood Cliffs, N. J.: Prentice-Hall, 1964).

[26] S. Terkel, *Hard Times: An Oral History of the Great Depression* (New York: Pantheon Books, 1970).

[27] 失业率的解释力对中年人特别是德裔美国人是最大的。直到战后时期,它对黑人的解释力最小。参见 M. H. Brenner, "Mental Illness and Unemployment", *Social Psychiatry*, November 1968。

历史上异常高的总需求和就业,总是伴有愤怒的挫折感和严重的社会混乱,我对此持怀疑态度。同经济繁荣有关的更为常见的是热情和快乐。㉘ 如果高通货膨胀的特点是社会混乱,那有可能是因为它们是由战争引起的,而且其部分的潜在收益被用来支持战争了,尤其是在高收入和中等收入人群感觉到没有净收益的情况下。

同自然率的宏观均衡相比较,自然失业率带来的高度沮丧和惊讶是失衡的。但也产生了明显的区别。在宏观均衡中,许多失业的工人会发现空闲的职位很少——对此有些感到惊讶,有些不惊讶。无薪的就业配给的严酷,比经济繁荣中的失望更加令人沮丧。在繁荣期,工作牢靠,也比较容易找到,但对个人而言也有遗憾,最突出的是工资的增加和其他方面是相称的,而且大致与意外和非预期的生活支出的增长相抵消。前面的章节里的相关证据,已经非常明显地说明了这一观点。

劳动经济学家仍然对接受这个假设,即根据经济周期的观察资料而提出的失业率越小,罢工越多的假设,持一定的谨慎态度。㉙ 这种说法是值得相信的,即当失业率异常小的时候,商业和工业各部门的最优工资的期望会非常分散,从而为达到先前协议而进行的谈判,失败的可能性就会提高。为了使老百姓、工会领导或管理人员(甚至是股东)看见"生活现实",罢工也许是必须的。美国的罢工运动在1919年和1946年达到高峰,而这正是非预期通货膨胀非常高和分配过度的主要年份。然而,从这些早期理论的观点来看,由于失业率高的时候,雇主很容易过高估计自己的力量(和工会的软弱),因此罢工就不那么常见的说法,相当让人迷惑。这可能是因为失业率和罢工活动之间以观察或实验为依据的关系,需要进一步的调查。一项关于英国劳动力市场的研究说明,事实上劳动力市场供大于求的时候,罢工往往会更长,损害更大。㉚ 也许一个人对"事实"的理解,一定程度上取决于罢工运动所采取的方法。

㉘ 我借此机会作了一个调查,以质疑卢卡斯将"高就业"解释为一个预期真实利率上升的替代效应,并指出,逻辑上相同的结果,也可能是因为预期真实利率的下降对收入的影响造成的。在随后的信件中,卢卡斯指出,如果是后者发挥了作用,那么繁荣时期的心理将会是忧而不是喜。然而,也许是就业的萧条使得情况不妙。因此衰退的袭击会引发沮丧、急躁和抵触的情绪。另一个经济学家分析的问题几乎是一样的,见 A. D. Scott, Investing and Protesting, *Journal of Political Economy*, November 1969。

㉙ 参见 O. Ashenfelter and G. Johnson, Bargaining Theory, Trade Unions, Industrial Strike Activity, *American Economic Review*, March 1969。

㉚ H. A. Turner, *Is Britain Really Strike-prone? A Review of the Incidence, Character and Costs of Industrial Conflict*, London: Cambridge University Press (for the University of Cambridge Department of Applied Economics Occasional Papers) 1969。顺便说一句,本研究指出英国罢工的主要成本体现在国际收支上。美国频繁的罢工活动对出口收入的影响不是很重要。

当总需求保持低的失业率时,实际情况是罢工更加频繁了,那么我们对失业效率的分析又该如何继续呢?

一旦出口对 GNP 的影响引起关注,经济学家们将会不约而同地将这些问题看做次要的。罢工导致的工时损失,比起失业导致的工时损失,总是要小得多。前者的增加,从来赶不上因总需求的增加而导致的后者的减少。当然,每个部门化的、通常完全停产的罢工,如果持续的时间足够长,以至于造成的短缺超过了均衡水平和所有部门共同的部分减产的话,它就有可能会对国民产出的减少有很大影响。然而,专家们认为,大多数罢工对经济的普遍损害,远不及一般的恐慌所带来的损害,在对已发生的事件进行仔细研究后,他们甚至认为,大罢工虽然危害着国家的健康和安全,但却并不意味着它会危及经济。它们的不利影响仅限于相邻地区的商业和就业,但是,应对罢工的提前的准备和事后的加班这些有可能发生的事,大致能够弥补罢工的损失。㉛

经常被指出的是,职业人士和管理者在他们的职业生涯中,至少享有了偶尔的兴奋和满足感,而大多数员工的职业生涯,却是单调劳累和摧残心灵的。对后者而言,加入一个工会至少能或多或少地争取一下自己的权益,而且按照惯例,偶尔发生的罢工也能为他们平淡的生活带来些许戏剧化色彩。㉜ 企业经理和工会可能使罢工减少些许乐趣。但对于工人们来说,一次罢工也许就是一个活生生的戏剧、一次冒险和群体(阶级)荣耀的表达。㉝ 当然,在工会会员或他们所在的社会经济阶层中,还没有取缔和限制罢工运动的迹象,尽管罢工偶尔也会对每个家庭造成一些不便。

4.3.4 犯罪和失业所导致的其他外部不经济

在 20 世纪初对经济周期的研究中,强调相关行为的一系列社会变数:犯罪、救济的资格、结婚率、离婚率、死亡率、自杀率、酗酒等,是很常见的。Aftalion 用两章的篇幅,而 TuganBaranowsky 则用了一本书的大部分篇幅,来研究这些社会

㉛ 由美国劳工部最近所做的战后三次近海渔业罢工的研究,以及 1959 年钢铁工人罢工的早期研究,得出了这些结论。根据 *New York Times*,Sunday, January 11, 1970 的报道。

㉜ 参见 *Toward a Social Report*, U.S. Department of Health, Education, and Welfare, January 1969 第 7 章; A. Neal and M. Seeman, Organizations and Powerlessness, *American Sociological Review*, March 1964。

㉝ 与此相一致的报刊文章,参见 P. Worsthorne, *Strikers: the Power and the Glory*, Sunday Telegraph, London, August 10, 1969。这里引用少许:事实是,非理性、急躁、爆发,在工人之中是合情合理的——不是金钱意识而是人类意识。以他本人和他的原则,那种爆发(周末报纸上刊登的罢工投票后的开怀大笑和大拇指向下的照片)是自然的行为,正如生来习惯做的事。也许德国或美国的一些调解员,会在工人们的愤怒到达沸点之前将其化解。但是,他们这样做,会阻碍他们工作、生活中有意义的时刻。国际收支和经济增长也许会得到改善,但绝不意味着要以外国国民的总体幸福权利为代价。

指数。美国在这方面的重要工作,显然是由 Dorothy Swaine Thomas 自 20 世纪 20 年代早期开始,并一直贯穿于战争时期的。㉞

从这些早期的工作和更多 20 世纪 60 年代中期的工作中,归纳出这种结论是有道理的:那些社会指数,比如谋杀率,一般被认为对人民的社会不经济的指数与商业经济是相反的,他们在就业率达到波峰时,或在那之后的短期内达到了谷底。这种相反趋向在其他社会指数上也得到了验证。尤其是,相关数据是支持这种假设的,即谋杀、自杀和其他犯罪的数量,在劳动力市场供不应求时是最少的。当然,这并不意味着,每种犯罪行为在每种社会经济环境中都遵循着这种模式,或者利用社会周期的可变因素,就完全可以解释犯罪活动的波动了。例如,过去 5 年中,年龄为 15—24 岁的黑人,其自杀率翻了一番,而失业率或黑人失业率却没有上升,白人的自杀率也没有上升。㉟

也许可以以这些相关关系并不能确认任何稳态关系来提出反驳。人们完全不清楚,这些关系在何种程度上反映了与失业率之间的持续关系,而不是失业率从一个水平变到另一个水平的短期后果。如果失业率下降对社会指数的影响完全是短暂的,则失业率暂时的下降仍然会将犯罪推移到一个稍晚的日期——推迟不吉利的日子。

其对社会福利的影响几乎不需要说明,因为谋杀、自杀、盗窃、纵火等的受害者们,愿意为阻止犯罪行为而付出一定的代价,但是却往往没有这样的机会,犯罪保险和犯罪预防体系有很多缺陷——这是一个很好的"市场失灵"的例子——由于该原因,社会从以降低失业率为目标的总需求措施中会获得少许收益。

失业率的上升可能会引起针对其他人(通常是失业者)的承诺,其导致的高度公开甚至是暴力的外在不经济的类型,正是我们一直在谈论的。我认为,失业者会给就业者带来程度非常小的外在不经济。朋友失业的消息会让人们忧虑,或使他们不舒服。当我们的邻居对经济机会不满时,我们感到焦虑是很自然的,即使我们对自己所拥有的感到满意,我们也会局促不安。因此,通过迅速向经济中注入货币和公共债券以降低失业率,在某种程度上能减轻一些就业人员的焦虑情绪(税负越重,愧疚越少)。

㉞ 参见 D. S. Thomas, *Social Aspects of the Business Cycle* (Now York: E. P. Dutton 1925),以及她早期工作的历史回顾。亦见 E. W. Bakke 的英国调查。

㉟ 可以参考下列著作:A. Henry, Jr., and J. F. Short, Jr., *Suicide and Homicide* (Glencoe, N. Y.: The Free Press, 1954); D. Glaser and K. Rice, *Crime, Age and Employment*, American Sociological Review, October, 1959);B. F. Fleisher, *The economics Delinquency*(Chicago:Quadrangle Books, 1966),对黑人自杀行为的研究参见加利福尼亚大学公共健康学院 R. H. Sciden 的研究。

4.3.5 来自好的工作经历的外部效应

当总需求推动失业率低于自然水平时,高频率失业的非熟练的、技能生疏的工人,得到了从事和留职于较好工作的机会和诱因,这些工作比平时更具有吸引力(有些仅仅是看起来较吸引人)。作为他们获得更多激励、尊严和更高要求的工作经验的结果,这些工人逐渐获得了更高的积极性和更多的自信和在职培训。

该过程有两个外部影响。对工人们自己来说,他们对工作的忧虑和憎恨少了,而享受开始多了,这样,他们可以从中体验到非金钱的奖励,原则上,他们既能回馈他们的雇主,也能让自己得到好处;他们可能乐于去补偿,会在一开始从事较低薪水的工作,如果不是就业配给的话,是很难或根本就没有机会这样做的。对工人们自己的雇主之外,作为竞争对手的雇主而言,会产生这种影响:具有理想的技术和方向的工人队伍不断扩大;在制度安排优于实际的情况下,这些受益者会以雇用这些工人的方式进行互相补贴。

为了确实能达到这两种外部利益,政府培训方案和政府对工作培训方案的补贴是可行的,也是正在使用的。但这些项目的强度是不够的,也是全面低效率的,由于它们的存在,就有了通过市场机制激励在职培训来增加总需求的空间。而且,恰当的政府工作岗位培训,能很好地提升由一般失业率的降低所带来的外部收益。也要注意,这些收益是不会随着自然率的回归而蒸发掉的,尽管转型的程度和弥补缺口的机会,会随着工作经历的持续而提升。确实,会存在一些滞后的影响,使得自然就业水平比原来高(参见第 3 章)。

顺便说一下,有时会出现这样的争论,即世界上所有针对那些贫穷、受歧视以及也许因为其他一些原因处于下层的社会群体的工作培训,都不会起到很好的作用,除非总需求将失业率推到自然失业率之下足够低的水平。事实并不是这样。一个白人是不会因为一个黑人能代替他的位置而失业的。

这样说可能会更准确些,即黑人人口聚集在队列的队尾,而白人(和其他种族的人)却散布在人数不断减少的队列的前端。越是在队列的前端,就越有可能抓住获得好工作的机会。可以假设,大量的工作岗位培训,有可能会改变那些接受培训的人在队列中的位置。因此,不管总需求是何种水平——你可以把它想象为在足球场上排队等候进场的人们的能力——对那些还没有对将来这些培训能够派上用场感到绝望的工人们来说,接受旨在改善"队列位置"的工作岗位培训,应该是有好处的。而且工作岗位培训的潜在作用,远不止人们所想到的仅针对能力水平。无疑,不同能力的人,认为自己希望能达到的和引以为豪的程度是不同的。(有许多的队列圆满地进入了体育场。)然而,用于工作岗位培训的每一美元,能带来更多的回报,也能让更广泛的学员接受培训,这样,就能以较低的风险获得最大的回报,从而使总需求的水平更高,这确是事实。维持总需求所耗费的与工作岗位培费所花费的水平应该相当,它们能够相互提高各自的回报——像土地和劳动力一样。但是其中一项的增长,并非必须要依赖于另一项的增长。这样描述它们的特征,也许更精确,即它们是技术上的替代品,搭配起来效果最佳。

4.3.6 加入工会组织

正如一个持久的转型是拥有体面工作的方法一样,进入工会就有这样的持续效果。正如第3章中所提到的,将失业率降低到自然率水平之下的一次总需求的增加,改善了这样的人——那些可能除此之外没有可能获得工会会员资格的人——的机会,他们会发现自己能够进入工会了。即使就业率最终回到从前,一些经济方面的重要结果还是将会发生。工会会根据其成员的就业情况,来提出工资要求,其结果是,工会工作岗位和非工会工作岗位的工资差别,将会趋于狭小的范围。

工资差别的下降,对经济效率是另一种打击。有一种大家都知道的改善资源分配的经济效应,即不论工会工资和非工会工资的差别在哪里,这种差别都是一些生产活动中的劳动量匮乏的原因。工会会员的增加带来的心理影响,即使不是非常大,也是相当大的。在勉强可以称之为繁荣的时期加入工会的工人们,对外面的感触不再那么多了,因此,他们被剥夺的只是生活的机会。当然,当失业取代增长时,这些效用开始反转:那些本来能够获得工会工作的少量机会,却又将要失去这些机会的工人,将会比以前更加感到被疏远和无力。另外,当工会工资差异变小时,那些仍然没能获得会员资格和工会工作的工人们,所感到的挫败感就会少一些,所受的剥夺也少一些,因此,如果失业率回到原先的水平,就会较容易接受失业,痛苦也会更少。进一步,正如第3章强调的,该劳动力市场的操作模型,就像前面提到的模型一样,打开大门,在一定程度上逃离了自然失业率的轨道:如果显示,是适当的需求政策维持了更高的通货膨胀率的话,那么上述就业均衡时代的历史经验就减小了宏观均衡失业率的规模。[36]

---

[36] 即使通过减少总需求导致未预期到的非通货膨胀这一补偿(倒不如说,颠覆)插曲,使得过去的通货膨胀率得以还原,最终出现的在宏观均衡条件下的失业率,也不会正好是原来预期通货膨胀率所对应的原始均衡条件下的失业率,或说得更详细些,最终发生的宏观均衡的失业率,将不会完全远离我们所探讨过的失业率水平。

4.4 今后可操作的前提假设

由第 7 章的这个观点,结合第 4、5、6 章的部分内容,将会是说明峰值效率的失业率处于宏观均衡率的有效的方向——至少是在对第 6 章采取的财政货币观点而言的理想的预期通货膨胀率附近。如果没有能使人信服的有力的假设,我们就既能够也将会考虑这方面的三种可能性。当对气候极为不了解的时候,旅行者为应付他不能预料到的各种境况,要多带行李。但可以肯定的是,我们对气候如何已经有了非常好的想法。我将在第 7 章强调,效率的提升,取决于一点,即前面提到的宏观均衡率下的失业率的下降。人们可以温和地说,如果你只会有一条关于这方面的假定,那么它就是该假定。但由于上面已经谈到过,这种结论看起来是合理的,即任何对反对观点的防御,将会对与一大群反对因素相对立的或其他一些以目前未知的见解为基础的一个或两个因素,施加很大的压力。

第 5 章 就业与非预期通货膨胀的分配效应

尽管在技术进步和资源发现方面存在分配偏差,但如果我们的立法体系设法保持每个经济主体在征税和转移支付之后,享有经济体生产的总经济利益的固定份额,那么,我们就可以正当合理地将配置效率的每一步改进,视为一个明确的社会收益。至少,在社会还不会以适得其反为代价来花费可分配收益的情况下,我们都可以这样假定。然而,若在制定任何政策的时候,都假定经济利益在再分配后,总是倾向于依惯常的比例进行划分,是不合适的。即便政治过程已经实施了其税收转移支付的再分配计划,我们仍然可以假定,特定的配置改进,将在使富人更富有的同时,使穷人更贫穷,该命题的成立,取决于基于何种理论。

一个经济学家基于自己的预计,判断配置改进是否将成为一种社会净收益时,最终还需要一种经济和政治理论作为辅助,来预测配置变化的分配结果,并且因此而需要自省他自己的道德偏好——他个人的"社会福利函数"。根据他自己的道德偏好为每一利益主体设定一个权重,如果作为配置改进的结果,存在一个受损者的预测,那么,他会想要比较获利者的利得与受损者的损失。

在接下来的一节中,我将按照我所相信的失业下降的分配结果,以及上述道德偏好的方式,来讨论维度(dimensions)、参数或种类。预测到接下来可能会出现的描述性理论和经验发现,我注意到自己对此处所预测的分配结果的道德认同。在随后的小节中,将会讨论此处用到的对分配结果的政治干预的理论。最后,我们会讨论因失业下降而导致的分配偏差背后的经济原因,即分配结果最终的关键之处。

5.1 对于分配结果的描述与判断

本节将讨论,配置效率所要求的由总需求引起的降低失业率的初次分配结果,可能显著地增加最穷的、处于收入最底层的 5% 家庭所得的总经济社会利益的相对份额。① 可能有些特征明显的人群,比如特定收入群体中的老年人,会系统地承受绝对(以及相对)经济利益损失;但是,可以预测,通过减税或增加转移支付,或两者并行,他们将得到部分(在某些情况下或许是完全的)补偿。那些在转移支付和税后,仍然经历一种绝对经济利益损失的人,可能是直接或者间接通过某些特定金融中介,持有大量债券和其他信用工具的人,他们所持有的这些金融工具的数量,相对于他们所持有的权益资产以及他们自身的"人力资本"而言,过于庞大;这一类人群中,只有相对而言极少的一部分,属于贫困人群。

这一分配结果,无论其确切形态如何,看来都很好地落在我的结果集合中,根据我自己的道德偏好判断,我愿意称这一结果为一种净社会收益。或者是由于没有能力持有公正的观点;或者是高估了非贫困人群为增加贫困人群得到的利益所需耗费的成本,那些和我一样认为,公众通过立法过程,再分配给贫困者的收入太少的人,将得出同样的结论,即失业减少的问题,毫无疑问是一种净社会收益。我相信,美国大多数甚至是全部的经济学家,都会作出同样的判断。同其他人一样,他们在认为值得放弃多少人均收入(在某些产出必须被牺牲的共识之下)以获得某种收入均衡这个问题上,时常会揭示出观点上的差异。然而,大多数经济学家,也许是出于对那些人的经济需求的更大同情(毫无疑问,此处存在对职业的自我选择),也可能是由于他们没有估计到,再分配的激励效应将会如同一般公众一样有害,都希望对穷人进行更多的(比到目前为止这个国家制度规定的)再分配。假如,伴随着底层 1/5 人群相对地位的改进,也可以证明,顶层 1/5 人群的相对地位会有更大的改进,因而中间阶层受到来自两端的同时挤压,那么,就会存在一些经济学家反对失业减少的分配结果的可能性。但这仅仅是假设中的可能性,并没有实际的证据。(在任何情况下,我不偏向于顶层,而是更多地偏向于底层。)

也许,最需要为之辩护的,是关于分配结果的描述,以及按照社会经济利益的规模分配,即按照这种利益,相对于高收入人群给予低收入人群的份额,所作

---

① 这里,我从对配置效率的影响和对预期通货膨胀的这种配置变化的分配结果来进行抽象。简单来说,我所谈论的是,失业率从 4.5% 左右——自然率附近——到 4% 或 3.5%(假定在其他条件不变的意义上,后一数字对于配置效率不算太低)的一个下降。

出的某人的道德判断。然而,就我们所能发现的,对于可辨识的人口的统计、社会以及经济类型产生差别影响的系统倾向,还存在着对由失业减少(及其伴随的非预期通货膨胀)所产生的,相比较而言的损失者和受益者描述的其他方式。

正如我们已经屡次提到过的那样,某些观察者们强调,失业不成比例地集中于年龄分布中的年轻群体一端。在超过正常失业率的范围内,增加的那部分失业率也大多由年轻人承担。为数不多的观察者表达了这样的观点,即当失业率较低或者适中的时候,"唯有"十几岁的青少年会频繁失业。然而,劳动力队伍中,处于个性形成时期的人们,找到好工作的机会,应当获得与成年人的职业境况同等程度的关注。我们几乎不会在任何一种情形中发现,个人的失业会演变成贫困问题;每种情形都有其各自特定的优势与劣势。在另一个极端,总失业率有时引起关注,确实是因为十几岁青少年群体失业率上升的幅度常常是总失业率增长的数倍。如果人们将十几岁时的青少年时期,一直到 20 岁左右这个时期,看做是到达法定年龄阶段,也或许是在求学的间隔期间偶尔工作的时期,总之在任何情况下,基本上都不是挣得稳定收入和帮助承担大量家庭责任的时期,这时,上述观点就有点奇怪了。失业率在年龄上的更大均等化是否将成为一种净社会收益,是难以说清楚的。

失业减少所带来的不平等效应的另一个系统化根源,就是 65 岁及以上的老人,在不景气的劳动力市场,具有相对较小的直接优势,或许,对于未预期的通货膨胀,具有相对更大的脆弱性。老年人在劳动力队伍中的参与率,与那些 65 岁以下的人相比要小得多,而相对于消费标准,老年人可能拥有相对较多的货币资产。然而,年龄仍然不是内在重要的变量。对于我而言,贫穷的老年人,相对于贫穷的年轻人以及中年人,似乎并不值得特别强调。确实,贫穷的老年人或许比贫穷的非老年人更有益于社会,因为前者较之后者,是人口的一个更具社会性和激进代表性的横截面;而且可以估计,与后者相比,向前者转移一单位利益,所产生的净效率损失更少。

还有其他维度用于比较税前影响,其中有些仅仅是写周刊故事的新闻记者们的口实。对于男性和女性、内布拉斯加州的居民和宾夕法尼亚州的居民……来说,较高的失业率究竟对谁的影响更大呢?人们可能会对此问题有所争论。然而,可以肯定的是,对穷人与非穷人之间相对份额的影响,应当成为主要强调之处。

当然,不论年龄、性别和肤色,聚焦于穷人——例如,那些通常倾向于占据人均所得最底层 1/5 的人——存在很多研究上的便利。我们曾经试图抓住那些人不敷出的老年人、有经济困难的在职主妇,以及劳动力队伍中低收入的青少年等,由于任何原因,无论是生理学上的、心理学上的、社会学上的,或者生态区域上的原因,而严重缺乏赚取收入能力的全部范围的人群。由于这个国家的人口以白种人为主,所以,毫不奇怪,那些生活在从阿巴拉契亚(Appalachia)和似锅柄突出地带*的乡村,到人口稠密的城市地区的穷人,大部分都是白人。当然,也有与此不成比例的黑人处在贫困线以下。

尽管聚焦于底层的1/5人群,有其简单性和便利性,但失业差别影响白种人和非白种人的情况,仍然值得关注。毫无疑问,还是有相当大比例的黑人人口,即便他们并不处于官方界定的贫困线之下,或者甚至不在最底层的1/5人群之内,却仍在遭受(在最完全的意义上)不公平的歧视待遇。因此,如果这些人通过失业率下降得到特别救助,我们就有理由推断,在社会福利方面,存在分配利得。此外,处于底层1/5的某些人,以及至少从货币上符合贫困测度的某些人,从终其一生的视角来看,至少并不是真的贫困——例如,医学院的学生,以及那些拥有家室和安全低报酬债券的退休人员——而做一名黑色人种的人,并不是一个瞬时状态。②

5.2 对分配结果的政治干预

为了作出他自己的评价,经济学家或许会想知道,其他人将如何判断分配结果,并进而了解他的判断是否是独一无二的。相反,有时给人们的印象是,政策分析者是一个英雄形象,或许是像堂吉诃德式的形象,他时不时拿出一项他自己喜欢的政策建议,将其纳入笨拙的政治机器中。对于每一项政策建议,那些机器监工们都会喋喋不休、旁征博引地表明,这台机器会将它囫囵吞枣地咽下去,尽管没有人认为,这台机器通读了这些建议。毋庸置疑,政治过程与市场过程一样,被忽视和不确定性困扰着。可以相信,一个配置的变化,无论是立法上还是行政上的决定,都不会在其相应的分配结果产生的当时或者之后,引起立法机构的任何关注,因此,只有政策专家们,才会对配置变化的相应分配结果作出判断。然而,税收转移支付后的经济利益分配,并不属于那些可以指望着被政治过程忘却的立法事项中的一种,尽管偶尔会有其他的事发生来分散注意力。

假如有人将伴随配置改进的税收转移支付后的收入分配的转变,解释为选民或者其代表在民主政治过程中,展现出的睿智选择行为的产物,那么,可以论证,配置变化的分配结果,代表了大多数人对于如何最好地"在社交上"利用分

---

* Panhanle,西弗吉尼亚、得克萨斯、俄克拉荷马州等都有这样的地区。——译者注

② 还有一种观点。通常我们缺乏按收入等级分类的失业数据,因此,非白种人的相对经验,可以被用做穷人相对经验的一个近似。

配的改进产生的分配可能性的优势,进行的决策。毕竟,政治经济学家们以及道德哲学家们,并不是在某些特定条件下,对于特定数量的收入再分配存在偏好的人。否则,无论你我认为它们多么不适当,也很难解释穷人们获得的大量的转移支付。

从这一观点来看,正如我曾经提到的,我们可以论证,为了配置效率所必需的失业减少(以总需求为标准来衡量),导致穷人从群体上获得了不成比例的利益,这是因为,失业的减少,引起政治过程参与者们获得激励,增加给予穷人的收入的相对份额,或者,更广泛而言,是社会经济利益。对于这一激励的反应,即让穷人占有更大收入份额的反应,是一种大多数人都这样行动,以增加其政治经济满足感的反应,而政治经济学意义上的满足感,正是激励他们作出如此决策的动机。税收转移支付后调整纳入法律框架后,就某种意义而言,经济利益分配的变化,与通过某种恰当的税收转移支付的补偿性修正措施——追踪复原相比,是一种穷人和非穷人之间,初始的税收转移支付后的收入分配,它被为此投票的大多数人想象为获益了。当然,对于大多数人而言,失业的减少将导致一个两部制获益(two-part gain):一是配置改进,二是分配改进。没能指出这一点的政策分析家,可能会错失良机,仿佛他对于这一变化的喜好,是归因于他自身偏好中的某些怪癖一般。现在,让我详尽说明这一决定收入分配结果的政治批准或政治干预的经济理论。

此处讨论前面提到过的引起、允许或批准税收转移支付后的收入分配变化的激励的改变,这种激励的改变,取决于我们正在讨论的,可以称之为失业下降的"分配偏差"。这一偏差,表明这样一种方向,即失业下降改变了"贸易条件",依此条件,实现社会经济利益从一个集团向另一个集团再分配——特别地,从穷人向非穷人再分配,尽管后面会讨论其他集团。假如在不产生任何"净效率损失"的前提下,可以在一个连续的基础上,实现人与人之间收入的转移,那么,社会经济利益由非穷人向穷人转移的条件,将是一个常数,从各个方面看,它独立于失业率,且真的独立于资源配置。然而,即便是最佳的可实施的税收转移支付工具,这里所缴纳的税收和所得到的转移支付都是根据所得分级,与遥不可及的、理想化的一次总付(lump-sum)税和转移支付相比,一定会产生抵消工作和储蓄激励的"替代效应"。所采取的再分配的相对量越大,贸易条件的成本就变得越高昂。如果我们考虑达到给予穷人的税收转移支付后某一给定份额的经济利益所必需的再分配数量,那么,很显然,当且仅当失业的减少,倾向于增加穷人税收转移支付前所能够赚取的经济利益的相对份额时,作为失业下降的结果,贸易条件的成本将变得较低,这是因为,那样一来,相对于挣得的总收入,实现特定模式的税收转移支付后收入的相对份额,只需要较少的抵消激励和产生再分配的税收转移支付。

本章的结论将是,无论数据在有些观点上具有怎样的不确定性,需求引致的失业减少,都具有确定的分配偏差,它倾向于(偏好于)穷人这个群体。③ 它由此改进了之前提到过的贸易条件。具体说就是,失业减少将会增加穷人所赚取的税收转移支付前的社会经济利益的相对份额。此处所勾勒出的政治经济学理论,是穷人所能获得的税收转移支付后经济利益的相对份额,将随失业的减少而增加所依据的理论,它从这样一个假设开始,这一假设支配这种分配偏差偏向于穷人,并增加穷人所能赚取的税收转移支付前的相对份额。

在详尽阐述这一分配结果理论的剩余部分之前,我们可能会涉及这样一种情况,即如果"反再分配"(counter-redistributions)(或者说被减少的再分配)以这样一种方式,保持税后和转移支付后的份额不变,那么,失业减少产生的这种分配偏差本身,会产生效率上的配置改进。隐含的非穷人负担的税率下降,以及对穷人转移支付的比率(相对于所赚取的收入而言)下降,将使对于工作与储蓄的不利刺激减少,从而,产生一个在前一章节中所讨论过的那种顶级配置效率所得的配置改进。于是顺理成章地,我们可以因此断定,指定给穷人的税后经济利益的份额越大,在产生经济利益方面配置有效的失业率就越小。④ 然而,根据此处的理论,政治决策将抓住更有利的机会,增加贫穷者所能获得的税后相对份额,也许会在某种程度上削减对穷人的转移支付(但不会太多),以便保持穷人和非穷人的税收转移支付后经济利益的固定比例。

通过分析选民们对于由失业减少引起的分配可能性的改变的反应,你可能会作出一个类比,尽管它必定是有局限的,比如说,拥有资源的经济活动者的经济,在食物与服装之间的替代,可以与拥有选票的政治活动者的"政治",在穷人的经济福利与非穷人的经济福利之间的替代相类比。几乎没有哪个家庭会偏好于完全消费某一种产品而一点也不消费其他产品,类似地,大多数的选民都不会希望穷人什么也得不到,或者非穷人什么也得不到。政治过程以某些给予穷人的利益替代给予非穷人的利益的程度,取决于之前所讨论的可用的贸易条件,最关键地,取决于某些或者所有的非穷人对于这种替代的偏好。再分配所决定的数量(通过大多数投票),是由贸易条件和人们对于穷人所得到的税后相对份额的感兴趣程度之间的相互作用决定的。

给定人们的分配偏好,由配置移动而引发的贸易条件的改善,将导致穷人的

---

③ 这并不是说,每一个穷人(即使我们把那些仅仅是暂时低收入的人排除在我们所说的穷人之外)都必定会因为较低的失业而获益。

④ 这一点在图5.1中得以描述,图中,每一不同的失业率依次位于"效率前沿"上。

利益替代非穷人的利益的程度,在某种程度上被投票者更加强化。由于选举者们在给予穷人与非穷人的经济利益之间的"有限的替代能力",配置改进的分配偏差(此处为失业的减少),传达了这样一种信息,即如果人们要求经济利益在穷人和非穷人之间按固定比例分配,或在某种意义上要求这样做,那么,平均投票者满意的机会将表现出一个额外的增加。考虑将失业下降的配置效应,视作穷人和非穷人获得经济利益的可能性同样"平行"向外移动,加上某种倾斜的利益可能性,使得以前给予穷人的税收转移支付后利益的相对份额(老的相对份额分配)仍然可行,而且如果贸易条件不变,这种分配仍然是合意的。因为这种分配偏差或倾斜,扩大了穷人从非穷人的每一单位利益上的超额牺牲中所能获得的经济利益(在初始点之上),这个分配偏差或贸易条件的增加,因为扩展了投票者的相关选择,而会受到广泛的欢迎。这是因为,当它也意味着穷人要实现给予非穷人的利益量的增加,也存在成本的增加时,这将不会当做机会的相关损失,至少不会被大多数人这样看待,因为,如同前述,当就业下降的分配偏差,导致给予穷人更多份额的机会成本较低时,不会出现大多数人愿意投票以增加给予非穷人的份额的情况。

将选票投向增加穷人收益份额的非穷人,可能会沿着这样的路线作出评论:"失业率的下降被认为有利于效率,当现存的税后相对份额通过立法得以维持,并通过来自穷人的某种强烈反应而得到保持时,选票将是全体一致的;且我们知道,情况若非如此,穷人会得到效率改进利益的最大部分。但是,对于后一种考虑,我们中的大多数人认为,如果让穷人保持他们不成比例的税前利益的大部分,我们会感觉更好,因为改进他们的相对经济地位会降低我们的成本。某些获得改进的人会反对这种投票,但我们并不能由此得出结论,他们是否变得绝对比失业下降之前更差了。我们现在要求经济学家计算新的、较平等分配所对应的有效率的失业率。"

作为对失业下降导致的分配结果所作的政治干预进行的纯粹实证的描述或预测——而且,为了作出某人自己对这一结果的道德判断,而不介意大多数市民的快乐,有必要作出某种这类预测——该理论得出如下结论:作为失业下降的结果,当(且仅当)补偿的实际机会成本上升时,遭受税收转移支付前相对份额损失的群体倾向于仅获得不完全的补偿(或自我补偿)。确实,不存在这样的保证,即在每一种可想象的情况下,政治团体决策将比市场行为更能够满足理性个人选择的公理。更进一步,对穷人表现出更多同情的成本越小,许多或全部非穷人会对穷人表现出更多的同情,一旦非穷人(只要数量足够多)估计穷人处于

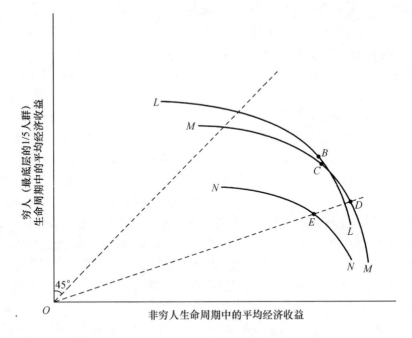

图 5.1

如果总需求保持失业率处于"自然"水平,点 NN 的轨迹,给定了税收转移支付后,穷人和非穷人之间经济利益分配的可能性。在那种情况下,点 E 是由政治过程选定的。

尽管自然失业率在沿射线 OED 方向,达到的分配份额是配置无效率的。但对于那条射线而言,对应于 MM 的较低的失业率,是有效率的,同时确定了点 D。但是,由于失业减少而产生的分配偏差,在射线方向,MM 较之 NN 而言,更为陡峭。其结果是,政治过程将沿 MM 进行"替代",选择点 D 西北方向的某一点,比如点 C。

对应于点 C 的新的分配,可能实现配置效率的必要失业率会更低。在那样的情况下,存在点 C 北方的某一点 B,此处,存在某个更低的失业率,对应于轨迹 LL,是有效率的。点 B 与点 D 的共同点在于,它们都位于这些轨迹较外沿的包络线上,即"效率"点的前沿。

由于失业率是从自然水平次第减小的,扩展路径经由点 E、C 弯曲到达前沿,比如说 B 点。

某个"适当的"收入线之上时,这种意念可能就不再具有可应用性了。最后,正如前文所提及的,政治系统与经济相比,并非在信息上具有更多的优势。如果失业下降是一种暂时性的(由于失业下降引起的补偿效率成本的累积),这种观点就特别恰当。当然,现今对于政治决策制定过程在理论上无摩擦的分析,在证明那些过程达到了与"消费外部性"——公共物品(联合消费)、共享股份等——相适应的决定性解决途径方面,获得了启迪。特别地,在考虑那种外部性的最完整意义上,在证明它们达到了资源配置和税后分配并非无效率方面,获得了启迪。⑤ 非穷人从穷人的经济福利改进中所感受到的心理利益,就是这样一种外部性,并且沿着这条路线,你可以把我们在累进的税收转移支付系统中所观察到的政治再分配,解释为有效满足这些独立偏好所必要的。⑥

　　作为认为再分配结果是令人快乐的这样一种理论,也还存在某些必要的限定。我想说的无非是,倾向于穷人的分配偏差会受到大多数人的欢迎,并且,大多数人会感到,从这一机会中能够获得利益。但不存在这样的保证,即穷人所获得的相对份额的增加,是每一个人都偏好的。某些人可能会比大多数人更少利他主义,或者可能以其他方式"花费"(内部化)他们的利他主义。当政治过程在穷人和非穷人之间分配经济利益所选择的"点",在更利他主义的人和穷人不得不挫败更少利他主义的人们的愿望,进一步再分配的意义上,是"帕累托最优"的时候,存在这样一种经验可能性,即所选择的点,对某些人而言走得太远。失业率下降到某一效率水平,使得让每一个人的境况变好成为可能;如果穷人对于某些非穷人存在利他主义的关注感,那么,失业下降的分配偏差,可以使得新的分配成为可能,该分配可以使得每一个人感到境况有进一步的改善。但是,也可能存在少数非利他主义者,被大多数强制。因此,不存在这种确定性,甚或可能性,即严格地说,在政治过程发挥作用后,通过分配偏差,将会使得每一个人的境况都得到改善。⑦ 仅存在这样的前提假设,即作为增加穷人的相对份额的政治决策的结果,大多数人——也就是说,穷人和形成大多数的非穷人中的利他主义者——都将感到境况得到了改善,尽管改善的程度可能很微弱。⑧

---

　　⑤ 一个关键假设是,所有可能的税收-转移支付-支出"计划",都能被投票决定,或事实上,存在投票交易的一种无限制的可能性。每人"仅"需要的信息是,对应于每个计划的不同价格和工资率。这并不意味着,政治过程能够对原子式的市场可能失败于适当处理的生产函数中的外部性和非凸性,作出必要的规划处理。除了指出上面提到的那篇论文之外,我还要指出我自己的切入点在于以下文献:D. K. Foley, "Resource Allocation and the Public Sector", *Yale Economic Essays*, Spring, 1967。

　　⑥ 参见 H. M. Hochman and J. D. Rogers, "Pareto Optimal Redistribution", *American Economic Review*, September 1969。

　　⑦ 然而,来自失业下降的潜在配置效率改进,可能引起每一个人平衡地获得境况改善。这里我仅是就分配偏差而言的。

　　⑧ 这一观察导致人们想象:另一方向,即偏向于非穷人的分配偏差,当对穷人而言不是无成本的时候,是否作为一种增加非穷人的社会经济利益的机会,在比以前更有利的意义上,受到大多数人的"欢迎"呢? 答案是肯定的,只要利他主义的投票者动摇投票感觉,认为在穷人的福利和非穷人的福利之间,只存在"有限制的替代性"时,他们就会认为做出这种替代是合理的。他们会指出,穷人会受到更大的转移支付,而境况改善者支付更多的税收,以便使归咎于非穷人的穷人(他们受到大多数人决策的强制)的税前经济利益损失得到部分补偿。除非每个人都接受这一相同的道德原则,否则,不存在对分配公正的全体一致意见,以至于每个人都可以预期在其自己的偏好方面,与大多数人相区别。

5.3 失业下降和未预期到的通货膨胀导致的分配偏差

本节我们将分析,由需求引致的一般失业率下降到与实现配置效率相一致时,所产生的分配偏差的性质和程度。这种通过总需求产生的失业率下降,至少会伴随着未预期通货膨胀的暂时增加(或避免暂时减少)。根据自然率假设,如果想让失业率下降维持一个给定期限,那么,未预期通货膨胀量的增加必须得到维持(因而通货膨胀率必须连续上升)。

由未预期通货膨胀引发的对穷人有利或不利影响的潜在分配偏差,存在三种影响途径。这种未预期通货膨胀,通过其对货币工资率结构和就业率的影响,相对于熟练人力资本所有者而言,可能会或多或少地帮助作为非熟练人力资本所有者的穷人。作为一个整体,人力资本所有者在未预期通货膨胀中的获益,相对而言,比非人力资本所有者的获益要少,从而,依此方式,穷人相对于非穷人来说,获益会少一些。相对而言,未预期通货膨胀可能有利于在通货膨胀保护资产上有大量投资的非人力资本所有者,而通过那种途径,可能会对穷人产生有差别的影响。以任意或所有这些方式,可以想象,如果总体上相比较而言,尽管其获益比非穷人要少,但未预期通货膨胀还是会使穷人受益。但是,这里可以论证,在这些影响方式中,似乎并不存在一个先验理论或直接证据,断定或推定这样的结论,即该分配偏差会通过上述途径,对穷人作为一个群体的利益,产生显著的不利影响。事实上,理论和事实都表明,作为相对非熟练的资本所有者和相对更频繁的失业者,穷人会从这种未预期通货膨胀和一般失业率下降对工资结构和就业率的影响中,享有一种有利于他们的分配偏差。

正如上文所解释的,分配偏差是一个税前和转移支付前的机会问题,即支持和回报来自赚取社会经济利益的行为的机会。因为其全部局限性,作为第一步,很自然应检查穷人和非白人赚取的税前个人收入的相对份额的变动。这些数据在战后一些特别年份的表现,让人不得不怀疑这样的假设,即紧的劳动力市场,使得穷人和非白人的获益,成比例地少于非贫穷的白人(表5.1)。[9]

---

[9] 确实,表5.1中的数据,给出了在全体个人收入(税前和转移支付前)中的相对份额,对工资收入份额的改变,施加了太多的压力。很多财产收入,以资本利得的形式或归咎于资本利得,没有用个人收入度量。

表 5.1 穷人和非白人的相对收入指标

	1968（%）	1965（%）	1961（%）	1950（%）
全体个人收入中最低的 1/5 阶层所占的份额	5.7	5.3	4.8	4.5
总收入中倒数第二低的 1/5 阶层所占的份额	12.4	12.1	11.7	12.0
非白人个人收入的份额	6.9	6.2	5.3	—
非白人中等家庭的收入占白人中等家庭收入的百分比	63.0	55.0	53.0	—
失业率	3.6	4.5	6.7	5.3
已婚男性的失业率	1.6	2.4	4.6	4.6

资料来源：A. F. Brimmer, *Inflation and Income Distribution in the United States*, before a conference, *Input-Output 1969*, 匹茨堡商业研究所和商业周刊主办, Pittsburgh, December 2, 1969。所有数据由人口统计局整理。

要在统计上检验 20 世纪 60 年代穷人的相对收入份额,是否因那些年里失业率的下降而改进,需要对战后所有年份进行计量经济学分析。一个最近的研究,为穷人所赚取的相对份额对失业率的依赖程度,提供了强有力的统计支持。它发现,在最低收入的 1/5 家庭总收入的相对份额和失业率之间,存在显著的负相关关系——不论通货膨胀率是否"保持不变"。这种相对收入和一般失业率之间的关系,是特别针对非白人的。[⑩]

这种个人收入份额行为的证据确实表明,穷人和黑人享受到了来自失业下降和相关的未预期通货膨胀所产生的税前和转移支付前的相对利益。然而,个人收入没有衡量构成总收入的某些特定类型的收入。同样重要的是,社会经济利益,甚至狭义定义的经济利益,与通常定义的收入,并非在相同的范围内。经济利益可以(在一定程度上)归咎于当前的闲暇,以及对当前消费和未来消费的前景预测。后者,可以通过改善自己未来收益的时间投资,以及将当前收益的一部分进行储蓄而得到提高。从前面的章节我们了解到,从事某项工作时,会有很多的私人机会成本,以社会效率为出发点的话,在宏观均衡失业率水平上,个人可能会过高估计那些成本。对改善经济利益的个人因素的行为进行分析,将为相对收益或分配偏差问题的结论,提供坚实的基础。

---

⑩ 参见 R. G. Hollister and J. L. Palmer, "The Impact of Inflation on the Poor", Institute for Research on Poverty, University of Wisconsin, April 1969。通过同帕默在一定范围问题上的讨论,这一章获益匪浅。注意,在自然率假设下,本研究提到的通货膨胀率,可以解释为预期通货膨胀率的近似,因为随后,失业率解释为在稳态失业的条件下,未预期通货膨胀量的较为宽松的近似。L. C. Thurow 在 *Poverty and Discrimination* (Washington, D. C.: The Brookings Institution, 1970) 的第 58—61 页中,估计了总就业率对中产阶层黑人和白人收入的相对影响,得到了类似的结果。

5.3.1 相对货币工资收益

随着配置效率的提高而下降的一般失业率,可能不仅是提高对有形资本或其他非人力财富所有者要求权的回报,还有其他的,例如,提高对人力资本——这些人自身具有作为劳动力队伍的实际或潜在成员的能力——的回报。就这种一般性失业下降而言,我们试图在本节寻求如下问题的答案:典型的穷人所拥有的、相对非熟练的、未经训练的人力资本所获得的回报的增加,是否成比例地多于非穷人们所拥有的人力资本获得的回报?换句话说,一般失业率的下降,对穷人的时间、能力的使用和回报有相对更大的改进,引起穷人获得的税前和转移支付前的经济利益的增加,是不是"相对"或(等价地)"不成比例"的增加呢?在这里,我们关注的是,穷人与非穷人之间货币工资率的相对行为,并且仔细评估不同的就业率反应;实际工资率行为及其与非人力资本实际回报率的比较,将在5.3.3节讨论。

为了系统地分析穷人从失业下降中获得的经济利益的比较利得,我们必须分别研究穷人的工资率和就业的比较行为。如果情况是这样的话,即观察得到的穷人所获得的工资收入份额的不同改进,掩盖了穷人作为一个群体赚取的相对工资率——支付给贫穷员工的平均工资,相对于支付给非贫穷员工的平均工资——的相对恶化,那么,穷人赚取的个人收入份额的增加,将不能清楚地表示,通过失业下降产生的经济利益分配偏差是有利于穷人的。那么,这就意味着,穷人必须不成比例地减少工作搜寻、闲暇等,以便恰好保持不变的相对份额。

然而,无论是工资理论还是工资率的事实,均无法表明,伴随着一般失业率的下降,是否发生了相对工资的恶化。事实可能是这样的(尽管对这一点还不是太确定),穷人因失业下降,从而工资率因相对于非穷人可得的工资率的改善,而获得了来自于失业下降的经济利益比较利得的大部分。下面转向这一理论和证据的分析。

对无摩擦工资理论的考虑,导致人们"确信"(bet),当厂商决定削减生产时,穷人所获得的相对工资会有所下降,这是作为对资本设备的某种大范围损失的反应。从需求方面看,我们注意到,厂商通常具有分摊费用劳动的需求,相对而言,这类需求对于计划生产率的敏感性,小于全部劳动需求。也许这里提到的分摊费用劳动,包含不成比例的、一定数目的、相对熟练的、支付高薪的工人。因此,可以预期,总需求的减少,与非熟练工人相比,会按较小的比例,减少对熟练劳动的"引致需求"(在给定的工资率结构条件下)。⑪

在供给方面,也许没有太多理由假定,相对熟练和获得较好支付的工人,在工资率按给定比例下降时,比穷人和非熟练工人更有可能用闲暇替代收入。但是,已经注意到,熟练工人相对于非熟练工人,具有某种优势,即非熟练工人鲜能达到熟练工人的替代边际。当从事熟练工作可得的工资下降时,相对熟练的工人,能够以从事相对低熟练程度的工作作为替代,而不是以闲暇替代。相对非熟练的工人,在这方面的机动余地要小一些,因为在工作层次阶梯上,比他们当前职业层次更低的工作并不多。曾经有人提出这样一个前提假设(尽管是很偶然的),即如果没有任何摩擦,我们会观察到,穷人的相对工资,相对于生产变化而言,比相对熟练者挣得的工资,更少具有"黏性"——变动的比例更大。

当生产计划的下降,是由于总需求减少和劳动力市场存在摩擦造成的时,对货币工资差别影响的恰当分析,就需要注意这些不同摩擦的可能性。由于上面提到的这些摩擦因素,因此即使发现在有摩擦的劳动力市场,一般而言,失业率越小,穷人的相对工资趋向于越高,也没有什么值得惊讶的——尤其是当失业率异常大,以至于对相对熟练的工人没有显著的超额需求,并且他们占据低熟练工作的时候。

请注意,摩擦实际上可以起到强化这样一种前提假设的作用,即随着劳动力市场紧性的增强,穷人挣得的相对工资上升。从正常的条件出发,当总需求松弛时,厂商可能会对解雇(或者允许流失)相对熟练的工人更加谨慎,包括那些不是分摊费用需要的熟练工。厂商可能想要"窖藏"其某些熟练雇员,期望当企业最终回到正常运营或长期增长时,能节省未来的搜寻成本和公司特定培训的成本。这些寻找相对非熟练工人的初始"投资成本",被假定为相对较小的(甚至相对于其较小的工资率),因为他们相对更具有同质性,因而,"窖藏"非熟练劳动力的诱致因素相应较少。当总需求处于高位,劳动力市场变得异常紧时,正是那些熟练工人能够被"解除窖藏"的时候,因为正是那些熟练工人,是企业趋向于"在需求之前"雇用的作为预防储备的工人。这种储备的目的,就是为了在这个时候将它投入使用。

此外,劳动力紧张程度的增强,会增加投资、搜寻和面试成本,这些会导致熟练和非熟练工人的比例重新回到正常运营的水平。因此,只要劳动力市场紧性持续不变,厂商就会倾向于在总体上对熟练劳动力不足量供应。在新的就业点,

---

⑪ 与非熟练劳动力相比,熟练劳动力的"需求价格"下降的比例,由于熟练工人需求的工资弹性比非熟练工人需求的工资弹性小,可能存在某种抗衡倾向。

对熟练人员所报告的工作空缺会异常得高,远高于其对非熟练工人的空缺。这也许表明,厂商在进行它们有限的就业调整,以适应更高的产出需求之后,对它们而言,拥有额外的熟练员工,其边际价值增加的比例,高于其拥有额外的非熟练员工——因为与后者相比,获得前者的过程摩擦更大。这并不表明,厂商承诺的增加对熟练工人的支付的比例,将会相对高于非熟练工人。可以预期,摩擦交易成本增加的影响,可能会部分落到熟练工人头上,导致工资支出和边际价值之间的差额减少。如果厂商按相同比例增加对熟练工人的支付,更不用说超比例的工资增长,那么,将再也不会发现熟练人员的工作空缺以更大的比例增长:在如此高的工资率的情况下,在其他情况下被报告为空缺的熟练人员的某些工作岗位,以如此高的工资率去填补空缺,事实上是不经济的。

存在某种来自供给方面的摩擦运行,支持熟练工人的工资比非熟练工人的工资更具黏性的假设。当总需求处于低位,劳动力市场松弛时,工人对于他申请就业的厂商的价值,取决于他维持正常或标准的工资需求对厂商的可信性,比起个人能力更能被预测到的非熟练工人而言,熟练工人可信的程度更强。当劳动力市场抽紧时,厂商愿意对其作出更多投资的熟练工人,与非熟练工人相比,更有动机以长期远景为基础,在更大的程度上固定他的价格,尽管厂商判断,如果雇用这种工人,会令管理部门头疼。

我们观察到,一般失业率的下降,与非熟练人员相比,更多地扩大了相对熟练人员的短缺,以及相对应地,支付给熟练人员的货币工资更具有黏性,这会导致一种论点,即作为某些相对非熟练的工人能够升级到更高熟练程度的工作的一个结果,相对非熟练者能获得其平均相对工资的一个额外所得。如果厂商增加了能够从事某种高熟练程度工作的工人,对于厂商的价值增加,超过正常的完成这类工作的熟练人员所需支付的工资——由于增加成本和延迟找到这类工人,以及也许是其要价的黏性,造成这种差距的扩大——那么,相对低熟练的工人占有更优越的机会受雇或升级,并接受在职培训,以便填充那些高熟练程度工作的某些空缺。基于类似的想法,已经注意到,受歧视的黑人以及其他的一些人(受歧视的含义是,在所有条件都相同的情况下,对于某一工作,他们被雇用的机会较少),当劳动力市场抽紧时,相对而言,他们将在获得好工作方面有更大的改善,因为雇主歧视他们,根据肤色、性别或者是其他一些厂商所偏好的特征来挑选工人,其成本也必然是增加的。如果贫穷工人、相对非熟练的工人的货币工资,相比较而言,随着劳动力市场紧性的增强而上升得更多,那么这一事实并不意味着在总体上,厂商要为此付出更多来雇用高技能工人,也不意味着要比过去花更长的时间去获得更多的技术人员。穷人相对工资的增加,部分是由于升级而造成的,这一过程会一直持续,直到所有花费恢复平衡为止。因此,在劳动力市场的摩擦模型以及无摩擦模型中,不同工作沿着工作等级的替代,是非熟练人员赚取的相对工资,伴随着一般生产增加和劳动力市场紧性增强而增加的一个重要源泉。

表 5.2　熟练、非熟练以及白领的工资

非熟练工人[a]（工厂）

年份	名义指数		实际指数	
	平均每小时收入（美元）	百分比变化（1960—1964）（1964—1968）	平均每小时收入（美元）	百分比变化（1960—1964）（1964—1968）
1960	96.50		97.57	
1961	100.00[d]		100.00	
1962	103.20		101.98	
1963	106.60		104.10	
1964	110.00	14.0	106.08	8.7
1965	113.20		107.30	
1966	116.80		107.65	
1967	121.80		109.14	
1968	128.40	16.7	110.40	4.1

熟练工人[b]（保有）

年份	名义指数		真实指数	
	平均每小时收入（美元）	百分比变化（1960—1964）（1964—1968）	平均每小时收入（美元）	百分比变化（1960—1964）（1964—1968）
1960	96.50		97.57	
1961	100.00[e]		100.00	
1962	103.10		101.88	
1963	105.90		103.420	
1964	108.80	12.7	104.92	7.5
1965	114.40		105.59	
1966	115.50		106.45	
1967	120.30		107.80	
1968	126.90	16.6	109.11	4.0

(续 表)

年 份	白领[c] 名义指数		真实指数	
	平均每小时收入（美元）	百分比变化 (1960—1964) (1964—1968)	平均每小时收入（美元）	百分比变化 (1960—1964) (1964—1968)
1960	96.80		97.88	
1961	100.00[f]		100.00	
1962	103.30		102.08	
1963	106.20		103.71	
1964	109.20	12.8	105.30	7.6
1965	112.30		106.45	
1966	115.50		106.82	
1967	120.90		108.33	
1968	126.80	16.1	109.03	3.5

a. 包括门卫、杂工、清洁工、苦力、材料工。
b. 包括木匠、电工、修理工、机械工、汽车修理工、粉刷工、管道工、工具制造工、丧葬工。
c. 范围很广的办公室白领员工，包括打字员、速记员、各级职员、打孔机操作员、图书保管员、办公室人员。
d. 1961 年大约为 1.93 美元。
e. 1961 年大约为 2.89 美元。
f. 1961 年大约为 77.10 美元。
资料来源：U. S. Department of Labor, Bureau of Labor Statistics, *Handbook of Labor Statistics*, 1969, Table 94, pp.200—201, and A. Burger, "The Effects of Inflation, 1960—1968", *St. Louis Federal Reserve Bank Review*, November 1969。

145   在写作这本书时,将穷人所赚得的平均工资的周期性行为,作为总体平均工资率的一个比率的证据,还相当少,但存在一些支付给非熟练工作类型和熟练工作类型的平均工资的时间序列数据。虽然这些数据并没有包含那些升级到高薪岗位的工人,但他们对此还是有很大的兴趣。自战争以来,这些数据的表现和这里讨论的假设是一致的,即一般失业率越低,职业内部熟练与非熟练工作之间成比例的工资差异,就趋向于一个越小的数字。对 20 世纪 60 年代的检验表明,在这 10 年中的部分时间里,当失业率下降相当快时,这一(成比例的)职业间的工资差异也非常显著地变小。然而,在繁荣的后期阶段,如果存在任何这种差异的话,其倾向性并不那么明显。在那些年里,重要的原因可能是升级成为非熟练工人和穷人挣得相对工资的一个更加重要的源泉。在任一情况下,我们可以有信心地说,没有证据表明,一般而言,当劳动力市场在任一一般失业率范围内紧缩时,支付给从事低熟练工作的人的相对工资率会下降。

就升级作为通向更高工资率的途径这件事而言,我们从以下提供的证据可以看到,升级对劳动力队伍整体而言是一个重要现象。但是,当劳动力市场抽紧时,对于穷人事实上是否比非穷人工资率有更大比例的增长而成为受益者这件事,从现存的数据来看,并不能获得直接的证据。人们希望得到这样的样本调查数据,以便能对工作升级以及在工作的人-时数不变的情况下,以个人工资收入衡量的工资规模变化的联合影响进行分析。人们似乎真的能够推断出有关穷人挣得的相对工资率的某些表现,方法是,比较穷人的平均收入的改变量与他们工作的平均小时数的改变量,并将结果同非穷人的相应结果进行对比。但是,由于这种分析有太多的"控制"因素,因而在这里不便实施。

冒着可能看起来有点像是循环推理的风险,人们可以论证,穷人就业的显著不成比例的增加,作为对一般失业下降的反应——稍后我将转向对这一事实的讨论——当劳动力市场抽紧时,仅能够勉为其难地归因于具有相对较少熟练程度的穷人可获得的工作层次有了一个强的改善,或许相比较而言是一个较强的改善。因为,如果人们假定,非熟练劳动市场与熟练因而相对异质的劳动市场相比,不完善性更弱,至少在一个中等或更低的失业率水平上是如此——更精确地说,如果在更缺乏吸引力的工作类型中,总是能更快地找到工作——并且,随着劳动力市场的抽紧,特别是在低失业率水平时,如果人们没有太多地受职业间工资差异缩小的压抑,那么,伴随着一般失业下降,贫穷的非熟练人员就业的显著增加,除了归因于到此为止向他们开放的工作所支付的工资率和工作满意程度的重要增加——也许是相对增加以外,还有什么其他因素呢?

即便如此,我们对这一分析的假定,即需求引致的一般失业率下降,与非穷人挣得的平均货币工资相比,并没有给穷人们所挣得的平均货币工资带来明显的反向变动,看起来是相当可靠的。在那种假设下,我们能进一步考虑穷人就业的行为差异及其在失业下降的经济利益分配差异方面的意义。

5.3.2 就业率的比较反应

按照种族和贫困阶层划分的失业分布,以及该分布在商业周期中的行为,其程式化事实是被广泛认可的。该行为对于以下问题,即在经济利益上,到底哪个群体是相对的受益者的解释,并没有相应引起广泛的讨论。

穷人劳动力参与率的弹性,没有显示出与非穷人之间可估计的差异。白种人与非白种人的比较,同样也是如此。在每种情况下,一般失业率下降带来的工作开放和提供的货币工资的改善,显然会把某一部分不满足失业条件,因而在政府抽样调查中不作为失业报告的"隐性储备"工人,带入劳动力队伍。因此,就业率每增长 1 个百分点,通常伴随着远高于 1% 的就业增长(也就是说,作为其初始值的百分比)。显然,非穷人也有他们自己的隐性储备。⑫

表 5.3　下降的失业率在有色人种、性别、贫困地区的分配

失业率	中等失业率结构		低失业率结构		超低失业结构
	1965	1970	1966	1968	1969
白种人合计	4.1	4.5	3.4	3.2	3.1
成年男子	2.9	3.2	2.2	2.0	1.9
成年女子	4.0	4.4	3.3	3.4	3.4
青少年ª	13.4	13.5	11.2	11	10.7
非白种人	8.1	8.2	7.3	6.7	6.4
成年男子	6.0	5.6	4.9	3.9	3.7
成年女子	7.5	6.9	6.6	6.3	5.8
青少年	26.5	29.1	25.4	24.9	24.1
市区贫困地域	n.a.	7.6	n.a.	6.0	

a. 年龄 16—19 岁。
注:n.a.=数据不可得。
资料来源:U. S. Department of Labor, *Handbook of Labor Statistics*。

谈到失业率的结构,穷人和非白种人的失业率,是一般失业率的固定倍数,可以说它是正常范围内一个相当好的近似。一个广为人知的经验法则认为,黑人失业率是总失业率的两倍。最近的一项研究,更详尽地考虑了失业率与肤色、年龄和性别的相关关系。根据一份战后数据的计量经济学预测,在 1966 年,白人失业率下降 1/3,可能也伴随着非白种人失业率 1/3 的下降。⑬

从代数得到,穷人和非白种人的就业占穷人和非白种人总人口的比例,分别比白种人和非穷人的就业率,以更大的量增长。这仅仅是因为,当失业率在不同人群中等比例下降时,存在更大份额的穷人和非白人人口由失业状态变化到就业状态。根据某项估计,1966 年,成年白人总就业每增加 1 个百分点,就伴随着成年非白人妇女超过 3 个百分点的就业增加。⑭

这是否意味着,相对而言,穷人和非白人从一般失业下降中获得了更多好处呢?要作出这样的推断,至少必须依据什么假设呢?假定各个群体就其自我利

---

⑫ 参见 J. D. Mooney, "Urban Poverty and Labor Force Participation", *American Economic Review*, March 1967, 以及 G. C. Cain and J. Mincer, *American Economic Review*, March 1968 随后对它的评论。毫无疑问,文中的命题只是一种近似,并受调查偏差约束,没有必要对每一连续年龄和性别群体适用。

⑬ Thurow, *Poverty and Discrimination*, pp. 57—58。

⑭ Ibid.

益而言,配置有效的失业率为某个相同的数——比如3%——可能便于进行这种推断。但如此严格的假设,对于如下结论并非必要,即当存在一般失业下降时,考虑到穷人和非白人在就业率方面有更大的获益,因而他们在经济利益方面也相对获益更多。

为了论证方便,我们假定,在以一般失业率衡量的某一点上,劳动力和商品市场进一步抽紧,可能损害穷人和非穷人的时间在工作、工作搜寻、闲暇和其他用途之间配置的生命周期效率,这样的点,对穷人和非穷人是一样的。那么,就有可能沿着古典路线论证,伴随着需求引致的失业下降,如果(根据我们保守的假定)提供给穷人和非穷人的货币工资同比例上升,而与非穷人相比,穷人的就业以更大的比例增加,那么,穷人作为一个群体,可以说在经济利益方面收到更大比例的利得。其推理过程与以下推理是类似的,即当提高某种商品的征税时,人们通常认为,该商品对其他商品越有替代性就越有利。比如,如果不得不对单一商品征税,如对房屋或肉征税,人们就可以这样思考,即总需求增加和随之而来提供的货币工资的上升,可以类比为提高对当前拥有工作征税,或提高对享受闲暇和工作搜寻的有害补贴。穷人和非穷人两个群体,都获得了相等的以提供给他们的货币工资的等比例增加衡量的"纯收入利得"(尽管我们以后不得不注意该增长的"实际价值")。但是,存在一个来自于再配置的进一步利得,如果某群体从税收激励提升替代掉的工作搜寻和享受闲暇中获得最充分的优势,那么,它所获得的这种进一步利得就越大。⑮

因为人们可能同意,从配置效率观点看,与非穷人相比,穷人更有兴趣实现某种程度上较低的总失业率,所以,会强化这样的结论,即当考虑到从一般失业率下降获得的人力资本回报时,穷人和非白人相对而言会获利更多。至少可以相信,非穷人们从自己的利益出发,发现他们的失业率是3%时,会偏好于一个3.5%的总失业率,相应地,穷人最好的状况是,当穷人的失业率为3%时,总失业率为1.5%——这些说明性的数字仅是举例而已。但是,作为一个对劳动力和产品市场抽紧程度的兴趣冲突的猜测,该假定可能确实走得太远。穷人作为消费者,可能蒙受产品市场短缺之害,而这将在他们自己群体的失业率达到3%之前,完全抵消他们在其劳动时间配置方面所获得的收益。

但是,毫无疑问,当一般失业率达到非穷人和白人作为一个群体的理想配置水平时,穷人和黑人将仍能够在失业率的进一步下降中获利。某些穷人会选择一些不大稳定的工作,因为与可获得的稳定工作相比,从不稳定的工作中能获得更高的报酬。但是,这种在不利条件下的最优选择,并不意味着这些人不能从更

---

⑮ 某人的(补偿)供给曲线越有弹性,其"生产者剩余"增加的比例也越大。

频繁地获得支付水平更高的工作中获益。如果在宏观均衡时,预防或等待失业趋向于过量,那么,对于那些主要面临这类失业威胁的人,更会特别过量。

某些穷人倾向于频繁失业,因为缺乏成就感或有发展机会的工作,会使他们变得灰心和不满。而其他人也不能工作得足够好,因而也不能长时间保有他们的工作。从整体经济的配置效率出发(对于给定的不同群体利益的权重),这些人在劳动力队伍中出现,会在某种程度上增加有效率的总失业率。但是,与全体劳动力队伍相比,这些穷人自己对劳动力市场抽紧会有更大的兴趣,因为正是他们在频繁地寻找工作。

穷人在极端抽紧的劳动力市场上所获得的某些相对收益,可能以未来收入的形式存在。与穷人和非白人从失业下降中获得不成比例的就业利得相伴,还会有显著的工作升级存在。为贫穷的工人创造机会,获得在更需要和更有前途的岗位工作的经验,将会对他们产生深远的影响。其结果,他们中的一些人可能真正摆脱贫困,并会一直延续到未来,即使一般失业率又重新自动回到某个较高的水平(这绝不是否认,存在一批核心阶层的人,当劳动力市场更加抽紧时,他们可以更经常地工作,却永远也无法单独通过这种方式摆脱贫困——如果还存在其他方式的话)。可能的情况是,在全体穷人中,黑人通过增进有吸引力的工作的机会而获利最多,因为他们中的许多人摆脱贫困的障碍,可能就是机会和经验不足,而这种障碍是可以克服的。⑯

我们的结论是,一般失业的下降给穷人提供了一个相对更大的优势,该优势不必局限于收入和闲暇这类经济利益。穷人和非白人从松弛的劳动力市场中,承担了份额不成比例的"外部"社会成本。在贫困地区和少数民族集聚的社区,个人不得不为自己的偶尔失业付出成本,也包括相对于其收入不成比例的因该地区高失业率激发而产生的社会混乱和犯罪的成本。

人们也不应忽视伴随着穷人和非白人就业率的增加,而产生的所从事工作层次的升级带来的心理影响。这些影响可能会外溢到社区,影响儿童、亲戚和朋友。保证增加机会获得有更好的发展前途、提供更令人满意的工作经验的工作,可能与工资收入的增长一样有意义,因为工资收入的增长,是更稳定就业于更好工作的产物。对穷人尤其是黑人而言,这种工作升级,也许会对自我尊重和社会归属感,作出重要的贡献。而对那些已经有体面的工作,通常具有好的职业前景的非穷人而言,与他们的就业利得相联系的这种工作升级,则通常不具有这种关

---

⑯ 关于黑人流动性的某些初始发现,可以在 J. J. McCall 的论文中找到。参见 J. J. McCall, "An Analysis of Poverty: Some Preliminary Findings", RM-6133-OEO, The RAND Corporation, Santa Monica, California。

键的重要性。

5.3.3 "实际工资"和就业：均衡情形

数十年前,新古典经济学家们普遍相信,对于"工人阶级"而言,在通货膨胀时期,通过抽紧的劳动力市场实现高就业率水平,只不过是黄粱美梦而已。他们相当广泛地认为,通常,在这些环境下,货币工资的真实价值会被压低。在新古典经济学家那里,这一论点很自然地能获得支持,因为他们的理论,正是用实际工资衡量劳动的边际生产力。在边际生产力递减的前提下,只有通过实际工资率的下降,才能诱导雇主增加其就业名册。

货币工资率对于上涨或不正常上涨的商品价格的"滞后",被用来抵消工人们原本可以从更高水平的就业中获得的利得——因为如果工人们想干得多一些,实际工资率反而会被他们自己的竞价降低。那么,主要受益者是资本所有者,他们在工人们先前以更优越的实际工资辛苦劳动生产的原有业务量上,享受更高的毛利(markup)。如果"利润通货膨胀"存在积极作用的话,那么,应是储蓄的大量供应,它是由面向富人和节俭者的收入再分配产生的。凯恩斯认为,通货膨胀插曲是历史地与文化成就相联系的,因为这些文化成就将"免于经济忧虑"赋予了统治阶级。[17]

这些早期信念,尽管顽固地在当代经济史学家中流行,但它们作为关于当前实际工资与失业或实际工资与未预期通货膨胀之间关系的大众化偏见,仍然非常活跃。在发生通货膨胀的1965—1969年,联邦政府的某些机构发布数据,援引这样的解释,说尽管生产力增长了,但美国工厂的工人仍入不敷出。这种概念仍然在中央银行界非常普遍,在那里,利润通货膨胀理念早就发展和盛行了。[18]

我们必须探讨这样一种可能性,即穷人和黑人的实际工资收入,实际上因工资滞后于价格而蒙受失业下降的不利影响。是否穷人的相对利得只是相对于削弱后的中产阶级而言的?原则上,可能是穷人和黑人在他们的中等收入方面,相对于总体的中等收入的利得,以及伴随着失业水平的下降,穷人和黑人在收入份额方面的利得,隐藏了总实际工资份额的严重下降,这里,总实际工资是可供穷人和非穷人以及白人和非白人分配的总实际收入的一部分——也就是说,更集

---

[17] J. M. Keynes, *Treatise on Money*, Vol. II (London: Macmillan, 1934), p.154. 正如1.5节所提及的,尽管凯恩斯的逻辑推理不是古典的,但在他的《通论》中始终相信,就业与实际工资率之间存在反向关系。其他显著与该假设相联系的作者包括法国的Jacques Rueff和美国的Earl Hamilton。

[18] A. F. Brimmer, "Inflation and Income Distribution in the United States", before a conference, Input-Output 1969, Sponsored by the Pittsburgh Commerce Institute and Business Week, Pittsburgh, December 2, 1969. 然而,几乎Brimmer的所有数据,都与他用来支撑的结论不符。

中于白人和非穷人的资本的总收入份额的增加,超过了劳动收入份额的增加。

这一假设在这么长时间里获得如此多的认可,部分反映了常被注意的快速成长的通货膨胀,与深深植根于社会经济的难题之间的历史联系,这些难题,典型地对于机器和建筑物所有者以及人力资本所有者,一样困难。(关于这一点,下文有更多论述。)当然,现代经济理论绝不会引导我们预期,作为总需求政策产生的高就业的结果,劳动的份额会下降,或在任何程度上会显著下降。某些这类材料已经涉及,但对此再做一个简单的搜集,也不会有什么坏处。

在这一节,我们只考虑这样一种可能性,即失业率的下降,是宏观均衡失业率的变化,它对应于更高的实际和预期通货膨胀率。那么,有人不禁会问,自然率假设究竟出了什么问题,导致更快的通货膨胀率对失业率产生持续的影响。例如,如果机制是可以让某些工人获得一些技能和习惯,让他们更多地献身于商业企业部门的工作的话,那么,人们就会期望,那些工人在新的情况下,会享受比过去更高的实际工资。与这些劳动投入互补的其他投入,将享受一个增长的每单位报酬,也许是一个更高的份额,而那些替代性投入将发现其报酬被竞价压低。很难说,对劳动的总份额和平均实际工资会产生什么影响,而且其关切性也值得怀疑。

或者这样来解释,由于成员的数量不断扩大,工会不得不设置较低的实际工资率,以保证其成员的就业。接着,当制造业的实际工资可能会减少一点时(效率分析家会认为,这是有利的),工会部门以外工人的实际工资率可能会提高,并且,由于工人从低工资就业向高工资就业运动,其平均实际工资也会提高。

作为最后一个例子,或者采取如下反对自然率假设的观点,该观点的依据是,当价格和工资显著上升时,据说人们没有能力做出相关对数形式的无偏估计。那么,增加的就业就像是工作的供给增长(对闲暇的需求下降)及其对实际工资和工资份额的影响。甚至劳动供给的重要增加,也可能不会造成平均工资的任何差异。考虑一种柯布-道格拉斯型经济描述,在这里,劳动获得其边际产品或经济的一个固定份额。在这个世界里,2%的总就业增长,由于平均实际工资率下降0.5个百分点,导致实际工资收入只有1.5%的增加;在第一年,由于技术的进步,实际工资率可能因此不是上升2.5%,而是上升2%,然后,持续以2.5%的正常趋势比率增长。那么,平均实际工资的损失,大致相当于一个工人在进入技术进步的经济之后两个月走上工作岗位的所得。如果我们能够将生产力较低的边际工人整体区分出来的话,0.5个百分点这样的数字可能会下降。此外,如果资本和劳动在总量中不再像柯布-道格拉斯模型所描述的那样具有替代性,那么,它也可能会增加。

在考虑作为非均衡现象的失业下降的另一种解释,以及最后考察某些数据之前，我们应该补充的是，使就业达到和随后维持在一个更高的水平，会立刻提高投资的利润率和社会报酬率。因此，除非政府逆趋势行事，否则就业增长可能会引起更大比例的资本增长率。[19] 不仅存在来自于早先较低的就业水平下最初收入途径的储蓄，如今还要加上来自于额外就业——直到达到有效就业水平那一点——的额外实际收入的储蓄。当然，对应于常数失业率——或对应于任一参考失业率或"潜在产出能力"标志点——的经济增长率立刻变得更高，因而只是逐渐退回到由人口扩张和随资本深化进展的技术进步给定的自然增长率。在这一过程中，正常的资本实际回报率将最终倾向于得到恢复，平均实际工资看来将倾向于逐渐由不景气恢复到其原有水平。

利润通货膨胀假设的完整讨论，要求我们承认一个至少由某些支持者提出的隐含假设，即失业下降以及宣称的相伴随的平均工资相对于价格水平的滞后，这二者（至少在某个重要程度上）都可归因于未预期特征的通货膨胀。因此，我们在未预期通货膨胀的标题下，进行工资滞后假设的讨论。在那一讨论的最后，我们会检验一些与实际工资滞后假说相关的当代美国的数据。

5.3.4 再论利润通货膨胀假设：不均衡情形

早期利润通货膨胀假设的可信性，严重（如果不是完全的话）依赖于这样一个假设，即失业下降到通货膨胀水平，是一个与超额实际超预期通货膨胀相联系的不均衡现象，就好像可以通过自然率假设预测一样。然而，现代不均衡失业理论，已从利润通货膨胀论证之下，剔除了那一基础。

根据现代不均衡理论，为了成功提高就业水平，总需求（增加）并不必要减小实际工资率。确实，如果代表性家庭拥有关于变换了的总体情况的更宽泛的信息，特别是处于类似情形的家庭的信息，那么，总需求的异常增长，将导致代表性家庭以接受较低的实际工资作为条件，以便承诺比它原本可能的需求有一个增加的量。但是，产品的销售者也在同一条船上：如果代表性厂商获得总体情况转变的更好信息，特别是获得其最相近的竞争者的类似经验的信息，那么，总需求的不正常力量，将导致代表性厂商以比它原本可能设置的较少一些的毛利润提供其产品。因此，完全可能的是，当未预期通货膨胀发生并保持就业水平时，实际工资率可能倾向于在趋势之上平衡。

也许，"自然假设"是，平均实际工资在整个经济周期，仅仅按劳动的平均产品的固定比例——例如，按每个私人就业人-时的总私人产品——变化。当生产增加时，随着产出和就业水平因为相比较而言较低生产力的工人和机器被引入

---

[19] R. Eisner, *Three Lectures on Investment and Growth* (Athens: Institute of Economic Research, 1967).

使用而增加,这两者可能被预期会有所下降。标准集束工人的平均实际工资,按照不可改变的属性,如年龄、性别等,预期不会因此而下降,如果完全闲置的机器被发现配备了额外的工人,也不会产生"标准化"的人-时产出的下降。如果相对于劳动力而言,机器更倾向于被充分使用,"标准化劳动时间的平均产出"也许会下降。但是,如果一定量的人-时像一定的机器和建筑物一样,是生产某种东西所必要的分摊费用——因为要承担信息性的和具有企业精神的任务,标准化劳动的边际产品不一定比平均产品少(在相关范围内,尽管边际报酬递减贯穿始终)——那么,当就业增加时,每标准化人-时的产出就没有必要下降,甚至有可能增加。[20] 如果每人-时产出是常数,甚或是增加的(作为就业的函数),那么,支付给标准化工人束的实际工资将被假设为倾向于这样的水平,即独立于就业率,或也许是就业率的一个增函数。

与现代理论一致的可能性范围就讨论到这。对与该问题有关的某些当代数据的随意调查,不论对于利润-通货膨胀假设,还是对于工资落后于价格的滞后假设,都没有显示出有任何支持。在美国最近的两次通货膨胀插曲的扩张阶段,雇主不得不给标准化的工人群体支付突然变高的货币工资,其相对于当前生活成本衡量的实际价值,也显著高于实际工资率增长的趋势。同样,总产品中劳动的相对份额,也达到了商业周期的高位。实际工资率和劳动份额的这种促进周期的行为,是否倾向于在延长的非均衡状态(稳态)持续,这个问题已经超出了这些随意调查能考虑的范围。当然,没有证据显示——抑或没有任何人曾一时梦想过——在更高就业的稳态,实际工资率会以相对于人均产出更快的速度增长;但是,如果就业被保持在其非均衡状态,那么,在欠缺的证据和效力不大的统计方法基础上,很难说,毛利润是否夺回了某些应归于资本份额的损失。

如果实际工资率水平和就业水平之间存在某种关系的话,利用自第一次世界大战以来积累的数据,存在着更系统深入研究这一关系的零星努力。这方面的早期研究,并不存在于现代计量经济学的荣耀中:它们把变化率与加速率搞混淆了,在消除变量趋势方面也失败了,还把水平之间的暂时关系错误地当做变化率之间的永久关系。然而,战后时期,或许是两次大战之间的时期(并不确定),更仔细的研究则非常令人信服地反对作为美国经济描述的工资-滞后假设。而一项对该国更长期历史数据的研究也发现,实际工资率具有恰巧与就业周期一

---

[20] 这里有需要进一步明确的观点。经济学家习惯于认为,"上升的产业供应曲线"不仅归因于每个企业内上升的成本,而且归因于额外生产的下降趋势,即保持某些高成本的边际厂商存活,否则,如果没有额外生产,这些厂商就已经超过了经济运营点。但是,当市场不完善时,总需求下降的结果,不再被论证为严格精确地落在边际厂商身上。同样的观点可应用于分权化多工厂厂商的边际工厂。

起达到峰值的趋势。[21]

　　至此,我们应该表达一个更复杂的论证,它也许推进达到这种主张,即当未预期通货膨胀使得就业高于其自然水平时,资本所有者以人力资本所有者的损失为代价而获益。人们承认,实际工资率并未被高于自然水平的就业压抑。但是,人们坚持认为,工人们牺牲额外闲暇的负效用,并没有得到完全补偿。作为这一论证的解读,我们可以采用这样的理论,因为工人们过高估计了他们储蓄的额外工资的一部分对于未来消费品的购买力,所以,工人们受欺骗,比他们原本在繁荣时期流行的实际工资率下的正常选择,工作了更长时间和从事了更多工作。考虑某种正常的价格趋势,隐含着他们指望对将来未预期的通货紧缩(从预期的通货膨胀到实际上的短缺)的某种补偿,来消除他们所相信的今天未预期通货膨胀对生活成本趋势的暂时影响。

表 5.4　劳动收入占国民生产总值的百分比

年　份	雇员的总补偿金 占 GNP 的百分比	非公司化企业收入 占 GNP 的百分比
1954	57.0	7.6
1955	56.4	7.6
1956	58.0	7.5
1957	58.0	7.4
1958	57.6	7.4
1959	57.7	7.3
1960	58.4	6.8
1961	58.2	6.8
1962	57.8	6.6
1963	57.7	6.4
1964	57.8	6.4
1965	57.5	6.2
1966	58.1	6.0
1967	58.9	5.9
1968	59.3	5.7

---

[21]　对过去文献的详细回顾和新的对美国和加拿大数据的计量经济分析,参见 R. G. Bodkin, "Real Wages and Cyclical Variations in Employment", *Canadian Journal of Economics*, January 1969。历史研究可参考 C. D. Long, "The Illusion of Wage Rigidity: Long and Short Cycles in Wages and Labor", *Review of Economics and Statistics*, May 1960。在这一关系中,也许可以提及这样一个历史论题,即开始于 16 世纪西班牙的"价格革命",帮助压低实际工资率,从而开创了一个经济更快速发展的时代,过去几年里,经济史学家对此提供了某种修订版本。

当然,不管随之而来的公共政策如何,如果每个家庭和每个厂商都能看透未来,看透政府所要做的,那么,每个家庭和每个公司都可以比其现在做得更好。如果追求一项智慧的政策,政府将不得不在许多领域非常辛苦地工作,以明确关于其意图的信息,对于任何个人和群体,为了其私人利益,以其他人的私人损失为代价,以及最有可能地以社会损失为代价,都不是任意的或歧视性的。问题是,家庭是否因隐含在高于自然水平就业的受控制的政策中的欺骗而蒙受了损失。

基本的回答是,资本所有者同样也会受骗。他们被引导,加速其具有使用者成本和固定运行时间特征的资本品及其持有的可耗竭资源的使用。如果资本和劳动在未预期通货膨胀中同等程度地易受影响——正如实际工资数据强烈提示的那样——只要利润通货膨胀的功能性份额问题受到关注,我们就简单地回归到资源闲置的宏观均衡水平的效率或无效率问题上。[22]

表 5.5 私人商业部门的实际工资和平均产品

年 份	私人商业部门标准化劳动投入的小时工资率	消费者价格指数(CPI)	标准化投入的"实际"小时工资率
1954	2.28	93.6	2.44
1955	2.38	93.3	2.55
1956	2.52	94.7	2.66
1957	2.66	98.0	2.71
1958	2.78	100.7	2.76
1959	2.91	101.5	2.87
1960	3.00	103.1	2.91
1961	3.07	104.2	2.95
1962	3.22	105.4	3.06
1963	3.32	106.7	3.11
1964	3.48	108.1	3.22
1965	3.65	109.9	3.32
1966	3.93	113.1	3.47
1967	4.18	116.3	3.59
1968	4.53	121.2	3.74

最后,存在需要简要考虑的公众反对问题。如果未预期通货膨胀和异常低失业的插曲,(特别地)对于穷人甚至赚取中等收入工资和薪水的人来说,是令

---

[22] 4.1.1 节以及(某种程度上下意识地)4.1.5 节,讨论的是考虑了劳动力参与率和资本利用跨期模型的效率。

人高兴的话,那么,他们为什么如此平凡地呼号经济痛苦呢?为什么大多数人并不表现出感觉更好呢?部分的回答是,大多数人确实感觉更好,且精神健康指标也是上升的。通常,高收入人群在通货膨胀和失业问题上对表达公众意见的媒体有最大的影响。处在舒适状态的人,当然会受到增加的劳动服务成本、对奢侈品的大范围竞价,以及通常要排队购买等的困扰。穷人和中等收入的人们,因为拥有一份很棒的工作或一个很好的升迁机会等,在他们小小的快乐中表现得更加沉寂。这个观察,恰好强化了这样的证据,即高就业赋予穷人相对利得。

然而,中心问题是,如果额外生产的最大或最好部分被用于政府支出,该支出相对于私人支出而言,不能带来任何额外福利的话,那么,一次繁荣,将并不会使人们倾向于像他们应该的那样感觉到繁荣和高兴。一场战争带来的使用2%的总资源,且对增加国家安全或者国民满意毫无帮助的繁荣,不可能引起狄更斯式的(Dickensian)好的喝彩。屡次地,大繁荣总是得到坏名声,更糟的是,在较量开始之前,参与竞争者越来越少。

5.3.5 通货膨胀性财富再分配的差别效应

到目前为止,我们一直讨论的是,来自未预期通货膨胀的利益,在人力资本和有形资本之间的再分配问题。毫无疑问,关于这个问题要说的有很多,但是,提出有形资本所有者可能以牺牲人力资本所有者为代价而获利这样一个严肃的疑问,也许就足够了。似乎并没有理由来假定,对通货膨胀预期不足,相对于资本而言,其作用不利于劳动。我们也没有发现任何证据,来支持目前在美国正是如此的看法。结果,考虑到这一点,没有理由相信,保持失业率低于自然水平的未预期通货膨胀,会消除或削弱失业率下降给黑人和穷人带来的显著的差别利得。因此,失业率下降带来的穷人(税前)实际收入份额的改善,并没有表现出,相对于资本所得份额而言,更大比例地减少了赚取中等和上等收入工资和薪水的人们所得的份额。

另一种再分配是在两类财富所有者之间进行的:一类是主要以资本或对资本的权益要求的形式持有财富的人;而另一类是以其本金的名义价值固定(如果有的话,其名义利息支付事先固定——如货币、储蓄存款、债券等)的"货币资产"形式持有他们大部分的财富,扣除同一个人的那些"货币负债"的人。当存在未预期通货膨胀时,后一种资产会遭受其实际市场价值下降的损失。因此,考虑到这一点,由于未预期通货膨胀,债权人蒙受损失,而债务人获益。这种现象的多维性,使得货币经济学家们长期以来一直对此着迷。这里的讨论,大部分限定在与穷人和黑人在这些财富的实际价值再分配中有利害关系的方面。

也许首先会想到,穷人在这些再分配中,很难有这样或那样的很大的利害关系。事实上,这并不是遥不可及的事情。他们的工资和转移支付是其主要收入来源。然而,穷人的确有某些货币资产和债务。某一剂量的未预期通货膨胀,在这些持有物是长期的意义上,可以对其实际价值具有放大效应,因而会对其未来的消费可能性有所贡献。这是因为,在实际通货膨胀超过预期通货膨胀期间,如果对未来通货膨胀率的预期具有第2章假定的适应性特征,那么,不管这一期间如何有限,必然会使得在这一期间的末尾(在其他情况相同的条件下)的预期通货膨胀率,高于期间开始时的预期通货膨胀率。其结果,在零未预期通货膨胀处均衡的恢复[23]——根据自然率假设,不管这是否包含失业恢复到与过去同样的水平——可能意味着,实际通货膨胀率当然必须相应变得更高。结果是,这些长期资产的购买力将不断地在未来被侵蚀。如果这些资产的出售是为了购买新的资产,那么,就会产生一个等价的结论。如果从预期实际利率的任一变化进行抽象——这一变化归因于(暂时或永久地)改变了的失业率以及这种改变的原因,当然,这些只是很少有实际影响的理论上的变化——那么,在这一期间的末尾,货币利率必然高出一个预期通货膨胀率的增长量(相对于它们除此以外所有可能的数量而言)。因此,以未预期通货膨胀结束时的生活成本衡量,这些资产必须按更大的折扣出售。[24] 所以,按这些方式观察,在某人持有的货币资产是长期资产的程度上,一个小的有限剂量的未预期通货膨胀,可以对一个人剩余的生命期间的消费可能性的实际价值的贴现,产生放大的影响。

人们反复说到,通货膨胀是一个对穷人"最残酷"的任意"税"。这在某种程度上是对"税"这个术语的不寻常使用。在第6章,我将在通货膨胀预期抑制消费者支出的意义上,把它比作一种税。因此,它起一种作用,即也许替代政府通常征收的正常税。但是,在价格的实际上升超过预期的意义上,它的确像是一种税,甚至是更大限制性的税。

即使未预期通货膨胀被适当地称为是完整意义上的税,也很难说清楚为什么要诅咒它。也就是根据这一点,赋税成为政府借贷和征收的一种可接受的选择。税并不是对外国势力不情愿做出的纳贡。按照同样的方法,一场意外的通货膨胀减弱固定货币财产的实际值或者其购买力,这与这些财产令人遗憾地借贷给如今价值降低的外国人并不相似。由美国人所掌握的这些财产总体上来说是美国人的债务。因此最主要的,意外通货膨胀只不过是使得净持有货币资产

---

[23] 或者恢复到任何特定的随后未预期通货膨胀量的路径。

[24] 出于在正常情况下分析的目的,我们可以把所有这一期间的未预期通货膨胀指向这一年(以资产价值炒股来反映),而不是每一未来时期,保持每一过去时期预期的记忆库。

减去货币负债为正的人,向净持有货币资产为负的人再分配净财富,即由债权人向债务人再分配净财富。

尽管如此,从数据来看我们会发现,几乎所有团体都设法在拥有这些固定货币资产时有一个明确的位置。当然使这成为可能的最重要的因素是积极的政府债务的存在,它几乎在政府的每一个层面,尤其是在联邦政府层面。联邦债务大体上由公众持有和联邦储备银行(Federal Reserve Bank)持有政府有息债券的形式组成。后者是"货币的外向型量"(outside quantity of money),它被转换成联邦储备系统的商业银行的存款(它们对于非银行界而言不是钱),以及流通中的货币(它们大多数是钱);其实质是它等于政府被中央银行货币化的债务部分,这使得它等于并没有被归并为未偿付的钱的总和,因此与私人商业银行债务并不匹配。影响业主所净持有的固定货币资产的另一因素则是可用数据的缺失,使得我们无法从各种个人持有的普通股的公司减去其持有的负债。

现在,让我们在预先不做任何假设和说明的情况下,考虑这样一个问题,即相对于穷人和黑人各自的资本净值而言,他们是不是这些货币性资产的庞大的持有者。对那些经济学家已经熟悉十年以上的美国基本数据的研究都表明,由于该原因,容易受到意外的通货膨胀损害的不是穷人,而是成功人士。最低收入阶层的家庭总是显示了这样的特点,即相对于净资产而言,他们所持有的这些固定的货币性资产的净值是最小限度的。最主要的解释是因为穷人们总是会有债务,而高收入群体基本不会负债。[25] 低收入人群在一年内负债的原因,也许部分是因为,他们觉得他们的低收入是临时性的,如果他们相信自己会永远保持目前的收入水平,那么他们借贷的数额会远高于他们将会赚到的。然而,一贯贫穷的人们在一辈子中总是靠借贷来购买耐用品的方法是可行的。他们中的一些人通过这样的计算来做选择,即是立即用现金购买耐用品提前享受,还是通过投资在储蓄账户里或其他方式直到总额够了再购买。计算的结果是借贷胜过等待。这样的计算不可能是那些有着大量财富,能获得很高的资产投资回报的人做的。

---

[25] 见 G. L. Bach and A. Ando, "The Redistributional Effects of Inflation", *Review of Economics and Statistics*, February 1957, and J. C. Conard, "The Causes and Consequences of Inflation", in the Commission on Money and Credit volume, *Inflation, Growth and Employment*(Englewood Cliffs, N. J.:Prentice-Hall, 1964)。我认为这些根据1958年的家庭数据写出来的论文成为 R. W. Goldsmith and R. Lipsey, *Studies in the National Balance Sheet*(New York: National Bureau of Economic Research, 1961)的最详细的来源。

表 5.6　扣除负债之后,不同家庭收入阶层持有的名义
固定价值货币资产占家庭净财富的百分数

收入 (美元)	净货币资产[a] (%)	实际资产[a] (%)	实际资产占 总资产的百分比[a](%)
0—999	8	92	88
1 000—2 999	15	85	87
3 000—4 999	13	87	84
5 000—7 499	15	85	88
7 500 or more	15	85	95

a. 来自于 A. Ando and G. L. Bach,"通货膨胀的再分配影响",也可以见 J. Conard,"通货膨胀的起因和后果"。

仍存在一些争论的另一个可能的原因就是,那些高收入人群用于投资组合的一大部分钱是一种"奢侈的商品"。当然,同只能持有没有回报的货币的穷人和中等收入的群体相比,投资组合的收获能够更好地承担机会成本,尽管他们也承受得起高回报的股权投资的风险。也许就是因为这样,便利的收益或流动价值是不用纳税的,这样就有了一个使自己持有的货币更加具有优势和便利性的强烈动机,该动机对高收入群体的刺激比对穷人和中等收入群体的刺激要强烈。最近的来自于消费者们的金融特征的恰当证据支持这样的论点,即流动性资产需求的可支配收入弹性远大于 1。[26]

在对穷人的相对"弱点",即他们会因为非预期通货膨胀而遭受实际市场价值损失的研究中,人们会这样考虑:穷人的非人力资本净值和他们生活必需以外的消费支出(以及来自于社会的各种援助的收入)之间的相关性是非常小的。一个原因是,非穷人的相当大数额的非人力资本形式的遗产,另一个原因是,低收入的人可以指望得到一个比较大的来自于公众的转移支付,当然这是相对于他的收入而言,该支付会从退休开始直至死亡,因此他需要的储蓄相对较少。如果我们关注这些低收入人群实际资本相对于他们的总收入而言的损失的话,就应当赋予这些特征以恰当的权重。一项最近对穷人对非预期通货膨胀的脆弱性的研究核查了官方公布的贫困线以下的中等家庭的财务数据,既有针对所有年龄段的,也有单独针对老年人的。根据这些估计,5% 的非预期通货膨胀会给中等的有小孩的贫困家庭带来占年收入 0.17% 的实际资本损失,而有老年人的

---

[26] 见衰退导致和涉及的早期的 J. Crockett 和 I. Friend 的作品《投资行为的决定因素》中的"消费者投资行为"(New York: Columbia University Press, for the National Bureau of Economic Research, 1967),尤其是第 50—52 页。在使用了美联储资金调查小组在 1962 年的家庭数据后,这些作者公布税后所得弹性为 1.57 和 1.07,同以前调查的数字相比,这两个数据都有很大的缩水。

中等贫穷家庭的数值则为0.25%（见表5.7）。[27]相对于其收入,非穷人要经受更大的资本损失。

表5.7 1961年收入在贫困线以下（以及净财富低于50 000美元）家庭的各类资产的价值

（单位:美元）

	中等价值			平均价值		
	没有老年人	有老年人	总的	非老年人的	老年人的	总的
净财富	1 823	5 121	2 434	5 539	6 418	5 845
固定价值资产	790	607	743	2 932	2 224	2 686
非固定价值资产	317	2 384	611	3 516	4 570	3 883
固定价值权益	58	17	23	910	376	724
易受通货膨胀损害的总额	366	501	422	2 023	1 849	1 962
收入	1 336	1 059	1 164	1 660	1 149	1 482

资料来源:R. G. Hollister and J. L. Palmer,"通货膨胀对穷人的冲击",贫困研究机构,威斯康星大学,1969年4月,第42页,表格12。

这些数据是否使这样的结论显得合理呢,即就非人力资本财产而言,非穷人是相对的输家。有两个限定条件是很重要的。将非穷人作为一个团体,将他们所持有的公司债券形式的资产作为其暴露在通货膨胀面前的弱点,是不太有意义的。因为正是这些非穷人家庭拥有这些负债公司的普通股。在计算一个家庭的真实的货币净资产时,如果该家庭拥有一家公司的股份,那么应当按其持股的比例将该公司的负债和该家庭的货币负债(如果有的话)汇总。于是非穷人在净货币资产上比穷人要糟的状况,就更加不清楚了。

为获得穷人真实、相对的净货币头寸,我们也可以将商业部门(其他私人非银行货币机构)与企业业务部门合并。我们是在这样的假定上做这件事的,即几乎所有的银行股份,与公司企业股份一样,都是由非穷人持有的。然后我们不将(那些持有公司股份的)非穷人家庭的货币负债,即构成公司欠银行的那部分债务并入到其家庭的货币负债中——只有家庭承担的公司债务才应并入到其家庭的货币负债中去。而且我们将负债都加到银行里的属于所有家庭的存款里面去——不是那些公司业务存款。当我们采取后面的步骤时,我们发现非穷人货币的流动性明显比我们从早先数据中推导得出的结论要小得多,很多控股的资金变成了他们自己的债务,而银行成了债主。

为理清这些多样的内容的头绪,标准的概念基础一开始就主张,企业、银行

---

[27] Hollister and Palmer,"通货膨胀的冲击",第42页。见本书表5.7。可能被提及的限定条件即未来货币资产的实际价值的下降是就他们的长期等待而言的。但是对穷人而言他们是不会持有债券的。其实,他们的货币债务可能是长期的。因此这些计算可能掩盖了一定的收益。

和其他为非穷人所拥有的资金中介不要将净货币资产和私人部门加总到一起。㉘ 这些总价值和公众持有的联邦、州与地方性政府债务的一部分以及美联储间接持有的及货币化的债务的一部分,是相等的。为了确认穷人以净货币资产形式表现的资本净值的份额是否大于非穷人的,我们只需要将过去的份额和私人总资本净值中的净货币总资产进行比较就行了。

以前的数字表明,穷人货币性资产的中值,减去穷人货币性负债的中值,数额为 422 美元,即约为穷人净资产中值 2 434 美元的 17%(对于获得相符的穷人中的中等收入者的资产负债表,这是很有用的,但也许这 17% 的数字差别不大,它已经比 20 世纪 50 年代调查的预期要高很多了)。非常明显,该百分率同粗略估计的净货币总资产占私人总资本净值的百分率几乎没有差别。如果我们将公众直接或间接通过美联储控股方式持有的联邦债务同州和地方的政府债务(大约为 1 300 亿美元)划分开来,通过对 2.5 万亿美元私人资产净值做一个粗略的估计,就能得到 17% 这一数据。

人们可能会对这种隐含的假设产生异议,即公司股票(股份几乎为非穷人所占有)的价格会在一段非预期通货膨胀时期内保持一定的价格水平。股价的这种表现,仅仅是个长期趋势,其原因是相当复杂的这一点毋庸置疑。此外,数据本身肯定也是不稳定的,就像其来源的多样性一样。尽管如此,我们所了解到的信息有理由让我们怀疑,穷人的净资产相对于非穷人的净资产而言,对通货膨胀更敏感。同上面提到的非穷人相比,人力净资产对穷人而言是相对不重要的收入来源,而其使穷人的相对地位因为非预期通货膨胀的原因得到改善。

尽管如此,问题依然存在(或者焦虑不停地涌现)。可能是穷人相对的实际收入中来自政府预定转移支付的那一部分,由于非预期通货膨胀产生了一定的损失。这就是下一节(最后一节)的主题。

5.3.6 对穷人的真实转移支付

有这样一些迹象,即如果真的有必要,议员们会考虑实质上的货币转移。㉙ 但是,因为家庭和公司太多,他们经常在不完全的信息前提下操作。如同自然率

㉘ 这并不意味着这些金融机构的产物不会通过一种或两种方法使经济效率降低,通过提升资本货物部门的资源配置和加强投资组合的多样化,所有者的财富会因此有盈余。对那些获准或一开始就抓住经营私人银行机会的人来说,有一个以资本收益形式获益相当的收益,即银行股份的市场价值可能比其所拥有建筑物和资本设备的价值加在一起还要大得多,因为某些或所有银行都享受了政府赋予它们的或多或少的垄断地位。但这并不意味着银行股就能被当做货币资产而不是其本质上的"实际"资产(就像公司股)随价格水平上下波动。细致的分析需要对非预期通货膨胀环境下的金融事件进行详细的讨论。

㉙ N.W. Swan, *Inflation and the Distribution of Income*, doctoral dissertation, University of Pennsylvania, 1969.

假设的预测一样,当失业率随着非预期的通货膨胀的程度加强而下降时,立法委员们在确定给予穷人们的转移支付的金额时,不可能将非预期通货膨胀考虑进去。因此可以这样说,非预期通货膨胀减少了之前所确定的对穷人的转移支付的实际价值。如果货币转移金额每年确定一次,且如果每年的通货膨胀率持续保持在预期的通货膨胀百分点之下,那么每年的货币转移的实际价值会一直比议员们所预期的和他们大多数同意的价值少1%。

若对转移项目的定期审查不是很频繁,或者仅仅在听到对原来计划金额的批评之声时才进行检查,那么原先的货币转移的实际价值将会以一个不断增长的速率下降,因为如果预期通货膨胀总是落后于实际通货膨胀率一个大致不变的距离,但是其增长却只能适应低于每年预期的实际通货膨胀率的水平,那么实际通货膨胀率将在一段时间内不停上升。

已经建立起来的各种转移项目所使用的金额一直对议员们是开放的,以供他们每年进行审查。每年的这种审查的代价是议员们做决策时所占用的时间,以及该决策引起的项目受益者的不确定性。社保项目每2—3年就要被议会修改一次。在最近几年中,1965年、1968年以及1970年各修改过一次。1965—1969年间持续几年的非预期通货膨胀没能防止该社保项目实际转移支付的实际价值的上升。然而,每年转移的实际价值可能会少于原来的预算。㉚

无论如何,这是不可避免的,即任何由议员们造成的损失是再也无法挽回了。议员们不仅可以在觉得他们先前的预测太低的时候行使他们的权力以预期高的通货膨胀,还能弥补先前没有预料到的实际收入的损失(这是对于幸存的受益者而言的)。不管怎样,这项应对是最实际和最可能的,即议员们例行公事地计划在将来频繁地审查转移项目,这样对过去损失赔偿的决定就暗示着将来的过度赔偿不会再增长了。不曾预料到的来自于微小的或未被察觉的低于预期的实际损失是没有价值的,但小的实际损失引起的关注自然就小。

我们已经站在支出方一边评论过非预期通货膨胀可能的影响了。当然也包括站在接受方那一边。超过预期的通货膨胀率的增长会带来纳税额的无法预料的上升,随之而来的甚至还有对实际产出和就业的影响。

很难说穷人的完税总额中有多少份额会受到非预期通货膨胀的影响。我们没有一个一致的总体上的累进税结构。由于对国家的回馈和地方税,穷人承担了总税收中很高的份额。但也许是因为相对于非穷人而言穷人的边际税率更接近于他们的平均税率,于是,在非预期通货膨胀的影响下,穷人所付税

㉚ 国会内部将社保利益同消费者物价指数挂钩的要求获得的支持越来越多,这可能会被作为内部掠夺的一些证据。

的份额只减少了很小的一部分。由于允许的折旧提成的实际价值的减少,非预期通货膨胀情况下,由于议员们未能执行公司利得税,非穷人的完税份额也增长了。

刚刚指出的那些因素说明了,非预期通货膨胀带来了远高于其比例的非预期的税收收入的增长,于是收集的税收的实际价值得到了提高,随之而来的甚至还有产出和实际收入的提高。这些实际收入的提升也许会给穷人们带来暂时的利益。然而,在实际收入基础上的税率的上升并不能对政府支出和转移支付产生持久的影响。尽管如此,还是有一些很小的持续的间接影响存在。实际收入增加的结果是综合公共部门预算赤字有非预期的减少(或者是预算盈余有非预期的增加)。这些政府债务的延迟(甚至是减少)减少了必须在未来支付政府债务的利息所需的未来税收收入的实际数量。此外,非预期通货膨胀还使得政府未解决的债务的实际价值有一个立即的下降。作为这两个因素的结果,议员将做出这样的估计,即税率被减少,转移支付被增加——没有任何潜藏在公共物品和补贴项目上的支出变化——或者维持现有的实际税收和转移支付,由于上述因素而增加的和不受限制的部分资金就能用来支持新的支出项目。对穷人而言不管是分期付款还是一次性付款,也许会有一些获得不成比例的收益的轻微倾向。

最后,我们讨论一下失业下降本身的税收和转移影响。请注意,当假定失业率的下降也许没有被议员们预料到时,我们可以假设它们能很快被调整到新的水平(或调整到其最适当的财政影响)。当我们讨论与实现配置效率相一致的失业下降时,假定生产和实际可征税收入因此而上升是合理的。税收体系的净累进性,可能以比实际收入更大的比例提升政府的税收收入,因而首先会存在一个公共部门可用资源相对份额的增加。只要它是可持续的,那么,这一移动的分配结果可能会有利于穷人。事实可能是这样的,1969 年对老年人的社会保障转移支付,特别是对老年穷人的社会保障转移支付,由于 1969 年未预期通货膨胀率的增加,当支付在 1968 年改变时,尽管这些转移支付按实际值计算比议会所倾向于支付的数额要少,但却比在这期间就业和产出处于正常水平时相对应的转移支付要多。

然而,最终我们可以预期,税收收入会回到国民收入的某个正常份额。与产出的增长比例相同的实际税收收入的增长对转移支付给穷人的实际费用会产生一个增加,在实际税收和实际产出实现均衡的条件下,其本身大致趋向于增加对穷人的实际转移。但是有利于穷人的失业率的下降所导致的分配偏见产生了一个"替代影响",即由于失业率的下降,穷人现在与非穷人相比要"较富裕"一些(在税前转移的基础上),维持惯常水平上的占国民收入一定比例的对穷人再分配转移的数额的动机现在就要弱一些了。但削减了的转移不会大到穷人从失业率下降中获得的再转移的相对收益会失去效用的程度。

我的结论是,失业率下降和随之而来的非预期通货膨胀,对穷人实际收到的转移支付,不能够被完全预测到,或者说,相对应地,也没有足够重大的理由怀疑,穷人作为一个群体,是失业率下降的相对受益者。

第6章 预期通货膨胀的效率效应与分配效应

第4章和第5章讨论了在预期通货膨胀率"保持不变"的情况下,真实通货膨胀发生变化所产生的分配和效率后果。本章则主要分析当预期通货膨胀率与真实通货膨胀率发生等量变化时的效率和分配结果。我们会详细地研究两种通货膨胀率完全相等时的均衡情形。现在我们已经知道,政府通过实施干预,宣布其预测情况或是其他类似的手段可以使预期通货膨胀率出现变化。除此之外,当均衡通货膨胀率变动时,预期通货膨胀率也会随之发生变化。这种情形我们可以用第4章和第5章中讨论过的非均衡移动来表示。由于前面我们已经涉及了非均衡状态,因此这一章我们仅仅对不同均衡通货膨胀率作"比较静态"分析。

比较静态分析法在研究预期通货膨胀的经济学文献中被广泛应用。如果当前的通货膨胀率与预期的通货膨胀率相同,或者当前的通货膨胀率就是当初签订的货币合约(不论合约是何时签订的,只要它当前仍有效)所预期的通货膨胀率,那么我们就说这个通货膨胀率是预期到的通货膨胀率,有时也称之为"完全预期到的"(fully anticipated)通货膨胀率。某一年的通货膨胀可能在当年被预期到了,却没能在更早时被预期到。因此,均衡通货膨胀率的一个未预期到的增幅(正如我们将用比较静态法分析的情形那样),将会使未来的价格出现波动,而这种波动也未能被人们预期到。前面我们已经分析过诸如债权人和债务人所经历的同样未能预期到的损失和收益所产生的再分配后果。这里我们所关注的再分配问题就只限于那些与预期通货膨胀率有关的各方面。(我们还必须考虑均衡变动时的资产价值变化,但其变动原因有所不同。)

下面各节将讨论均衡通货膨胀率的配置效率效应。6.1 节和 6.2 节分析在"货币-效率"是唯一相关因素的假定下,货币对交换效率的作用是如何受通货膨胀影响的。6.3 节则从一个更为一般和现实的观点出发,全面地讨论交换中的货币-财政效率。均衡通货膨胀率的分配效应将在 6.4 节展开。6.5 节则研究一些其他的实际问题,如货币的计量单位功能,以及当人们不相信"零通货膨胀"时,政府的稳定性目标的可信度问题。

6.1 纯货币理论和银行业的基本知识

众所周知,货币在我们的社会中主要有四大功能:作为交易媒介、记账单位、价值储藏手段,以及焦虑之源(a source of anxiety)。① 货币的后面三个功能均是从其第一个功能中演化出来的。不论怎么说,货币就是作为交易的主要媒介。虽然这些都为大家所熟知,但是简要的回顾将更有利于打好基础。

对于作为主要交易媒介的货币,与失业理论一样,其理论是由于商品和要素服务的买卖双方在进行交换的过程中存在摩擦而发展起来的。基本上,信息的不完全性,以及为确保我们每个人能让其他人有能力或愿意遵守各自的信用责任的保证,是导致这些摩擦产生的原因。对未来的不确定性,以及潜在借款人和他们所要购买的资产所存在的巨大差异限制了每个借款人所能获得的信贷额(以其偿还能力来衡量)。因此,大家使用某种形式的货币来"保证人们是诚实的",即人们手中持有部分现金,能实现一定的购买,这部分购买不能以记账形式来进行,这在经济上是合理的。如此一来,不仅交易机会增加了,市场的不完全性也减弱了。当然,这种(有数量限制的)交易媒介的存在并不能消除人们的信用扩张,特别是对那些信用度高的借款人来说,它实际上还会鼓励有为的信用扩张。

但是,不难想象,随着惯例的发展进步,一些个体借款人持有的某些证券(信用工具)慢慢地可以按预计的未来市场价值非常容易地与商品兑换,以至于这些私人债券无异于货币。但是长期以来,放任自由的私人货币创造制度无法

---

① 我所说的第四大功能有诙谐之意,它与教科书一样界定得并不清晰,可以使人想到很多东西。一方面,因"货币的不稳定性"或者说因它的风险所引起的普遍的不安和兴奋,可能的确会是过度社会压力的一个比较有用的发泄渠道,或者,更多的可能是对良好的社会责任的一种反向偏离;另一方面,一个经济学者真正所指的是,人们对货币安全及保护其安全所需成本的担忧。

"自我约束",至少是无法令人满意地自我约束这一观点为大家广泛接受。真正得到发展的基本上是一种法定货币制度(a system of fiat money),法定货币(legal tender)是由政府制定的。与之相匹配的是一种受限制的私人创造货币的制度——保证私人货币可以按票面价值与法定货币兑换,兑换数量受到中央银行,即联邦储备的限制。(在美国)有几家信用机构,如旅行支票发行公司和信用卡公司的证券已经作为支付手段为大家认可,其发行数量不受政府的控制。但是这种私人货币的交易市场仍受到大量的管制,这也使得尽管这些机构的货币并不完美,但它们的可信度似乎没有显著减弱;而且通过它们,中央银行能够影响家庭和企业的商品需求(即货币供给)。

虽然私人证券(和政府债券)都是近似货币(near money),但它们与货币的近似程度不尽相同。货币具有充分的流动性,1美元的货币可以买到货币价值为1美元的商品。而近似货币——定期存款(time deposits)、一些商业债券和政府债券不具有充分的流动性,同样是价值1美元的这些货币一般无法买到货币价值为1美元的商品。这是因为这些资产各自的专有特征使得它们在与货币兑换或是相互兑换的过程中会产生交易成本。在特定的价格下寻求一个买主存在风险,若是一个内行人愿意承担这种风险,他自然会收取一定的佣金。同理,只有当这些近似货币资产的预期货币收益高于持有货币所能获得的收益,从而足够弥补流动性损失时,它们才会被人们购买和持有。类似的解释也适用于各种形式的资本要求权*(如股票和其他资本形式),它们的流动性更低。给定它们各自的货币收益(money returns)之间的差距不变,如果依惯例,货币是唯一的支付手段,那么人们对持有货币的需求或者货币的流通速度最终将取决于这些交易成本的大小。

作为交换最为频繁的物品,法定货币成为计量单位也是理所当然的事。单位货币的商品价值一般比使用非货币商品来衡量的其他商品的价值更明确。通常,相对于以某种作为基准(as a numeraire)的特定商品表示的一般商品的"价格水平","货币价格水平"能更准确地被人们估算出来。

最后,法定货币和其他可按面值与之兑换的货币都可以作为价值储藏的手段。但是用法定货币和其他货币表示财富不一定会增加经济中家庭拥有的私人财富的真实价值。对于有息的公债而言情况亦是如此。货币供给的实际价值可能部分是由政府持有的营利性资产支持的,因此,政府的净负债要小于它所发行

---

* capital claims,claim 的本意是声称东西为自己所有,经济学中常称之为索取权,如 surplus claims 为剩余索取权。本书中我们也遵循这一译法,如后文中出现的 wealth claims,我们也译作财富索取权。——译者注

的有效法定货币和为公众所持有的其有息债券的实际价值。说得更具体点,政府的一些资产会赚取由公众支付的损耗费(不包括运行成本在内)或是收取由私人部门支付的租金,因此在计算政府的净负债时,我们要把这些资产从由法定货币和公众持有的公债所构成的私人财富的增量中扣除掉。令人欣慰的是,私人财富从政府通过债券和法定货币创造对其的净贡献中将会获得收益这一问题,在很大程度上与最优预期通货膨胀问题不相关。但是,在价值储藏功能上,货币与其他资产相比能具有多大的比较优势仍值得进一步关注。

作为基础知识铺垫,从狭义或传统的意义上来讲,上面对货币理论的介绍已经足矣。我们需要进一步说明的是,在美国这个国家里(其他大多数国家也一样),货币同时还与银行信贷业和金融中介的理论密切相关。在美国,商业银行是按部分准备金制度运作的,在该制度中,商业银行发挥的是金融中介的作用。商业银行创造出来的货币净额相当于私人商业银行家进行的贷款和投资。人们广泛认同,把部分基金交给商业银行这样的信贷专家和风险分散机构打理有助于提高金融配置的效率。

下面我们还需定义一些概念。三种法定货币——政府持有的纸币、硬币和联邦储备体系中的存款共同构成外部货币(outside money)总额。它们之所以是"外部的",是因为它们对经济中的私人部门而言是一个外生数据。中央银行里的存款不是公众的钱,因为它们不为公众直接持有。这些存款的主人是商业银行,它们是商业银行里活期存款(demand deposits)的数量基础,活期存款数量比它们大出数倍,其倍数是由部分准备金率决定的。* 依照相对标准的做法,我们将货币总量定义为公众所持有的这些活期存款和他们手中的硬币及纸币是比较妥当的。货币总量中超出上面提到的外部货币数量的那一部分就是所谓的内部货币(inside money)。其数量是商业银行的贷款和投资总额,不包括商业银行从事与银行定期存款业务相关的其他贷款和投资。

至此,我们一直都在讨论纯货币理论的基础知识,或者说得更确切些,是某些货币的纯理论。纯国际贸易理论使我们相信展开一定的贸易要优于完全封闭状态。与此类似,经济中有一定数量的货币或流动性作为润滑剂来克服经济这部机器中存在的不完全信息和不确定性也是合理的。但是到底需要多大的流动性呢?问得更具体点,均衡通货膨胀率或预期通货膨胀率的不同选择会怎样影响货币对经济效率的作用呢?

为探讨这些问题,我首先假定征税和稳定措施的"社会边际成本"为零。该假设虽有助于分析但缺乏说服力,因此最终我会放弃它。放弃的理由及放弃后

---

* 这些存款就是商业银行存在中央银行里的法定准备金。——译者注

以上问题的答案将发生怎样的变化将是6.4节将要讨论的主要内容。

6.2 货币效率：交易媒介

　　这里我先不考虑问题中涉及的银行业因素，而是把这方面的分析放到6.3节。具体来说，我将假设内部货币的数量为零。如果你愿意，也可以这样设想：商业银行吸纳了活期存款，但是必须假定银行需要对这些存款持有百分之百的准备金，这样银行竞争所能赚到的利润就只能是它们对所提供的银行业服务收取的服务费。

　　在这种极端的背景下，假设创造货币以及将货币维持在一个给定的数量上的边际社会成本为零或是可以忽略不计是比较合理的。因为本节的重点是通货。在下一节，商业银行体系将被纳入分析中来，那么考虑增加经济的流动性所需的各种社会成本将具有重要意义。

　　为什么说预期通货膨胀率与宏观均衡中普遍存在的流动性大小的决定因素有关呢？与流动性相关的概念是货币数量的实际价值，按一定的方法使之名义化便能依照国家拥有的资本存量和人口的大小变化作出调整。如果货币的名义供给是给定的，我们仍应把该供给的实际价值视为宏观均衡中的一个"变量"（variable），对应一个特定的宏观均衡，它就有一个均衡值：这样任意给定的时间点上的价格"水平"必定就是那个能使货币供给的实际价值与用实际价值表示的货币需求数量相等的价格。反之，如果价格水平的变化路径固定不变，那么货币供给一定会调整到其实际价值与实际的货币需求数量相等的那个水平上。不论是哪种情形，宏观均衡都要求货币的实际数量总是与货币的实际需求量相等。因此，如果预期通货膨胀率会对宏观均衡中经济的流动性产生影响，那么它就是通过影响实际货币需求来实现的。

　　均衡通货膨胀率对实际货币需求量的主要影响是通过它对持有货币的机会成本的影响来生成的——如果人们想要进行的交易数量是像自然失业率假说所认为的那样，不会受到预期通货膨胀率的太大影响，这一论点就是正确的。给定持有货币的名义收入（如果有的话），预期通货膨胀率上升得越快，那么每个人都会认为持有任何数量的实际货币的机会成本越大。假设你现在持有货币并购买商品，若你认为那些相对更好的商品会在你找到它们之前被标上更高价格的可能性越大，那你想再购买一件较好的商品的机会成本也就越大。在这里所特指的均衡条件下，等待购买股票或债券的机会成本同样会随预期通货膨胀率的上升而增加：股票的价格通常会上涨，并且预期上涨率将与预期通货膨胀率的上升率相同；而债券的价格则会下降，直至其名义收益（包括此后至债券到期日所得的资本收益)如债券购买者所预期的那样有一个同比增加。这些机会成本的增加将导致实际货币需求量下降,流动性因此减小。②

事实上,当均衡通货膨胀率像这样上升时,如果货币持有者的货币收益能相应增加,那么持有货币的机会成本自然不会增加,但是,美国的法定货币是根本没有利息的,而且特别是对硬币和纸币而言,有充分的理由可证明制定这样的利息支付政策并不是一个好的经济政策。

有人可能会说,政府好像有剥削之嫌,因为它获取了铸币利差(seigniorage)——历史上,君主们和那些幸运的货币制造商能以零利率"借"钱,而普通借款人却必须支付利息,两种利率之差就是所谓的铸币利差(也称铸币税)。我们的政府无须为它的货币甚至是中央银行里的存款付息;它拥有印刷货币的垄断权,而且它将预期通货膨胀率维持在较低的水平上,使得商品货币(commodity money)或近似货币无法与之竞争。但是,有充分的理由说明,至少有一些类型的政府货币是不应付息的。比如,给硬币和纸币的持有者支付利息就很不切合实际。定期向地方政府部门申报现金持有量的制度所产生的成本,很可能会完全抵消由此提高的流动性所形成的经济收益。此外,不难想象,一个乐善好施的政府会把不支付利息(或支付很低的利息)合情合理地看做在征收一种无可非议的使用税,因为它相信紧缺的税收还有更多的用武之地。

根据上面的分析,我们可以得出这样的论点:预期通货膨胀率越小,流动性越大。至少在一定程度上,这个观点是正确的。现在我们要问的是,有没有一个理想的流动性,如果有,要想在宏观均衡条件下实现这一理想值,预期通货膨胀率必须是正还是负,是大还是小呢?

为了使这些问题的答案切实有意义,我们只能从所讨论的经济结构的某个合理但特定的概念着手,尤其是在相关的方面更应如此。我将粗略勾画出几种极其简单的货币经济类型,这样做一方面是为了清楚地解释问题,另一方面是为后面几节中更为复杂的分析打基础。在这几种经济中,人口和技术既定不变,政府支出(资源吸收型支出,resource-absorbing type)只用于消费型商品,而且实际支出也不随时间的推移而变化。假定税收是一次性的(lump-sum),纳税人相信税收与其纳税收入无关,因此税收对于他们而言是工作或闲暇的替代,储蓄或持有货币的选择之间不形成替代效应。政府的各种转移支付,如对残疾人的补贴,

---

② 按"货币数量论"的早期观点,实际现金余额需求不受货币利率的影响,因此这一结论在开始时并不会出现。但是,如果这种无利率弹性仅仅是流动性的机会成本提高所产生的"收入效应",那么在合适的分析背景下,这一结论还是对的,因为"补偿性"货币的需求曲线的斜率一定为负。6.4 节有详细解释。

也是一次性的。这样,政府征税和实现稳定的社会成本为零。

为了简化分析,本节将政府通过"公开市场"购买方式从公众手中买进证券来创造货币这一点放在考量之外。但是,与增加税收收入的方法类似,政府实际上可以印钞票来实现它的转移支付和支出。在稳定均衡的情形下,任意时间段内被印出来的货币的实际价值都会因外部货币受到的实际资本损失等量抵消,因为在那段时间里预期通货膨胀率与货币供给的增长率是一致的。③

正是在这样的背景下,最优预期通货膨胀率一直是过去十年的文献中最常被讨论的概念——但是有些矛盾的是,与下一节将要介绍的银行业情形相比,最优预期率在这种情形中存在的可能性似乎还要小一些。"最优"(optimum)在本节乃至全章,都被看做一种静止状态,不考虑宏观均衡移动时(从一个均衡流动性水平移到另一个均衡流动性水平)交易所得收益的任何成本。从这种比较静态分析的意义上讲,当流动性增大带来的边际社会收益等于其边际社会成本时,这时的流动程度就是我定义的理想的(ideal)流动性大小。在本节所假定的理想化背景中,最优通货膨胀率就是那个能实现理想流动性的通货膨胀率。

6.2.1 充分的交易流动性

根据近些年日益为大家熟悉的一个论点,在我们所讨论的这类模型中确实存在一个最优通货膨胀率。模型中,流动性的边际社会成本可以视为零,或是接近于零,这样人们在考虑货币工资率和货币价格的迅速变化趋势时,相应的预期通货膨胀率不会给他们带来计算成本。而流动性也有可能在这样一个水平上——其边际社会收益也为零。在这一点上,再增加流动性将不会进一步降低个体之间交换商品和劳务的摩擦成本,流动性的边际社会成本固定为零,这就是所谓的充分流动性(full liquidity)。该论点可以表述为,对于作为交易媒介的货币,货币效率要求经济实现充分的流动性。④

充分的流动性的概念起初出现在研究一个经济单元(an economic unit)的交易余额行为及其构成的存货理论模型中,模型与以往一样,分析的是当支出和收

---

③ 当政府的付息负债以及中央银行对这些政府债券和私人持有的付息证券或财富的买卖行为最终都被纳入分析时,我们就与现实近了一步。政府负债与公众手中持有的外部货币之间的一个固定比例将会是每个稳定均衡的一个特征。这样预算赤字(或盈余)可以比较现实地被看做中央银行定期把政府每一年负债中的一个固定比例转变为货币,政府按利率借(或贷)。但是,我们首先还是假定政府不直接从公众手中借贷,所有的预算赤字都来自中央银行的贷款,而所有的盈余也都存进中央银行而不对私人部门投资。

④ 参阅 E. S. Phelps, Anticipated Inflation and Economic Welfare,*Journal of Political Economy*,1965 年 2 月,以及 A. L. Marty, Money in a Theory of Finance,*Journal of Political Economy*,1961 年 2 月。Marty 提到了实际现金余额的饱和水平。

入由于专业化劳动、不同的需求以及其他原因并非同时发生时的情况。收入和某些支出具有的周期性使得整个交易余额会周期性地出现峰值。当一些营利性资产的货币收益和各种货币利率高出现金的零货币收益一定水平时,一些家庭的这些峰值余额将会变得很大,足以激励他们在一段时间内将部分余额投资到这些营利性资产上。类似的现象也会出现在许多企业身上,而且其数量会更可观。如果资本和股票的实际收益足够大,或者均衡预期通货膨胀率足够高,那么有息资产能获得的货币收益率或名义收益率将会比较高,这不仅会鼓励家庭支出中介费来进行营利性资产的买卖,放弃他们的闲暇或是兼职时间,更频繁地参与诸如银行业务等金融活动以减少现金来获取更多的收益,还会激励企业出于同样的目的调动一些职员专门从事金融业务。

如果将宏观均衡移至通货膨胀率相当小的一个均衡位置上——可能要求是一个负的通货膨胀率,那么体现预期通货膨胀率的营利性资产的货币收益会变得很小,从而不足以激励大家将平时的交易余额部分投资到非现金资产上。但这些非货币资产的货币利率不需要降为零,因为个人和企业在买卖营利性资产时会产生交易成本。[⑤] 当收益差距变得更小时,尽管用做投机之用的现金需求量可能会更高,但现金的交易需求将会保持在同一个充分流动水平上。如果买进和卖出证券和股票的交易成本,以及收入和支出周期长度两者所决定的收益"门槛"(最低)水平,低于私人证券和股权(equity claims)可得的实际收益率,那么预期通货膨胀紧缩就是实现充分流动性的必要之举。[⑥]

6.2.2 充分的谨慎流动性

从另一个持有货币的动机——谨慎性动机(precautionary motive)来考量理想的流动性概念也具有重要的意义。持有现金是为了在一个紧急需求出现,或一个好的购买机会出现或被发现时,可以应付自如。紧急状况或购买机会与投资品一样,也是一种消费行为。

在上面对货币需求的交易需求分析中,私人拥有的资本和它带来的各种财富索取权为财富拥有者提供了替代流动性的选择。类似地,我们可以假设大多

---

⑤ Phelps, "Anticipated Inflation"一文中用图表描绘了这一情形。J. Tobin 在"The Interest-elasticity of transaction demand of cash", *REStat*. 38(August 1956), pp.241—247)一文中的交易模型也具有这一特性。后来各种没有考虑交易成本的模型都忽略了这种门槛特征。

⑥ 在一个交易成本为零的世界里,大家开始时可能会认为充分流动性只有在息差为零时才能实现,此时,预期通货紧缩率与资本实际收益率相匹配,从而使两种资产的实际收益(不是货币收益)相等。所有的资本品、新上市的资产连同以往的资本品和股权,只要它们的实际收益与货币的实际收益相同,它们就会被人们接受,因为资产之间可以毫无成本地自由转换。但是在这样的世界里,当所有的非货币资产都具有充分的流动性时,货币也就失去它存在的意义了。

因谨慎需求而产生的流动性替代的是家庭和企业随时用于营利性资产的投资。对于这种谨慎性货币需求的来源我们稍后再讲。

家庭产生谨慎余额需求的一个重要原因是，它们希望自己不会因为流动性不足而无法及时实现对他们而言具有吸引力的消费购买。遵循货币理论基础的一些当代研究的本旨而作如下设想对我们是有帮助的：经济中仅生产大量劳动服务，每个人在没有任何有形资本的支持下生产不同的消费服务。这里我们先不考虑有形资本和其他有形资产，如土地。货币是唯一的价值储藏手段。每个"生产者"都自求门路，通过不完全信息市场寻找那些持有现金的买主，按自己所给出的价格购买他的服务。作为一个"消费者"，如果他持有所需的现金，就可以接受（当然也可以拒绝）提供给他的一个消费服务的报价，而且如果所开的价格够低，他就会发生购买行为。作为一个消费者，持有的流动货币越多，他的机会就越好，因为他无须放弃极具吸引力的服务开价。而作为一个生产者，拥有流动性也十分有益，因为当销售量持续不景气令人苦恼不已时，本身持有大量现金可以使他免于实行大减价这一无奈之举。因此，对家庭而言，流动性是一种生产性资产，它越多，家庭预期的"实际收入"或能获得的消费服务就越多。⑦

在这种奇特而又有趣的假设条件下，流动性是一种资本品，它同时具有社会和私人生产率。但是通常我们不能期望，一般的家庭会为了积累流动性直至社会收益最大那一点而愿意作出"明显"的消费牺牲，即使没有技术进步，"纯粹的时间偏好"也会挡住流动性趋向饱和的去路，这种心态就好像推崇创新的有形资本保护者，仍会让部分铁轨保持弯曲状态一样。但是，如果增加流动性的边际社会成本可以降至零，那么，降低预期通货膨胀率激励个体扩大流动性的举措可能会带来明显的收益。如若流动性饱和与资本饱和不同，不会产生上面的消费成本，那么追求流动性饱和就是应该的。

但是充分的流动性有终点吗？我们并不清楚当流动性处在哪个有限的水平上时，有个体会觉得更大的流动性不再会产生私人收益。就像铁轨一样，可能总是存在调整的余地能使它变得更直一些，每个家庭对流动性的需求也可能是无止境的。这样我们可能会说，只要预期通货膨胀率能更接近于上面提及的纯粹

---

⑦ 相应地，其他人的流动性也能增加一个人的实际收入。他人持有的现金越多，一个人就能越容易找到能购买他的服务的买主，这样他最优的相对销售价格或销售率或两者都会提高。反过来，当一个人成为他人所提供的服务的买主时，他人的现金越多，这个人就越有底气收取更高的价格。

的时间偏好率,流动性的社会收益就总会增加一点点。⑧

现在我们可以承认这一点:谨慎流动性是对随时可以进行的营利性资产投资的替代。如此一来,对闲置的现金余额的谨慎需求一部分是源于一种愿望,即希望暂时的流动可以防止在适当的时候,不会因为手中的现金不够而无法购买到特别诱人的营利性资产。营利性资产能为一个人带来的预期货币收益的均值越小,将其部分财富以流动形式持有的预期机会成本也就越小。保持流动的机会成本越小,个人拥有的一定数量的财富中以货币形式持有的平均比例就可能越大,从而在投资和进行更大投资之间积累的流动性也就越大。

在一定的变动范围内,政府通过产生一个较小的预期通货膨胀率可以降低谨慎流动性的机会成本。这样做可能会带来一些社会收益,因为它降低了交易成本(如上面的模型中讲到的),也就是说,降低了人们变换资产组合的平均比率:它会促使个人在较长期的计划中放弃短期持有的一些相对不太好的投资并鼓励他在日后作更大的投资。⑨ 但增加谨慎流动性的主要收益在于它会提高差异资本品市场的有效配置。如果我们认为预期通货膨胀率持续不断地小幅上升,那么,流动性相对较大的资本品,如存货,在初始持有水平上,其货币收益率与货币的零收益相比并不具优势。虽然现在宏观均衡要求现有总资本是由人们自愿持有的,但这并不要求每一种资本品的持有数量在流动性的机会成本不断下降的情况下要维持不变。如若我们设定投资部门可以转换资本品,那么当相对具有流动性的资本品的收益随着货币的流动性增加而减少时,投资会连续不断地转向流动性较弱的资本品类型。如果的确存在充分流动性的话,那么它将表现为:当流动性的机会成本很小,以至于任何类型的资本品之间的流动性收益变得无差异时,充分流动性得以实现,因为这时的流动性无处不在。⑩ 但是只要存在收益差距,人们是否有足够的耐心在不同投资之间等待直至资本品完全消失就值得怀疑,因为资本品具有的巨大差异及由此而导致的不完全市场会保证资本品有一个大于零的实际收益率。任何有限的流动性都将无法使不确定的不同质的资本品市场变成完全市场。

在目前的模型下,我们可以得出下面的论点(有人可能会说早就可以了):

---

⑧ 随着预期通货膨胀率的不断接近,流动性和货币的资本收益会变得越来越大,但是由预算盈余——为实现通货紧缩而收缩货币供给所需的预算盈余——表示的税收也会变得越来越大。那实际中,数量如此突出的流动性就不会产生实际社会成本吗?我们最好是在有形资本同时存在的假设条件下来讨论该问题的答案,具体讨论见6.3.1。

⑨ 但是,总的来说并不确定它是否会促使个体进行较长期的投资,因为在预期通货膨胀率很小时,寻求流动货币保护的机会成本会消失。6.4节将讨论通货膨胀率很小或为负时货币的稳定性问题。这里我们先不考虑这一点。

⑩ 但这并不意味着收益率中没有风险存在。

预期通货膨胀率(代数形式的,algebraic)下降引起的流动性增加,会在一定程度上提高货币效率。但是要更好地理解这一主题,我们还需要收紧文献中的两条松散的思路(第一条尤为重要)。第一条思路是假设在改变经济的流动性的过程中,预期通货膨胀率的影响是通过它对资本形成率形成的"财富效应"(wealth effect)及由此最终对经济的资本集中度形成的财富效应来实现的。第二条思路关注的是内部货币对货币和金融效率问题的重要意义。而且,关于中央银行在多大程度上能改善或消除预期通货膨胀率变化在其他方面可能会产生的负面效应这个问题,这两条思路都有适当涉及。

6.3 货币效率:货币、债券及其他价值储藏手段

几个世纪以来,经济学家们有时认为预期通货膨胀有利于增长:对于既定实际收入,它会激励更多的储蓄,从而带来更多的资本深化。这一观点有其合理性,在下文更贴近现实的分析中,它将作为总结论的一部分。这里我想解释的是在我们现在的假定条件和更为抽象的背景下,这一结论不一定正确的原因,尽管这些问题常常是在这些背景下展开讨论的。我们分析的实际目的是掌握在现在的模型中,中央银行各种可能的行动,从而为随后展开更现实的分析积累重要的经验。

6.3.1 流动性与"增长"

早期分析"强制性储蓄"(forced saving)的学者们知道,法定货币因预期通货膨胀而遭受的预期资本损失是从消费者的可支配收入中扣除的:在其他条件不变的情况下,消费者必须把单位时间所得的大部分实际收入存起来以便维持他们的持续性消费不变。但是保持预期通货膨胀不变就意味着政府税收会低于预算平衡时的水平,两者之差使得政府在每一时间点上新发行的货币的实际价值恰好足以弥补现存的实际货币供给所受到的实际预期资本损失。因此,后者所导致的"强迫"性储蓄被由前者所表示的政府非储蓄行为抵消。对静态均衡而言,情况是这样的。

现在,对这一早期论点,有两种不同的现代解释。一个观点认为,外部货币的实际价值与资本存量的价值一起构成私人财富,外部货币的实际价值越高,家庭持有一定数量资本的真实利率(或者资本的实际收益率)也就越高。若情况确实如此,那致力于提高货币效率的货币经济学家会发现,当他实施一个更低的预期通货膨胀率时,货币持有量会急速增加,其实际价值也会随之增加,这将导

致储蓄下降,资源转向消费商品生产,真实利率由此上升。⑪ 但是,这样的结果不可能出现在下面的一个经济中,即经济中生活的家庭(的寿命)是无限期的——或者说它们的米德等价(Meadean equivalents)无限大——只要它们的现有财富的实际价值不低于它们的纯时间偏好率,它们就不会变更这些财富而是全部持有至未来生活。但是在一个家庭储蓄的生命周期模型中,这种现象则有望发生:人们可能随时会因具有流动性的社会资本扩大而相应地调整其私人资本。

第二种现代的强迫性储蓄论是从宏观均衡的经济增长角度展开分析的。该论点假设,若经济没有不断地被迫偏离宏观均衡(如偏离自然失业率)状态,那它将表现为一种稳态的几何增长趋势,而不是处于我们之前假设的静止状态。为简单起见,我们假设人口的几何增长是经济的唯一推动力,当其他"宏观比率",如人均资本的水平趋于不变时,经济的产出增长率将趋同于人口增长率。此种情况下,若是要使持续的新增人口与原有人口一样具有等同的货币流动性,那么实际货币供给必须稳定增加。因此,政府为维持人均实际货币供给不变(人口增长是经济增长的唯一推动因素)而新创造的货币的实际价值必须大于现有货币因当前预期通货膨胀而蒙受的实际资本损失,两者之差需为实际货币供给水平与稳态增长率的乘积。这是与给定的实际生产总水平相对应的实际可消费的总收入的净增值。有人认为它会部分带动消费品需求。预期通货膨胀率越小,实际货币供给越大,该增加值也就越大。因此,当货币效率专家为追求充分流动性而尝试更低的预期通货膨胀率时,我们会发现,在某个新的平衡增长状态上,消费需求相对于(宏观均衡时的)产出会有所增加,相应地,资本密集度呈下降之势,而资本的实际收益率则处于一个更高的水平。⑫

所以,在资本密集度和流动性两者之间存在明显的冲突,其中前者可用人均资本存量来衡量,后者则以人均实际货币供给来衡量。但是该冲突存在与否取决于一个仍值得商榷的限制条件:所有货币都是外部货币,而且所有外部财富都是外部货币。外部财富是按实际价值来衡量的公众持有的政府有息债券及外部货币的总和与政府持有的全部有收入的财富或财富索取权(wealth claims)的差额。在上面的现代论点中,对消费需求有重要作用的只是外部财富的存量和其增加值,而非流动性的存量或增量。但是一旦我们引入中央银行,外部财富和外

---

⑪ 参阅 R. A. Mundell, Inflation and Real Interest, *Journal of Political Economy*, 1963 年 6 月。

⑫ 见 J. Tobin, "Money and Growth", Econometric, 1967 年 1 月;也可参阅 D. Patinkin and D. Levhari, "Money, Growth and Welfare", *American Economic Review*, 1968 年 9 月。需要指出的是,如果流动性水平与"充分"相距甚远,那么在该水平附近的流动性上升对产出的贡献可能会超出它对消费需求的推动作用。但是随着逼近充分流动性,产出效应会消失,而消费需求效应则仍会存在。

部货币两者之间的关系就会被打破。

现在我们让财政部来管控预算赤字或盈余,但是限定它只能借助于发行(或回收)有息债券来弥补预算差额。同时我们赋予中央银行控制货币供给的权力——赋予它可以把全部或仅部分有息公债"货币化"的权利;在没有公债的情况下,它也可再贴现私人的财富索取权。如果中央银行把全部公债毫厘不差地都货币化了,那我们就处于上段中提及的世界中,即外部财富等于外部货币。若它仅货币化了部分公债,外部财富将超出外部货币——两者之差为公众而非银行持有的有息政府债券总额。若我们进一步设想中央银行不仅货币化所有公债,还购买了部分私人的索取权,自然,外部财富就比外部货币少。

不同的财政工具——预算赤字与最终的公债存量,配以货币工具——公开市场购买及相应的货币供给,在不改变储蓄行为的同时为实现流动性变化提供了充分的控制手段。同时采取"互补性"的财政-货币措施则可以中和实际货币供给增加对资本密集度或增长可能产生的影响。[13] 举例来说:

假设我们的经济开始时处在宏观均衡状态,此时的预期通货膨胀率,比如为每年5%,同时经济也处于稳态增长——实际产出、实际公共支出、资本、(中央银行和公众持有的)实际公债,以及实际货币供给均以与人口和劳动力相同的增长率增长,比如为每年3%。因此,名义公债必须以每年8%的比例上升;而中央银行必须按不变比例(小于或大于1)来货币化这个不断上升的总量,只有这样才能保证货币供给以同样的比率增加。最后的结果是,财政赤字——从公众的支出、转移支付以及利息支付中征收的税收下降(均以实际价值计算),而必须借款弥补——正好是公债实际价值的8%。[14]

现在如果政府希望在预期通货膨胀率为4%时实现宏观均衡,同时希望这样不会对储蓄或消费需求产生任何实际财富效应。假设通过"公开宣布"的方式可以降低预期通货膨胀率,且期间不会出现低于均衡水平的就业,也不会出现价格水平的意外"下降"。这样,预期通货膨胀率下降一个百分点会立刻促使大家把资本和资本索取权(股票)转换为货币,直至公债不再波动而支付更低的票息利率(coupon rates of interest),在这个新利率上他们仍愿意按票面价值持有国库券(treasury obligations),同时大家会转而持有更多的政府有息债券。我们假

---

[13] 这一点在 Phelps, "Anticipated Inflation" 中有(短期)的几何分析。对(在稳态增长情况下的)长期路径选择的分析可以在 E. Burmeister and E. S. Phelps, "Money, Public Debt, Inflation and Real Interest", *Journal of Money, Credit and Banking*, 1971年5月的文章中看到。此外,Foley、Sidrauski、Shell、Liviatan、Sheshinski 等人也提及过特点迥异的相关研究。

[14] 因此,实际赤字要比债券的实际价值在每个单位时间的增加值大,预期通货膨胀率与债券的实际价值之乘积即为两者之差。

设,要想公众持有国库券,其实际收益率必须与持有股票所能赚取的预期收益率相同。进一步我们假设,公债的货币利率迅速下调一个百分点使得政府债券相对于股票不会升值。那么现在仍存在超额货币需求,但其机会成本已随着预期通货膨胀率降低了一个百分点。

为了维持对营利性资产以及商品的需求——这样也是为了阻止价格水平出现意料之外的下降——中央银行只需简单地进行公开市场购买,从公众手中购买的政府债券数量需足以保持国库券的货币价格不变。由此一来,"起初的"(at "time zero")价格水平得以维持,而且由于中央银行对已被购买的政府债券按其价值支付同等的价格,所以外部财富的实际价值最终也保持稳定。通过这种方式,中央银行阻止了一个本会刺激消费需求的正的实际财富效应的生成。

值得注意的是,由于外部财富的时间路径并未改变,因此财政部必须调整税收的征收额以便将实际年赤字降低到实际外部财富的7%,而不再是8%。虽然实际赤字必须要下降实际财富的1%,然而,这并不意味着实际税收的征收额须等量增加。因为支付给公众所持有的政府债券的货币利率降低后会自动减少赤字,且减少量占所需赤字额的比例等于以有息形式所持有的外部财富所占的比例。这一过程大约会持续到赤字的减少量占到外部财富(而不是有息外部财富)的1%,即占外部货币的1%为止。但是即便这样,税收的增加量仍被高估了,多估计的数量等于财政部为中央银行在公开市场业务中所购买的那一部分债券所支付的利息,因为银行所赚取的这部分利息必须返还给财政部。[15] 因此,当货币供给的实际价值对营利性资产的名义利率的弹性(绝对值)等于1或大于1时,尽管减少赤字的要求得以实现,但实际税收可能并没有改变或者实际上还有所降低。可是如此大的弹性在经验中出现的可能性相当小,至少在历史上为人熟知的货币利率范围内鲜有出现。如果不考虑政府的支出额和积累财富的意愿,那么更低的预期通货膨胀需要配以更高的税率这种可能性,在最后评估预期通货膨胀上升的收益和成本时将具有重要意义。

现在我们可以得出论点:在一定范围内,财政部和中央银行(在必要的非均衡之后)能够共同控制预期通货膨胀率和人均实际外部财富,从而联手决定货币流动性和储蓄。该论点的基础是货币理论,若换种方式来表述,将可得出货

---

[15] 分别用 C、G、Y、T、M、D、D_B、p、i、r 和 x 表示实际个人消费、政府支出、收入、税收、名义货币、政府债券、银行持有的债券、货币利率、真实利率和预期通货膨胀率。我们可以得出:(1) $i - x = r$;(2) $C + G = Y$;(3) $M = D_B$(票面价值)。在稳定均衡下消费者的预算为:(4) $pC = pY - pT - xM + (i - x)(D - M)$。赤字为:(5) $F = pG + i(D - D_B) - pT$。因此有:(6) $F = xD$;(7) $pT = pG + i(D - M) - xD = pG + rD - (x + r)M$。

币理论中的一个为人熟知的观点。以静止状态为例，为了简化分析，给定预期通货膨胀率不变。不变的预期通货膨胀率决定了货币和有效政府债券有着相同的增长率。但货币和公众持有的债券的"初始"水平仍有待确定。我们知道，如果债券和货币水平都按同样的比例上升，那么宏观均衡价格水平也会按同样的比例上涨，实际外部财富和流动性维持不变。如果货币供给的水平是因公开市场购买而上升的，现有的债券总水平并未改变，那么，价格水平必定上涨，而实际外部财富必定下降。至于流动性，从营利性资产之间的利率差异角度来看，它会增加，直至实际外部财富下降紧缩了消费需求并导致营利性资产的名义利率降低。[16] 适量增加现行公债的供给能够抵消实际外部财富的减少，但是这样做将会消除刚才提到的流动性的增加。因此，实际外部财富的每一个水平都有一个确定的流动性水平与之相对应。上面提及的流动性增加只有在预期通货膨胀率不变的限定条件下，以减少实际外部财富和进一步深化资本为代价才能实现。一旦放松限定条件，与所定的任意一种实际外部财富水平和资本密集度对应的流动性水平就能通过"选择"一个更低的预期通货膨胀率而得以上升。[17]

讲到这里，我们会发现一个有趣的问题。如果我们把中央银行排除出去，让财政部不再发行债券而是发行货币，那么拉低预期通货膨胀率至充分流动点时，我们先前为方便分析所作的假设就会得下面这一结果：货币供给的实际价值将会趋于无穷大。这是谨慎流动性模型的一个特征，模型中，只要保持流动的私人机会成本进一步下降，流动性总会增加。但是，一旦我们让中央银行公开市场购买，显然再拉低预期通货膨胀率至充分流动点就不一定会产生这一结果了。倘若实际外部财富和与之相对应的资本密集度均维持在某一指定水平，那么实现充分流动性的同时就不会使实际货币供给趋于无穷大，因为后者与实际外部财富之差不可能大于中央银行所能购买到的私人资本索取权的实际价值，而私人资本的数量是有限的（也就是说，宏观均衡中既定实际外部财富所能保证的人均资本量是有限的）。当流动性的机会成本变为零时，真正会趋于无穷的是实际货币供给与私人拥有的资本存量之比。

---

[16] 在一篇著名的文章中，L. A. Metzler 推导出了这一点，但他没有考虑有息债券，因此，公开市场购买后余下的债券也不会有任何实际资本损失。依照他的分析，如果价格水平与货币供给同比例上升，银行购买的股票所有权所受的损失就会减少实际的个人总财富。这将会减少消费、降低利率并进一步带来财富的下降。详情可参阅 L. A. Metaler, Wealth, "Saving and the Rate of Interest", *Journal of Political Economy*, 1951 年 2 月。

[17] 值得指出的是，我们现在显然不必像在前面的例子中一样，仍把财政部和中央银行分别看做决定预期通货膨胀率和实际外部财富的机构。如果我们让财政部实施赤字政策以保证现有公债的实际价值不随货币增长率改变，那么同样地，我们也可让中央银行选择货币供给的增长率来决定预期通货膨胀率。

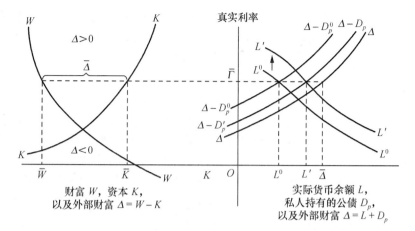

图 6.1

对一个财富水平 $\bar{W}$ 和相应的真实利率 $\bar{r}$,外部财富的数量必定为 $\bar{\Delta}$。在这一水平上,公众愿意以流动形式持有的货币(比如)在预期通货膨胀率是 0 时为 L^0。一次公开市场购买,比如 E 将私人持有的债券减至 D_p',会在 $\bar{r}$ 产生一个超额货币供给,从而导致价格水平上升,价格上涨引起 Δ 减少。Δ 减少会增加 L,但这只有在 Δ 减少使得资本进一步深化超出水平 $\bar{K}$ 而带来 r 的降低时才会实现。(L 这样增加会引起曲线 KK 向上移动,从而减缓了 r 的下降。图中没有给出曲线 KK 的移动情况。)

然而,同时适量地降低预期通货膨胀率能够消除公开市场购买对资本深化产生的财富效应。降低预期通货膨胀率使 LL 曲线等量上移,因为此时相同的 r 对应的是更低的货币利率。这样引起的货币持有量的增加恰好等于公开市场购买 $D_p^0 - D_p'$,结果在 $\bar{\Delta}$ 和 $\bar{K}$ 不变的情况下得到 L'。如果没有公开市场购买,那么 Δ 增加,并迫使 K 和 r 上升。

从这个有趣的观察结果中我们可以得出结论:(以家庭对流动性具有无限需求为假设条件)充分的流动性要求中央银行的充分参与,银行是国家的股东,家庭按实际收益率(由于存在预期通货膨胀紧缩)持有银行货币,这一点股票无法与之竞争。显而易见,这种情形会遭到强烈反驳,反驳理由是,既存在实际经济成本又存在意识上的经济成本,为此,一个人既可选择支持也可选择不支持该论点。

看来我们已经认为追求充分流动性实际上是不可能的了。事实上,本章的结论就是宏观经济政策不应该追求类似于充分流动性这样的任何目标。但是大家需要明白的是,借助一个不同的制度手段是能够增加流动性的,尽管不是实现充分流动性。

6.3.2 "内部"货币与商业银行

一旦预期通货膨胀率已经降至所有的公债都能被货币化且不会干扰实际外

部财富的那一点时,私人商业银行的部分准备金制度仍有可能进一步实现更大的流动性。正如早先提到的,我们在前面设定的背景中把政府经营的垄断性银行释义为一种简便的说明工具,是为了描述由中央银行通过公开市场业务控制的、法定准备金为100%的私人银行体系的基本功能。调低部分法定准备金显然可能货币化更多的私人资产。

假设依据法律,银行不允许对其客户的活期存款支付利息(我们暂时无须质疑该假设),零自然是最高的储蓄率利率。同时假设在成本方面,货币储蓄的储存是"免费的"。因此,一个合理的假设条件是,银行之间的竞争将会使它们无法向客户的活期存款"收费"。现在财政部和中央银行致力于降低预期通货膨胀率——方法我们已经学习过,这会增加对银行储蓄的实际需求。若假定营利性资产的实际收益率没有发生明显的变化,那么家庭持有银行货币和通货的个人机会成本就会降低。此时降低部分法定准备金显然是中央银行对增长了的实际货币需求进行调整的一种手段。与前面的结论一样,流动性会增加,同时无须引起价格水平在短时间内对无弹性的货币水平作出调节。

现在回头看看上文刚做的假设。事实上,如果允许银行支付利息,如果开始时的预期通货膨胀率足够高,银行真的会向储蓄在它们那里的货币支付一定的货币利息,那么我们就可以假设,当预期通货膨胀率持续小幅度下降时,这个储蓄率大致会以同样的幅度降低。这种情况下,银行货币的实际需求不会增加,因为持有它的机会成本没有减少;实际上,可能有一部分银行货币会转化为通货。但重点是,我们在这一节关注的是理想的流动性,因此我们当然希望持有通货和银行货币的机会成本大致相同。所以,这就把为实现更高的银行货币的流动性而牺牲通货的流动性这一点排除了。此外,如果我们试图通过内部货币路径来实现理想的流动性,我们就有理由预期这样做将会产生一个处于零附近的通货膨胀率,或者也可能就是一个负的通货膨胀率。若是那样,可能会出现的情况是,即便法律允许银行向它们的存款人支付利息,它们自己也不愿这样做,因为它们所作的投资的名义收益率太低了。因此,本节我们的分析完全可以仅限于银行货币的储蓄利率为零的情况。

我们已经讨论过,在更低的预期通货膨胀率上,扩大的流动性需求不需要中央银行购买私人持有的债券或资本索取权就可以得到解决,方法是实行"内部货币化"而非"外部货币化"。上一节已经讲到,外部货币化的最大优点是它对扩大了的实际货币需求作出调整的同时不会导致实际外部财富增加。这个财富水平是中央银行影响储蓄进而为消费之后的资本形成作准备的核心。所以,我们的问题是:内部货币化也具有同样的优点吗?

(非银行)公众已经把部分证券卖给了银行,从而使得银行实际持有的银行存款等量增加。但是银行的所有者也是人,他们的资产的实际价值会随着所购进的证券数量上升;当然,他们的负债也会增加,而且增加量恰好等于所增加的存款数量。但如果他们不需要为存款支付利息,那么银行的利润会增多,银行股票的实际市场价值也会随之上升,因为银行所有者的确从持有的证券中赚到了利息。若银行业务规模扩大带来的成本增加忽略不计,那么银行股票的价值就会增加,这种价值的增加等于购进的证券数量,也就是所增加的存款数量。粗略地讲,银行股票所增加的(总的)实际价值等于实际货币供给增加的数量,而且它就是实际私人财富的净增加值。[18]

如此看来,通过降低部分法定准备金这一明智之举,中央银行对增加的流动性做出的调整并未能维持资本的形成速度。那些拥有银行股票的幸运者获得了意外而至的资本收益,同时其他的人均没有遭受资本损失,因此,他们的消费需求会有所增加。这好像对增长不利。如果银行想通过对存款进行非价格竞争——以建立更多的银行分支和办公楼的形式——来将增加的垄断租金消费掉,那么这种情形就不会有本质的变化。这样一来,与其说资本被替代了,还不如说是被转移支付了。

然而我们推导出的资本替代或转移支付都是一个从无到有的过程。随着预期通货膨胀率进一步降低,银行利润必定有下滑的时候,这是因为更低的预期通货膨胀率使贷款和证券投资所得的名义利率降低了。比如说,在0—10%的范围内,预期通货膨胀率降低虽然有可能使银行持有的营利性资产的实际数量增加,但是存款利率与投资所获利率两者之间的差距会随之变小,对此它是否可以弥补,实际上是不确定的。但我相信,有一点非常明确:许多银行反对通货膨胀水平上升在很大程度上是由于:当信用市场没能预期到通货膨胀的迅速上升时,以名义利率签订的贷款和投资合同会遭受到突如其来的实际资本损失,这是他们并不乐意承受的。其实,这种财富的减少是再分配意义上的,并不是真正的减少。

尽管财富效应方面存在这种不确定性,但继续分析内部货币还是很有必要的。我们首先要弄明白的是:如果预期通货膨胀率进一步降低至零或是负值,会实现充分流动性吗?营利性资产有望获得的名义收益率会随着预期通货膨胀率的下降而降低,这将促使公众想更多地抛出这些资产而持有机会成本也随之降低了的货币。降低商业银行的法定准备金使它们可以创造出货币存款成为必要之举;利用这些存款,银行可以购进营利性资产——贷款、支票以及银行被准许

---

[18] 我们还可以把银行股票的实际价值的增加看做实际外部财富的一个增量,依据是,它是一些政府许可票据经资本化后的价值增加。

投资的其他所有证券。但是这并不意味着商业银行必须全部买进这些投资,这就好像那则谚语所说的:"你可以牵马到河边,但不能摁下马的头让它喝水。"因为银行自身对流动性也有一个谨慎性需求,当这些资产的名义收益率相当低时,银行更愿意持有超额准备金。尽管银行保证其储户不会遭受损失,但它们同样会在意自己的利益,这驱使它们再设置一个更低的界限——低于准备金率能降至的最低水平,由于这个界限肯定大于零,因此就不可能无限接近充分流动性,也就是说,营利性资产的收益率与货币的零利率之间的差额也有一个更低的正的界限,这使得中央银行无法敦促商业银行实行完全的货币化或是充分介入。[19] 只有公共机构,如中央银行,才有足够的胆识将有风险的信用工具和私人部门的资本索取权货币化直至充分流动性得以实现的那一点。

另一个我们需要解决的问题是:与外部货币途径相比,通过内部货币途径提供额外的流动性,其成本和收益是否有所不同?如果有所不同,那么即使是在本节和上一节限定的高度抽象的条件下,由内部货币途径来实现最大流动性的预期通货膨胀率或许也不是理想的选择。尤其是,若内部途径所带来的流动性的每一次增加都会产生一个正的社会成本,那么理想的流动性水平就比充分流动性水平低,或许也比可实现的最大流动性水平低。

对于使用内部方法扩大流动性的"成本",我们已经注意到了其中的一个差别。当预期通货膨胀率和与之相应的法定准备金都处在很高的水平时,我们可以发现,降低预期通货膨胀率并相应降低部分法定准备金率会提高每家银行多吸收的每一美元存款(实际值)的实际盈利能力(给定这样做的实际成本不变)。扩大银行业务规模带来的这种盈利能力提高会加剧银行对存款的非价格竞争,但是对私人非银行部门投资的实际盈利能力不会同样增加。因此,一旦流动性增加至均衡点使得资本的供给和需求完全相等,商业银行部门的资本实际收益率将要高出其他部门所能获得的实际收益率。两者间的差额会拉动实际资本从其他部门流向银行部门。这种资本转移支付通常会以增设银行分支机构和添置银行部门内的资本设备等形式进行。当这些中介机构支付的存款利率下降幅度基本上相当于预期通货膨胀率和营利性资产的名义利率的下降程度时,非银行金融中介的资本也会转移支付出来。只要商业银行接管非银行中介的设备,或者转移支付是一个缓慢的过程,在这期间银行只是进行重复投资和一些净投

---

[19] 不可避免地,大家会想起"流动性陷阱"。而此处涉及的与"流动性陷阱"不是一码事,至少与通常意义上的解释不一样。陷阱理论的观点是,当名义利率被拉低至某个正值时,实际货币供给会趋于无穷大。我们这里假设的是名义利率为零的点。但是名义利率仍然大于零是因为实际货币供给有一个给定的上限,以至于得出的结论与陷阱理论的观点相比在最大流动性方面有所不同,却在可获得的最低名义利率方面是相同的。

资——这些(净)投资实际上是中介机构的设备转化而来的——那么这里所说的资本转移支付就是没有成本的。但即便是从"永恒的"观点来看,资本从既不是银行又不是中介部门的地方转移支付出来一定是有一些社会成本的。[20]

在较低的预期通货膨胀率及与之相应的营利性资产的名义收益率上,家庭对银行货币的需求较大,当然,这正是降低法定准备金来供给更多银行货币的目的所在。但是银行的储户自然会要求从增加的银行货币中获取各种服务,当持有银行货币的机会成本下降时,这些服务使得持有它显得更具吸引力。导致人们想要持有更多的银行货币而不是硬币或纸币的根本因素就在于他们能否获得这些服务。为了更多地提供服务,使之与银行存款数量和规模的扩张相匹配,银行就需要使用更多的劳动和资本资源。但商业银行总运营成本的增加并非全部变成社会的净成本,因为银行为了进行更大的投资活动而增加使用的资源,一部分来自非银行金融中介在投资活动中减少使用的资源。然而,银行作为流动性供给者的经营成本增加了,这是我们需记住的。实现更大的流动性必定会产生社会净成本,必须将它从其社会收益中扣除。[21]

因此,我们得出的经验之谈是,当通过内部货币和银行体系的方法来增加流动性时,(在可以实现的整个范围内)它总是会产生正的社会成本。与仅有外部硬币和纸币的情况一样,社会成本不为零。如果流动性增加是由单一的国有银行来完成的,这家银行的经理是根据收到的信号,即兰戈-勒纳计划型当局(Lange-Lerner Planning Authorities)已经将流动性的影子价格标高了这一信号,来使用更多的资源以增加流动性,那么,至少在一定程度上,它仍会产生正的社会成本。毋庸置疑,所有能增加流动性的最优方法都会产生一个正的边际社会成本。正是这个(在可以实现的整个范围内)正的边际社会成本使得理想的流动性水平——该点上社会收益恰好等于社会成本——肯定低于以边际社会收益是零为特征的充分流动性水平。

这个结论同时带出另一个问题:理想的流动性水平是否也低于商业银行所能创造出的最大流动性水平呢?我认为问题的答案也许是肯定的,尤其是当我们把那些带有风险的社会成本增量考虑进来时。如若预期通货膨胀率降至一

---

[20] 在分析上,内部货币不断扩张的这个资本-成本层面有个被忽视了的特征:当预期通货膨胀率下降不太多时,银行或许不会急于增加其设备以吸引更多的储蓄;它们会意识到全额放贷存在的风险。不论是哪种情形都有其他成本因素存在。

[21] 当然,由谁为银行提供的服务支付报酬并不会改变净成本的大小,但是这些成本的分担方式却会对银行货币的需求产生影响。如果预期通货膨胀率下降因服务费用增加而实际上导致支付给银行储户的储蓄利率明显降低,那么通货膨胀率下降带来的银行流动性的需求量的增加幅度就会变小甚至为零。至于储蓄利率,我们将在下一节讨论。

点,在这一点上银行虽不愿意扩大它们的贷款和投资业务,但非银行的公众仍可能从更大的流动性中获益,那么那些拥有银行的人的情况又会怎样呢?由于他们无须向储户的存款支付一个更高的实际收益率,而营利性资产的实际收益率基本没变,所以银行的所有者会觉得他们的"期望效用"降低了。即使他们咬紧牙关全额放贷,并一直持续到接近最大流动性那一点,实现最大流动性也并不会为他们或者整个社会带来收益。如果银行的股票价格随着最大流动性的实现而急剧下降,那就意味着干预和对风险承担的再配置走得有些过头了。

如果可以证明(事实可能就是这样):最大流动性迫使银行对货币支付的真实利率超出了自由竞争所决定的真实利率,上面的推论就可以得到进一步的肯定。其实,我们知道,银行的存款利率仅保持在自由竞争的水平会产生一些有害的负效应。多数支持实行存款利率上限,其中包括禁止对活期存款付息的 D 法令(Regulation D)的人,都是那些担心出现"银行业过度扩张"(over-banking)的人。他们认为,为了吸引或保留基金,个体银行普遍有支付更高利率的欲望。为了能够支付这些利率,他们往往会进行风险更大的投资,在一个信息完全的世界里,竞争市场的力量会阻止这样的情况发生。但是在我们所处的世界里,由于对储户的信息掌握不完全,银行投资组合审查者带来的信息也不完全,对存款的价格竞争可能会导致更多更具风险的投资或更多的管制,或两者兼而有之。因此,不论存款的实际收益率是由自由竞争形成的还是通过降低预期通货膨胀率形成的,过度扩张的银行业务导致的社会成本,或者是为防止银行业务过度扩张的后果而产生的社会成本是相等的。

由此,我们可以得出本小节的结论:当通过内部货币方式——降低预期通货膨胀率和商业银行的法定准备金率——来寻求更为充分的流动性时,我们有可能获得一个理想的流动性水平,但该水平要低于这种方法所能实现的最大实际货币供给。让私人商业银行完全将非流动性资产货币化——实现充分流动性可能会这样要求——肯定不是理想的举措,即便是,也可能无法完成。当然,这个理想的流动性水平要求的预期通货膨胀率也许与充分流动性所要求的一样,是一个负值,但它略大于零是可能的,而且在两种情形中它都不会偏离零太远。我们必须记住,在所有的这些分析中,我们一直都没有考虑政府征税的社会成本和实现经济稳定的社会成本。因此当所有的因素都被纳入考量时,理想的流动性对我们所了解的世界而言,可能并不是真正的最优值。[22]

---

[22] 下一节的讨论理论和专业性较强,那些想快点接触"现实世界"的读者可以跳过去。

6.3.3 理想的公债和信用结构

前面对内部货币的分析给人的印象是:在实际外部财富不变或基本不变时,实行部分准备金制的商业银行体系被认为是创造流动性可以诉诸的最后手段,是中央银行把全部的有息政府负债货币化后才会使用的工具。可是,如果这就是美国政府运行了这么多年的部分准备金理论,我们就不会看到什么有息公债,或者说不会看到这么多的有息公债。如果同时将法定准备金提高至100%,这种公众持有的政府负债的一大部分将能被联邦储备货币化,还不会对总需求形成净扩张效应。

或许,有人会认同这种安排的货币效率;或许,有人会完全维护它,维护的观点必定包括:这种安排是历史的遗留物,基于迅速改变它而产生的社会成本,最好的方法是让它在多数时间里沿着大家认为是正确的方向缓慢进化。

假设政府处于负债状态,也就是说实际外部财富的数量为正。㉓ 那么问题是,只要有部分负债留在公众手中且增加流动性是合意的,中央银行是持续将这些负债货币化,还是在某一点上转而使用降低法定准备金的方法?与外部货币创造相比,采取内部货币创造实现流动性存在不足之处,这一点前面已经讲过:理论上,中央银行的经理不会感觉到持有已被货币化的资产所具有的风险,纳税人也不会明显感觉到,但是私人银行的所有者却会感觉到这种风险的存在;因此,(至少在某个范围内)法定准备金下降与降低了的名义收益率会导致对收益的过度追求和以非价格竞争形式出现的银行业过度扩张。而在降低法定准备金之前留下部分有息公债不被货币化是有不少好处的:

首先,与私人拥有的资本和绝大多数的私人债券比较而言,联邦政府的有息负债相对更具流动性。流动性增加的成本忽略不计,这一点我们已经反复强调了,理想的状态就是流动性收益为零的时候。类似地,在实现该目标的过程中,最有效的途径就是把剩下的流动性最低的资产货币化。如果在某一点上,中央银行货币化私人资产受阻,它会委托商业银行来部分货币化这些高收益、低流动性资产,由此中央银行同样可以很好地实现流动性。若商业银行仅仅货币化政府负债,那这样做就是徒劳的。需要指出的是,这样部分地对货币化重新定向,相对于流动性很低的资产所得的收益而言,有必要提高支付给政府负债的利率。

在理想的负债管理领域,这样做会带来一个必然的结果。如果流动性程度的唯一性质是把一种政府债券与另一种区分开来,那么现有的政府负债的最优

㉓ 这就会提出一个问题:对政府而言,长时间通过赤字使其负债跟上实际增长加通货膨胀的步伐是否恰当?对此,我们将在后面讨论。

组合将是那个实现最大流动性的合理结构。假定人们的金融需求是不同的,那么这一规则就不可能只要求短期债券的存在;一定数量的长期债券在一些金融市场将会具有较高的流动性。但是负债管理还有其他一些必要条件,其中一些条件在下面列举的让公众手中持有部分有息负债的好处中会提及。

第二个好处是,在降低法定准备金率的过程中,政府使商业银行成为一个专门将信用拓展至部分金融市场的机构。当然,有人可能会问:为什么其他的金融机构不能从事同样的服务呢?一种答案隐含着对未来的贴现:在我们出现巨大的联邦负债之前商业银行就已经存在了,让人疑虑的是,是否值得花费转移支付成本将银行的贷款职能重新安排给其他机构。但是也有些答案不含贴现概念。如果只存在单一类型的金融机构,则每个城市或地区就只会有少数几家这样的机构,而且每一家机构都过高地享有垄断权力,那么将贷款职能在机构之间分配就是合理的。此外,商业银行,不论有没有中央银行的帮助,从其存款的规模上讲也许具有更大的稳定性,因而在扩展信用的机构中选择商业银行似乎会有一些优势;它们可以较好地参与流动性相当低的信用工具,如小企业的借据(IOUs)收购。

还有一个好处是与稳定政策(下一节将详细讨论)有关。对政府债券的公开市场购买是一项便利的政策稳定工具。其优点之一是:如果采取公开市场业务而不是仅单一依赖于法定准备金的变化,那么稳定政策对借款人获得信用的可能性及其成本的影响更为分散,尽管总体影响并无不同。优点之二是,可以确保法定准备金率更加平稳,由此,中央银行可以降低商业银行赚取的风险收益,这种收益的一部分被一些借款人获得,这类人认为从银行借钱是(获取资金)最廉价的方式。

最后一个好处在于,当影响联邦借款数量的决策是由政府作出的时候,让人们看到利率的存在会产生一定的效用。通过这种方式,公众和立法者可以知道政府借钱的成本,虽然经济学家们都知道这个成本可能小于实际成本,当然有时也会大于实际成本。但是,我们有理由认为,公众更需要看到的是政府借钱所形成的收益,特别是当经济活动不是处于常态而是处于严重的萧条时,情况更是如此。

说到这里我们恰好可以讨论另一个悬而未决的问题。如果我们是在分析最理想的金融和货币安排,那为什么要认为一个正的政府负债是理想的呢?首先,在美国,我们的外部财富数量,如果使用预算盈余,即便是大家所能想象出的最为苛刻的方式而得出的预算盈余,也需要10年或20年的累积才能与之相抵。与此不同,金融机构的几种变化(这些变化暗含了我们一直在讨论的通货膨胀的幅度变化),将不需要这么长的时间就可以抵消这笔外部财富。如果想选择公债为零,那么"选择"人均外部财富水平必然会比选择均衡通货膨胀率需要一个更为长期的过程。

对保持一个正的政府负债,则有完全合理的论点支持。如果规定政府不可以对私人债券进行货币化,那外部流动性相对于内部流动性的优势就是一个支持性的论点。这样,为了创造外部流动性就必须创造外部财富。与此有关的经济学分析通常有点让人混淆不清,因为由政府负债支持的外部货币身兼财富来源和流动性两种职责,但两者的差别能够且应该被区分开来。

即便假定中央银行可以货币化私人的有形资本和有形资本的索取权而不会产生负面效应,公债仍有其存在的空间。一种观点认为,公债,不论是以有息形式还是以货币形式持有,都能提供一种可以被称为经济安全的"愉悦感"。它向持有它的人保证:他们从中获得的收入(如果只有现金流是与个体相关的,那就是潜在现金流)或其现金价值,与影响个体人力资本的运气(不论好坏)没有统计关系。由此,人们想拥有可以交易的物质财富可能不仅仅是因为他们为了确保未来的更大消费而愿意牺牲当前的消费,而是因为他们担心未来的赚钱能力会有减弱的风险。所以,财富的部分价值就体现在这里,为的是应紧急之需。如果没有预算赤字计划,财富的累积将会牺牲当前消费;赤字可以创造财富而不会以此为代价。简短地说,即使中央银行实现了充分流动性,它并未由此满足人们对经济安全的需求。[24]

还有一些论点相信:如果政府不创造外部财富作为资本的一种替代,私人部门将倾向于过度储蓄。也许公债行使等同于看不见的政治之手的职能。但是我们也有理由认为储蓄不足的现象也可能出现,即人们有可能高估或低估未来的经济收益,储蓄或遗产会低于他们实际想要的或是本应该有的。随着外部财富从某个庞大的负值以代数形式增加,在某个点上,这些论点好像会反过来支持储蓄不足这一点。这一点发生在一个正的政府负债水平上完全有可能,且可能还是合理的。但这也不一定就能得出目前的政府负债水平恰到好处的结论。我认为该水平过高了,但这并不是说经济已经足够安全。

6.4 最优流动性——当征税和稳定政策有成本时

至此我们一直假设,政府的征税方式和实现稳定的措施都是没有社会成本

---

[24] 这些观点曾由 A. C. Pigou 提出,参阅其 "The Classical Stationary State",*Economic Journal*,1938 年 9 月。我对经济安全的重视以及对 Pigou 的观点的重新解释,是受 Donald A. Nichols 的一篇尚未发表的文章的启发。

的——从不会产生任何消费者剩余净损失这个意义上讲。本节的目的就是想表明,当我们放弃这个假设后,最优的选择将是"舍弃"从流动性中获得部分收益以降低普通的征税方式和稳定措施导致的净成本,从而使得征税和实现稳定成为可能。从这种取舍(trade-off)的观点来看,结论将是最优的流动性水平低于理想的流动性水平——只有在假设的没有取舍的理想世界中,理想的流动性水平才是最优的。

即使是在上面讨论的理想世界中,我们也已经表明对资本索取权和政府负债的理想货币化的程度比完全货币化要低,因为到达某一点之后,有价值的流动性增加会极为消耗资源。即便是在最适合提高流动性的情况中,即货币化是从"外部"进行的,提高流动性的水平依然会产生正的社会成本。如果垄断的中央银行想引导财富所有者将其更多的财富以存款的形式持有(把他们的部分营利性资产转换为银行的存款),那么要实现这一点,社会成本最小的方法会包括提供更便捷的物质设施和顾客服务,而不仅仅是向财富所有者的存款支付一个更高的实际收益率——财富所有者只有承担正的资源成本才能获得这种收益。[25]可以说,越大的投资部门进行放贷和投资决策的成本越明确,所能实现的货币化程度越高。如果在考虑估算成本之后,最具流动性的资产最先被货币化,那么不难推测,当进一步货币化的边际社会收益小于其边际社会成本时,此时的流动性水平就是所能达到的最大值。[26]

其实,我们已经从理想化的世界中迈出了第一步。但是对私人债券和资本索取权的外部货币化存有一些政治异议,而且允许私人企业,特别是允许商业银行选择所要进行的贷款和投资活动会形成分权和竞争,并由此带来经济利益。如果我们把禁止中央银行对私人索取权投资(不论其有多少优点)作为一个事实,那么扩大流动性的最佳方式就包括外部货币化和部分内部货币化——因为私人债券和资本索取权是货币化的最佳候选。但是随着货币化沿这一路径趋向理想的流动性水平,我们就要承受私人银行因过度承担风险而导致的社会成本和因银行业过度扩张而可能产生的浪费。

在将商业银行纳入分析框架后,我们仍需考虑其他的现实因素。其中需要探讨的、最令人困惑的问题是:实现稳定的社会成本和普通课税手段的社会成本。下面我们将分析在这种非理想的(但是在其他角度上仍是理想化的)世界

---

[25] 比如邮政经济和邮购银行业务。

[26] 只要流入银行的这些资源仅来自私人中介机构本可使用的资源,那就不会有净成本,同样净收益也是微乎其微的或是为零。我很清楚地知道,有时候,正的边际社会成本的存在并不会确保在充分货币化的那一点上不会出现"垄断最大化"(corner maximum)。

中,它们与最优流动性水平的关系。

6.4.1 稳定成本与最优流动性

在不久以前,财政政策还是主要的工具,人们相信政府能够使经济稳定在极为贴近某个合意的均衡点的周围。中央银行的任务较前面提到的更为单一:确保有序的金融市场和维持较低的名义利率。在中央银行理论中,社会受益于高度的流动性并不是什么新鲜事物。

基于行政管理和新古典的资源配置理由,相对于改变政府支出,以及为实现经济稳定目标改变政府支出发生的时间、改变税率和一些转移支付的发放时间逐渐被认为是更可取的。然而,已经证实,改变税率也是一种缺乏弹性的工具。对加重或减免税负的分配常常在立法上有争论。而且,立法者似乎相信,税率代表了他们自己或选民的态度。一些立法者反对增税,其理由是这会暗示行政人员,法律上已经认可了某些类型的政府支出;另外一些立法者同样是出于反对支出的目的却会提出增税的要求,他们希望借选民的愤怒迫使行政人员减支。

但是不论税率变化执行得如何好,它都不是一个完美的稳定性工具。改变货物税(excise tax)税率常常因购买活动的提前或推迟(超前和滞后问题最常在汇率和关税税率变动时出现)而导致混乱局面。所得税(income tax)税率变动,特别是在被认为是暂时变动时,其幅度必须足够大才能够引起可支配收入的急剧下降,从而对抗一次扩张性冲击导致的就业和收入增长,如战争或投资膨胀。由于产出和通货膨胀率的波动可能有一定的范围限制,因此,就能否成功地让家庭基本实现其经济计划这方面而言,将这些变量维持在范围之内所需采取的财政措施会带来更多的不稳定,而非相反。㉗

现在对于稳定手段的看法似乎已经发生了变化。一些经济学家甚至将稳定经济的重担交给了货币当局,至于财政手段,只有在可能出现重大不稳定活动需要调整时使用,税率也只有在严重的非均衡出现时才会使用。至少,有一点必须被认可,即最好的稳定政策组合是让货币政策发挥一个重要的稳定作用。但这并不意味着货币当局在设法控制或调整已偏离通向长期通货膨胀率目标的路径的经济外部干扰时,它就可以不顾忌这一目标了。同样我们也希望,使用临时附加税并不会引起财政政策偏离实现增长目标所需的长期预算状态——不管是宽松的还是收紧的。这就好像一个舵手,不论经历了冰川流还是热带风暴,始终都不能忘记他所需要到达的港湾。

㉗ 如果稳定性政策仅仅是试图将经济基本维持在社会最优均衡点上,那么隐含的标准看起来才会是合理的。

所以很重要的一点是,我们要考虑预期通货膨胀率对通过货币手段实现稳定的成本、可信度及其任务的影响。首先,需要明确的是,将预期通货膨胀率定在一个较低的点上以获得理想的或接近理想的流动性水平,可能会让中央银行陷于无用武之地的困境。如果由于某次紧缩性的冲击需要放松银根,即要进一步货币化营利性资产,中央银行就会发现它对理想流动性的追求不仅使得它无法再买到政府债券;并且,即便商业银行还有增加贷款和投资的可能,进一步降低法定准备金率也只能激励它们增加少量的贷款和投资。如此一来,中央银行会取消对私人投资的禁令,对其他的替代方法的争论自然也会出现,但那不过是浪费时间而已。

如果允许新的方法来加深货币化,情况会是怎样的呢?中央银行可能会获得一个更为宽松的环境来再贴现银行的投资,或者是直接货币化一些私人资产。[28] 但是必须认识到的是,如果中央银行不得不采取这些措施,那么与在流动性低于理想水平时所需采取的非极端措施相比较而言,要实现货币化程度等量增加,前者会产生一定的损失。这些损失是推动货币化超出理想水平而形成的。(当然,这种极端的方法还是比不采用任何财政和货币手段而使得资本和其他资源闲置略胜一筹,但这并不是重点。)

第二种反对为实现理想的流动性水平而将名义利率确定在极低水平的观点与货币政策在这些情况下的可信度有关。其观点通常表述为,当流动性需求被描述为某些营利性资产的平均名义利率的函数时,其形状在利率相当低时要比"中等"(medium-high)利率水平时的形状平坦,因此,反周期的货币政策在很低的利率上"作用更小"。[29]

对此的反驳意见常常是,如果重建均衡必须使名义利率降低一定幅度,那么货币需求曲线越平坦,中央银行需要做的就是增加更多的货币供给。对这一说法,从最实际的层面出发都可以找到不同的回应。其中一种就认为,当产出和就业均在下降之时,真的能让货币当局增加货币供给就是万幸的了。就像财政部认为伴随收入降低出现的预算赤字的自发增加自身会足以使体系迅速恢复均衡一样,中央银行也许会错误地把资本和信用需求的降低带来的利率的自动下滑

---

[28] 对商业银行在中央银行的超额准备金征税的观点也被提及。如果对银行持有的现金也征收等量的税,这会促使它们为逃税而更多地购买营利性资产。对商业银行而言这是对货币征税,而且它是可行的,因为银行很难隐瞒其资产组合的构成。但是对家庭持有的货币是否也可以征收这种税就不是太明确。用货币税来对付萧条的建议可参阅:A. Dahlberg, *When Capital Goes on Strike* (New York:Harper, 1938),及 S. Gesell, *The Natural Economic Order* (San Antonio, Texas:Free-Economy Publishing Co., 1934)。

[29] 大家并不需要为了认定名义利率为正时存在的流动性陷阱而认可流动性需求的平坦假设。但是必须指出的是,货币需求函数并不总是凸的,与一般的教科书上画的不同,当名义利率足够高时,货币需求会趋于零。

看做一种有力的反周期力量。另外一种回应是,货币当局可能会受到"货币利率幻觉"的影响,认为发挥作用的是货币利率的下降比例,这样从2%降低到1%似乎就是一个较大幅度的下降。

然而情况可能是:假定中央银行在不稳定程度上遇到的困难是已知的,最为理性的中央银行就会发现相当低的货币利率和相当高的流动性将会对其有效地实现稳定形成阻碍。在资本品、股票、债券和货币都具有高度的流动性时,货币供给的任一增长对资本需求的预期影响,小于这些资产相互之间是高度互补且几乎按"不变比例"为人们持有时的情形。所以,假定名义利率需要降低的幅度既定,那么为了对它的下跌形成数学预期需要增加的货币供给量越大,货币增加额与目标值相比出现过多或过少的偏差的风险也越大。如果这种偏离导致边际负效用增加,那么想实现预期效用最大化的政策制定者可能会选择这样增加货币供给,即期望增加的货币供给不足以实现目标,但它能降低超标的风险,以此作为补偿。[30] 不论货币政策制定者对这些风险的反应多么敏锐,有一点仍是毋庸置疑的,即他必须使用的工具发挥作用的风险越小,从总体上讲,他的业绩也就越佳。

反对低名义利率的最后一个观点与利率对经济中非稳定力量的强度的影响有关。如果设定一个低的预期通货膨胀率能使稳定货币政策所需完成的任务变得容易完成一些,那这样做,对实现稳定的货币工具的可信度降低而产生的成本而言,很可能是一种补偿。然而事实上,确定一个低名义利率范围,使之对应于一个较小的预期通货膨胀率,有可能会加剧货币(或财政)当局要解决的非稳定性。

这一论点正确与否还取决于一个假设条件,该假设是关于货币市场出清时的价格"水平"在预期价格走势不变的情况下,对资本需求的外生干扰,特别是对资本的预期名义收益率上升(不论其起因)的敏感程度。我们有多个理由可以认为,在实际外部财富的任一初始水平上,流动性水平越高,名义利率也就越低,货币市场出清的价格水平对干扰也就越敏感,进而越可能让不稳定状况愈演愈烈。只要这个重要的假设有理可依,我们就可以详细地分析围绕着均衡通货膨胀利率发生的不稳定情况了。

商品需求上的干扰对商品的需求量会产生财富效应是这一论点的基础之一。可能有人会认为,被货币化的初始外部财富的比例越大,因资本的预期名义收益率上升所引起的价格"水平"的最初上涨幅度就越大。只要缺乏流动性的

---

[30] 这仅仅是众多可能出现的结果之一,但是只要政策制定者是厌恶风险的,那么对风险成本的一般看法好像不会有问题的潜在复杂程度的影响。W. G. Brainard,在"Monetary Policy and Uncertainty"(American Economic Review,1967,5)一文中研究了在有风险的情况下政策制定的多个案例。

有息政府负债存在,它就会在价格水平和商品需求的外生干扰之间构成一个额外的屏障。给定货币和政府负债的名义供给不变,价格上涨会降低货币存量和有息负债的实际价值。如果资本的名义预期收益已经增加了,利率将上升,而政府债券的实际价值会进一步下跌。债券价格因人们大量转向购买股票和物质资本将下降,这种下降本身会缓和资本和消费品的需求量增加,进而缓和商品价格的最初上涨。因此,缺乏流动性的外部财富越多,作为流动性对立物的商品的吸引力的意外增加在降低流动性上的影响越小。[31]

上面的观点也可以这样表述:若外部货币和私人持有的政府债券的名义供给既定,那么经济的流动性越大,股票(和它的近似替代品)的预期名义收益率上升1个百分点对货币市场出清的商品价格水平产生影响的比例就越大;同样,实际货币供给的初始水平越大,它导致市场出清的货币供给的实际价值下降的比例也就越大。

除了刚刚分析的财富效应,资本的预期收益增加的凯恩斯流动性效应则可以构成这个论点的另一个基础。大家一般都相信,与稍高的货币利率相比,在名义利率相当低时,一定的资本预期收益增加,会带来实际货币的需求量的一个更大比例的下降。这一点看来合情合理。因为在货币利率相当低时,货币化和中介介入的程度都已经很高了,以至于对货币的需求大部分都是"资产需求"且具有极大的波动性:资本的预期名义收益率发生一些小的变化都会对货币的总需求产生大幅度的影响,当然这是与货币利率较高的情形相比的。[32]

由此看来,始于20世纪50年代初期的新凯恩斯主义的不稳定性分析中常常运用的假设,其依据是充分的。这个假设就是:利率的初始水平越低,名义利率(或资本的收益率)上升1个百分点带来的实际货币余额的需求量的下降比例越大。名义利率很低时,实际货币余额的"需求曲线"的斜率的对数(绝对值)要比名义利率高一些时大。结果就是,初始的实际货币供给越多,或换而言之,均衡通货膨胀率越低(给定资本的实际收益率不变),因资本的预期名义收益增加而引起的价格"水平",进而通货膨胀率(大于均衡通货膨胀率)一开始时的上涨比例就越大。可以说,实际通货膨胀率对这种资本需求的干扰越敏感,它导致的通货膨胀上涨预期会强烈地反馈到货币需求上,使潜在的不稳定波动偏离均衡的可能性越大。弄明白这一点后,当我解释这些稳定模型时,它们的精髓就可

---

[31] D. M. Winch 强调了这种观点,参阅其"Inflation and Resource Allocation", Queen's University Conference on Inflation and the Canadian Exereince,1970,6,22—24。

[32] 但是,需要指出的是,在利率相当高的情况下,货币交易的需求曲线的斜率一定会变得很大,最终与垂直的零流动性轴相交,但在这种情况下,资本需求为零或接近于零。

以被简单地勾勒出来了。㉝

下面我们运用自然失业率的分析框架,该框架中非均衡状态是由实际通货膨胀率和预期通货膨胀率之差来表示的,而且后者是以适应性预期的方式跟上前者的,这一点我们在第 2 章中已经讨论过了。我们假设货币供给的路径是事先设计好的,未被货币化的外部财富的(任一)数量亦是如此。由此,货币需求量减少,正如因持有的资本索取权的预期货币收益率上升引起的货币需求量减少会增加股票的需求量,最后商品的需求量也会增加,而名义通货膨胀率会因此而上升一样。货币需求曲线的斜率的对数(绝对值)越大,通货膨胀率受到的影响也就越大,因为斜率的大小决定了一定的预期收益率上涨能带来多大的商品需求增加(货币需求减少)。如果预期通货膨胀率没有随真实通货膨胀率一时的上涨而上涨,那么通货膨胀率的上升就只是暂时的,因为经济体系会在预期通货膨胀率的那一点上恢复均衡。但是,如果预期通货膨胀因此上涨,它就一定会提高资本索取权和商品的预期货币收益率。而这一点又会按需求曲线的斜率的对数成比例地反映到货币需求上,进而反映到"下一时期"的实际通货膨胀率上。结果预期通货膨胀率再一次上涨。这就像价格固定不变的凯恩斯模型中的"乘数过程"。向某个更高但稳定的预期通货膨胀率收敛的这一过程要求斜率的对数不能比 1 大出太多,以至于让预期通货膨胀率的"稳定"趋势,只体现实际通货膨胀率或预期通货膨胀率上涨的一部分和其他一些可能的摩擦,这些摩擦使通货膨胀率对货币需求量的每一次下降仅能作出缓慢的反应。㉞

诚然,如果名义利率持续上升,那么根据我们的假设条件,货币需求曲线斜率的对数会变得越来越小,因而经济也越稳定。所以,这样看起来经济体系最终会趋向稳定,只是在某个更高的通货膨胀率水平上实现罢了。但是如果货币当局不认可通货膨胀率较高时的均衡,经济就会失常,失业率会低于自然失业率水

㉝ 我们目前讨论的这种数学模型最早出现在两篇著名的文章中,一篇是 W. S. Vickrey 的"Stability through Inflation",出自 K. K. Kurihara 编写的《后凯恩斯主义经济学》(*Post-Keynesian Economics*, New Brunstwick, N. J. : Rutgers University Press, 1954) 一书,另一篇是 P. H. Cagan 的"The Monetary Dynamics of Hyperinfaltion",出自 M. Friedman 编写的《货币数量论研究》(*Studies in the Quantity Theory of Money*, Chicago: University of Chicago Press, 1956) 一书。对稳定性问题的类似分析常常是从增长的角度进行的,如最近的 Sidrauski、Stein、Nagatani 和 Tsiang 的研究,得出的结果也大致相同,其中也提到,不稳定的"非货币因素"与通货膨胀预期没有明显联系。

㉞ 实现稳定要求对资本的预期货币收益率而言,出现通货膨胀的边际倾向(也就是预期通货膨胀率)小于 1。Cagan 和 Sidrausky 在其论文中提到,这一倾向等于一个极小的适应性预期系数与货币需求曲线斜率的对数的绝对值的乘积。这些是最简单的连续时间模型。Vickrey 的非连续的时间模型对实现稳定所能允许的斜率的对数的最大值推倒出了一个更严格的条件。但这些分析讨论的都是局部稳定,因而不能保证这些条件并不能保证全局的稳定性。因此,我断定,假定货币供给是以一个事先设定的无弹性的路径发展的,那么非稳定性问题实际上要比这些结论所反映出来的更为严重。

平并持续下降。只要名义利率降至最低、零或者某个正的底线,经济就会受到打击,直到一项积极的财政政策出台,而这时中央银行正常的货币化努力都无法进一步扩大流动性了。

当然,对任何一个分析经济稳定性的模型,不论它有多么复杂,都会存在严重的现实问题。模型忽略了适应性或者说谨慎性的货币政策。我相信,希望货币和财政政策将预期通货膨胀率一直维持在一个相当小的数值上不是不可能。实际上,在前面一种情况中,如果中央银行以降低它的信用供给曲线的斜率来抵冲货币需求曲线斜率的增加,那么它将会获得相同的结果。只是,我们没有理由假设它会作出这样一个完全抵消性的回应。

上面的分析让我相信,在低利率条件下,试图稳定经济产生的成本将比利率高时多得多。通货膨胀率低时,推行稳定政策的人的任务变得更繁重,而他们的工具却变得更低效且更不可信。在一个不确定的世界里,为了将流动性维持在低于原理想水平的某个点上而实行稍微有些高的通货膨胀政策会产生成本,这种成本可视为避免经济出现不稳定所需支付的(有限的)保险金。而且,从这种保险中获益最大的是穷人和弱势群体。因此购买一定数量的这种保险看来定然是值得的。

6.4.2 普通税的净成本

税收理论中有一个众所周知的论断,即我们缺少足够多的财政工具来同时完成税收制度可望实现的众多目标。该论点是源于以下发现:如果避开人头税不说,那么每个家庭都会花心思来"逃避"税收,以愉悦的方式或生产的方式——享受闲暇和从事家庭生产都是最常见的例子。排除人头税是因为,人头税在家庭间的任一分配模式将会体现怎样的公平性无法确切获知。而所得税实际上包含了许多种财政工具,每一种对应一个收入段,它充分说明了可运用的财政工具的"不完美"。尽管宽泛地说,要为公共支出征收到足够的税收,并且,同时通过调整累进税率实现税后收入的合意分配是可能的,但是这样一来,闲暇没有纳税而储蓄却被征税两次。即便对储蓄多征收一次税是应当的(多少是凭感觉),但如果总税收形成的税后储蓄收益率刚好适当,那就纯属巧合了。对支出征税,虽然从储蓄的角度来看要强一些,却不太适合使用累进税。[35]

---

[35] 可参阅 N. K. Akdor, *An Expenditure Tax* (London: George Allen & Unwin, 1955),以及 Mill, Fisher 和其他一些作者的文章。最近一篇在动态背景下详细讨论不完全的财政"控制力"的文章是 K. J. Arrow and M. Kurz, *Public Investment*, *The Rate of Return*, *and Optimum Fiscal Policy* (Baltimore: Johns Hopkins Press, for Resources for the Future, 1970)。

我在这里要讨论的是,如果对流动性征收一个正的有效税率,使得它的个人机会成本高于"理想"流动性水平的边际社会收益,那么这将有利于税收制度更接近其各种目标。"通货膨胀税"就是对所有财政工具选择的一个有力的补充,每一种财政工具都是不完美的,即便协调运用这些财政工具亦是如此。这不是一个无足轻重的结论,因为财政低效问题不是缺少财政工具的问题,而是如何消除每一种工具的负面作用的问题。如果一种工具仅仅是使用中的另一种工具的一个线性标尺的复制品,那它是不能起到改善财政效率的作用的。有一些税收工具在"正的水平"上使用时弊大于利,与其他工具相比,它们不占优势,或者它们带来的结果相对要差一些。但是,要说通货膨胀税就属于可以直接排除的类型,是难以令人置信的。

如此看来,这种论点与已有的按边际社会成本定价,进而按"理想的"产出水平生产的假定相冲突。随着 20 年前主要出现在英国的、在关税和货物税(excise tax)领域的"次优理论"的发展,这一假定已无法成立。事实上,这仅仅是对边际成本定价法则的第二波冲击,第一波攻击是由马歇尔、庇古和拉姆斯等人早先对货物税的最优结构的研究引发的。[36] 而在美国,反对边际成本定价法的一般性论点则是由威廉姆斯·威克里(William Vickrey)明确提出的,他是效率资源配置的忠实倡导者,常常与这种定价方法打交道。在提及与边际成本法则有冲突的多个目标之后,他进一步说[37]:

> 在与严格应用边际成本定价法相冲突的这些考量因素中,最重要的就是对税收的需求。对边际成本递减行业实行边际成本定价的许多更为极端的支持者,心照不宣似的假定,政府有一种完全无成本的中性的税收来源,这种来源可以极大地扩张而不会产生任何负面作用。这种情况不是没有可能实现,比如说,如果我们的所得税没有乘数效应,没有逃税的可能,管理和实施的边际成本为零,税基不仅包括货币收入还包括以实物抵付的所有形式的直接收入以及赋予价值的闲暇,那么这种情况就有可能实现。毋庸说,这与现实大相径庭。

虽然威克里描述的非理想世界中假定的定价法,不像传统的边际成本法则

---

[36] W. J. Baumol 和 D. F. Bradford 回顾并拓展了许多与此相关的文献(尽管远不是全部的),详细内容可参阅他们的文章 "OptimalDepartures from Marginal Cost-Pricing",*American Economic Review*,1970 年 6 月。还可参阅 J. S. Chipman,"External Economies of Scale and Competitive Equilibrium",*Quarterly Journal of Economics*,1970 年 8 月。此外,还有 Meade、Little、de Graaf、Lipsey & Lancaster、Whinston & David、McManus、Buchanan 等的研究。

[37] 参阅 W. S. Vickrey,"Some Implications of Marginal Cost Pricing for Public Utilities",*American Economic Review Papers and Proceedings*,1955 年 5 月,p.607。

一样易于理解并得到广泛认可,但是下面具有指导意义的内容已然建立:

在一种特殊的且研究甚多的消费偏好情形中,如果必须要为资源利用型公共支出留出资源,那么所有的纳税商品都要削减——基本上是按各自的理想产出水平的相同比例削减。而在一般的偏好情况下,比如说,商品1因需要纳税,它的价格高出边际社会成本,而商品3无须纳税,它的价格刚好等于边际社会成本,那么对于商品2征收一定的税,使它的价格高出它的边际社会成本,将要优于不征税——但需要满足条件,对商品2征税会减少其他商品需纳的税,而税收总量不变。如果(且仅仅如果)对商品1和商品2征收同样的从价税率时,商品1与商品3的替代性大于商品2与商品3的替代性,那么区别对待,即对商品2征收一个较高的税率而对商品1征收一个较低的税率,将要优于对两种商品征收相同的税率——但每一种税率都须在一定的范围内,否则税率降低则会带来税收收入损失。

在所有的情形中,我们要验证的实际上是,在减去所有(一次性)转移支付后的税收保持不变的条件下,税收变化是否能将资源从消费过多的商品转移支付至消费不足的商品。㊳ 给定转移支付的数量和政府使用的资源数量不变,其中政府的支出费用是有资金资助的,商品3可能就是家庭生产的商品,数量过多。如果商品2由闲暇活动来替代的可能性低于商品1,那么对商品2征收较重的税将会减少低效率闲暇,在一定程度上,这一结果必定是税收的替代效应引起的。㊴

下面就让我们运用上面介绍的谨慎流动性模型来说说流动性的最优税率。㊵ 假设政府向公众的税后转移支付的实际水平不变,对家庭的现金收入征收一个统一的所得税税率是实现这一目的的税收收入来源之一。在正常的情况下,通过提高与这一转移支付的实际支出对应的赤字,预期通货膨胀率会上升,后者会带来税率的一个下降;并且,名义利率(和预期通货膨胀率)的上涨将会大于流动性需求量的减少,从而产生一个净的铸币税收入。一旦我们处在温和

㊳ 因此与之相关的概念是"补偿替代弹性"(compensated elasticity of substitution)和补偿消费曲线(compensated demand curve),意思是指,具有代表性的消费者相信在税率发生变化后,只要愿意,他仍能购买到相同的商品组合。相关内容可参阅:W. J. Corlett and D. C. Hague, "Complementarity and the Excess Burden of Taxation", *Review of Economic Studies*, 1953年8月。另外,O. A. David and A. H. Whinston 的文章也讨论了这些结果对(商品)具有或不具有可分割性(separability)的重要作用的影响。

㊴ 可能,对那些(补偿)需求曲线"严重缺乏弹性的"商品(如盐)最好征收重税的观点,这就是其微弱的理论基础。当然,补偿需求高度缺乏弹性的商品必定与闲暇和其他每一种商品有着很强的互补性。但是由于商品彼此之间,而不是与闲暇之间,具有替代性,故一些商品的需求弹性也会比较高,而这不应成为逃税的理由!在商品3的例子中,对互补性和补偿弹性两者的解释似乎没有区别。对所得税,从总量上来讲,这就与我们有的全部商品有关。

㊵ 我与 Kenneth Arrow、Peter Diamond、David Levhari 和 Eytan Sheshinski 就这方面的问题展开了深入的讨论,下面的分析从中受益颇多。

的名义利率范围内,这种正常的情况好像就一定会出现,不管它是否会出现在非常接近理想的流动性水平上。我们关注的焦点将是代表性家庭的就业和流动性决策的配置效率结果,税后真实利率的变化对总储蓄率可能产生的影响则忽略不计。

这里,我将考虑两种极端的情况。在第一种情况下,每个家庭希望持有流动性仅仅是为了方便购买东西,"为了获得更实惠的购买价格"。因此,家庭会认为,它决定以低息的实际现金余额形式持有的部分外部财富将不会影响他必须支付的所得税的数量。如果我们粗略地假设,税前的真实利率对政府选择的税收组合不敏感,那么预期通货膨胀率的上升将会被那部分流动性低的外部财富的货币利率的上涨抵消,因此主要是家庭持有的具有流动性的那部分财富支付了通货膨胀税。

在这种情况下,家庭的效用被认为是其享有的闲暇、流动性,以及由家庭通过就业获得的现金收入来衡量的"基准消费"(measured consumption)的函数,其中的现金收入用市场上的平均价格剔除了通货膨胀的影响。家庭的流动性及其现金收入一起决定它能实现的"真实消费"数量。因为给定市场上的平均价格,家庭持有的资产的流动性越大,它购买的商品价格平均来说就越低。按通常的方法,家庭对这三种商品的购买数量取决于它们税后的价格或税后的个人机会成本。如果所得税税率为25%,我们会说闲暇是以25%的从价税率获得了补贴。或者,一个人可以用货币工资作为基准,并说"基准消费"的税后价格是33%;根据这一点闲暇就没有被征税——它的价格仍然是税前的货币工资率。

那么在这个模型中,所得税会怎样影响流动性的税后机会成本呢?先不考虑预期通货膨胀率,提高所得税税率(包括利息收入和工资收入的税率),一定会降低流动性的税后机会成本,因为我们在前面已经看到流动性的税后收益不会受到所得税的影响。为了便于分析,假设预期通货膨胀率的初始水平使得税前的货币利率低到可以实现"理想的"流动性。如果我们承认,维持理想的流动性水平会产生正的边际社会成本——如果不是所讨论的其他成本,就是不稳定成本,前者在内部-外部货币混合的情形中比纯外部货币情形更为常见——那么这种货币利率的数值肯定是正的。但是,在这种情况下,流动性的个人机会成本就是税后的货币利率;它一定比税前的货币利率低,两者相差的数额与税前的货币利率之比等于税率(上面的例子中为25%)。

因此,在这种情况下,如果没有所得税效应,名义利率正是"理想的"流动性所需的,此时征收所得税会使得流动性的个人机会成本小于流动性的边际社会成本(它等于"理想的"流动性水平对应的边际社会收益)。如果我们当做没有对基准消费征税,我们就可以说流动性和闲暇都获得了一定的补贴,因为它们都逃脱了所得税。或者,我们也可以说,虽然基准消费被征收了货物税(例子中的税率为33%),但是闲暇和流动性均未被征税。[41] 因此,我们的结论是,基准消费过少,实际消费支出(用平均市场价格作为折算指数)形成的效用过少,有太多的资源被浪费在过多的闲暇和流动性上。经济中存在大量的家庭生产活动和大量的购买行为,但是从事有偿就业的却不多。[42]

这样一来,我们至少可以认为,设立一个更高的预期通货膨胀率会带来配置收益。在一定程度上提高"通货膨胀税"将会抵消所得税效应带给流动性的隐性补贴,从而消除超额流动性,恢复"理想的"流动性水平。起码,在可以获得铸币税收入的正常情况下,这是一种明显的改善。

此时,如果我们认为基准消费没有被征税,那么闲暇依然获得了补贴,尽管没有流动性。而进一步小幅提高通货膨胀将只会让流动性稍微偏离"理想的"水平。但在正常情况下,它会降低所得税税率。[43] 因此,它将减少闲暇的补贴,此时的闲暇远远高于刚开始时的最优水平。而这样获得的效用收益在数量上要大于"理想的"流动性水平出现的一小步偏离所引起的效用损失。由于提高预期通货膨胀率能够减少闲暇原本已获得的很高的补贴,因此,如果在预期通货膨胀率上涨后,流动性的税收仍能为某个较低的净税收,那必然比税收完全被抵消要好。这实际上是前面提及的假设性的论点的直接应用,即正常情况下须纳税的商品都不应该被免税。

现在,我们知道,不再需要假设在最优流动性水平上,与之对应的名义利率是正的(尽管现实如此)。如果加利福尼亚州能够度量每个人吸收的阳光数量,即使我们晒太阳是不消耗资源的,但是,只要对晒太阳征收的最低税不会让人们全都跑到没有阳光的地方,那么对晒太阳的人低额征税,将会是一笔财政净收入,还避免了烦琐的所得税和销售税。或者想想人们以为边际社会成本为零就可以通过的畅通无阻的桥。只要其他征税方式的影子价格是正的,那么对过桥索取一个大于零的价格肯定会带来财政改善。同理,当税收收入的其他来源会给消费剩余带来净损失时,在这样的世界里追求理想的流动性就是一种奢望。

与利息相关的另一点是,若设闲暇没有获得补贴,那么以从价税为基础,流

---

[41] 第 j 个消费者在预算约束下实现他的效用最大化,预算约束的一阶微分为 $dc^j + i(1-t)dL^j + \phi_n^j \cdot (1-t)dz^j = 0$,其中的 t 为所得税税率,c 为该消费者的消费,z 为他的闲暇时间,L 为他持有的流动性,而 ϕ_n^j 为他的边际产出。相应地,如果我们令 $1+\tau = (1-t)^{-1}$,则有 $(1+\tau)dc^j + i \cdot dM^j + \phi_n^j \cdot dz^j = 0$。

[42] 参阅 S. B. Linder, *The Harried Leisure Class* (New York: Columbia University Press, 1969)。

[43] 这一论点看起来可能有点言过其实了,因为从不对流动性征税到对其征税,在减去社会"生产"成本后一定会形成一个长方形面积所代表的正的税收收入。但是理论上,税收能够形成一个总效应抵消所征得的所得税。

动性的净税收等于基准消费的税收时的利息是多少呢？在我们的例子中，假设通货膨胀税已经将所得税税率从25%降低到20%，这样隐含的对基准消费征收的货物税将不再是33%，而是25%。对流动性征收一个相同的从价税率将会让它的(税后)个人机会成本同样是高出流动性的边际社会成本的25%。㊹ 如果将价值为1美元的高度缺乏流动性的资产转换为实际现金余额的边际社会成本为，比如说，在次优财政中为6%——鉴于存在不稳定、银行业务过度以及其他一切因素——那么家庭选择现金而非流动性缺乏的资产将要面对的个人机会成本为7.5%。如果刚好维持收支平衡的资本收益是不纳税的，那这就相当于税前的名义利率接近9.4%。(完整的数字为三个：分别是4.5、6.0、7.5。*)

但是大家会猜想，流动性与闲暇的"互补性"要高于基准消费与闲暇的。或者说，在正常情况下，对流动性征收一个有别于基准消费的税收，同时降低所得税税率，将会降低对闲暇的高估。花费流动性资产是利用不计价的家庭时间的一种主要方式。(家庭也有可能作出相反的反应，为了抵消提高了的流动性税收，它们会精心安排更多的时间用于购物，由于它们希望不花钱的时候增加了，因而它们能抓住时机实现称心如意的购买的机会就会减少。但这一结果并不是我个人的猜测。)当然，提高流动性的税收会鼓励人们更频繁地跑到银行取钱，从而减少有酬劳的就业和基准消费。但是所得税税率的下降对这些没有报酬的生产活动又会有抑制。这是一种不同的效应在发挥作用。

还有另一种视角(拉姆斯(Ramsy)、布瓦德(Bioteux)和萨缪尔森的视角)能为我们的讨论带来更深入的见解。根据其分析，最优的税收差别会以相近的比例减少基准消费和流动性，要征收的税收收入越小，比例就越接近。如果流动性的(补偿)需求的弹性要小于基准消费(价格"水平"既定的货币收入)的需求弹性，在不考虑总弹性的条件下，流动性所体现的税率要更高一些。货币需求被认为是高度缺乏弹性的——这是它"不重要的"的主要原因！在任何情况下，似乎

㊹ 在这里，读者很可能会问，如何处理流动性的边际社会成本在每一点都为零这种特殊情况呢？如果是这样，那么对流动性征收的任何一个正的税收都将意味着一个无限高的从价税率。但是我们刚刚才让自己相信，当税收收入的来源都是有成本的时候，没有商品是可以免征税的。要弄清楚这个问题的答案，就需要明白，当流动性的"价格"接近于零时，流动性和闲暇间的(补偿性的)替代弹性也接近于零，在这附近，税收差异的替代导向的确在流动性上显示出一个相当高的从价税。但是，这种极端的情形仅仅是提醒我们在运用公式时不要将零作为除数。而一些文献中对特殊税率的公式也有所讨论，如前面提及的一些参考文献。

* 其中4.5 = 6%(1−25%)，应该是指家庭选择持有流动性缺乏的资产的个人机会成本，即相当于家庭在这种资产上获得了25%的补贴；而7.5% = 6%(1 + 25%)，因为对流动性征收后，家庭选择现金需要多承担25%的边际社会成本。此外，9.4%由7.5%(1 + 25%)得出，由前面的分析可知税前利率比税后利率高出25%，而税后利率等于个人机会成本。——译者注

都不能假设流动性的净税率应该低于现金收入的税率。而且,当储蓄供给被认为是除就业决策以外,另一种会受到所得税损害的配置决策的时候,这样说似乎尤为安全。

其实,上述分析的实用性比表面上要宽泛得多。所得税对流动性的激励作用是持有货币交易的需求模型的一个标准特征。如果营利性资产的到手和脱手存在中介成本,那么,利息收入的税率越高,交易余额完全以流动形式持有的可能性就越大。如果政府从资本收益中抽取得越多,即便是凯恩斯式的投机者*也会减少投机的频率。对此我们不再更多地讨论,下面我们要来分析谨慎性货币需求的另一种极端情况。

现在我们假设持有流动余额仅仅是为了随时间的推移获得更多的平均现金收入,而且这些收入被征以统一的所得税税率。家庭会持有流动性资产,为的是能安然度过"两次就业间"(between employment)的待业期,进而为其提供的服务获得一个更好的卖价作准备。同样,家庭在投资期间保持一定的流动性,是希望获得更佳的资产买价,进而从既定的财富数量上获得更多的利息(和租金)收入。在这种情况下,富有流动性的资产的收益和缺乏流动性的资产所获得的收益一样被征税。流动资产增加少许所得的收益和个人机会成本在征收所得税后会同比例减少。此种情况下我们没有足够的理由相信,在营利性资产的平均名义利率既定时,所得税对货币需求有任何直接的激励作用。因此,在这种极端的情况下,我们不能假设,税前利率等于流动性处于"理想"水平时的边际社会成本时,征收所得税会带来超额流动性,这一点与前面的模型有所不同。

现在我们就把我们的关注点放在这种所得税作用中性的情况上。如果是那样,统一的所得税税率只能被看做闲暇的一种补贴,就业和流动性只会间接受到这种补贴的影响。⑮ 若要对流动性征收一个通货膨胀税,现在就必须完全基于下面的前提条件,即通货膨胀税在降低所需征收的所得税税率进而减少后者对闲暇的隐性补贴的过程中,将减少部分闲暇。

接下来我们就必须在这种新条件下考虑替代性差异问题。对流动性征收一个通货膨胀税,同时为了保持税收收入不变而降低所得税税率,能够减少闲暇吗?答案是肯定的,但其理由不同,且不适用于前面的分析。通货膨胀税通过减少流动性,会减少上一个工作和下一个工作间的谨慎失业,从而刺激就业。(在正常的情况下,与通货膨胀税同时出现的税率下降只能进一步减少闲暇。)由于

---

* 指那些善于见机行事的投机商。——译者注

⑮ 如果我们用 $\gamma(n^j, L^j)$ 表示家庭的现金收入,n^j 为其有偿就业时间,那么预算方程的一阶微分为 $dc^j + (1-t)(1-\gamma_L^j) + \gamma_n^j \cdot (1-t) dz^j = 0$,但是家庭会让 γ_L 等于 i,使得 L^j 没有获得补贴。

流动性的成本提高了,因此工作调换和消费品购买同样可能会减少。我们一直把流动性概念视为资本,只有在政府极不明智地将其价格定在其边际生产成本之上时才会出现配置不当。但是在一个不具有确定性和充分信息的不完全流动的经济中,人们会滥用他们的流动性。只要提高流动性能改善市场而又不会增加投资的平均"搜寻"时间,显然它就会有一个净收益。但是如果流动性增加的同时让人们耗费更多资源来搜寻,情况就不那么明朗了。

更一般化地,如果在实际公共支出水平既定的条件下,预期通货膨胀率上升导致就业的宏观均衡水平提高,不论原因是什么——因为计算错误,或体现货币工资收入,或其他任何原因——我们都能获得一个有效的答案来回答我们的替代性差异问题。在这种情况下,归结为一点,通货膨胀税将带来配置收益。

因此,总的来说,在我看来,即便是在一个家庭从持有的流动性中获得的所有可查个人收入都须按所得税税率纳税这样的情况下——当然这是一种相当极端的情况——对所得税征收一个通货膨胀税就能获得配置收益依然是一个很冒险的猜测。此外,与该论点有关的还可能涉及征收所得税的一个现实层面。一直以来我们没有考虑耗费资源的征收成本。承诺增加税收所需花费的管理时间就是获取所得税收入的一个正的边际社会成本。尽管所得税机构设置的管理成本按所征得的每单位的税收收入来计无疑是微不足道的,但是最后收上来的 1 美元会形成实际资源成本是肯定的。情况很可能是,向那些心存刁难的纳税人征税所耗费的成本反而要超出他实际要缴纳的税收——即便只是作为其他人的一个反面教材,而且如果征税部门欲实现最优化,那他们将无法确保他们耗费的最后 1 美元的成本总体上能有一个净的税收收益。

正是出于这一考虑,许多经济学家都赞成,在那些必须重点关注征收所得税(或其他税收)的边际管理资源成本(marginal administrative resource cost)的欠发达国家,征收较重的通货膨胀税。在一个著名的研究中,作者曾假设增加 1 美元的税收收入会多消耗 10 美分的资源。即便是如此小的成本也会使得征收一个相当高的通货膨胀税成为最优的选择。[46]

然而,承认征收所得税的这一实际成本并不意味着我们能完全忽略微妙的替代性和弹性差异问题。要计算一个真正的最优税收组合,就必须把这些因素都考虑进来。但是征收所得税的边际管理成本肯定会偏重于提高对流动性征收

---

[46] 参阅 M. J. Bailey, "The Welfare Cost of Inflationary Finance", *Journal of Political Economy*, 1956 年 4 月;此文后来经过一定的修改,重新收录在由 K. J. Arrow 和 T. Scitovsky 编写的 *Readings in Welfare Economics*(Chicago:Irwin,美国经济协会,1969)一书中。还可参阅 A. L. Marty, "Growth and the Welfare Cost of Inflationary Finance", *Journal of Political Economy*, 1967 年 2 月。

的最优通货膨胀税。尽管与许多不如自己发达的国家相比,美国的这种边际成本一定要小得多,即便每增加1美元的所得税只有4美分的成本,这一边际成本也一定会大幅度提高流动性的最优税收,而且,在税收总收入既定时,它还会降低最优的所得税税率。

6.4.3 分配与公共部门

只有经济学家才会在假定公共支出和转移支付保持不变的条件下,从差别税收分析的角度来研究最优的流动性税收。但通常可能出现的情形是,公众和他们的立法者,会有意或无意地选择花掉因实现最优通货膨胀税所增加的"税收收入",他们要么通过扩张公共部门,要么相反,通过最优通货膨胀税进一步削减个人的消费需求从而让更多的资源份额用于宏观均衡的资本形成。可能有一些人对降低所得税税率、增加公共支出和转移支付以及减少个人消费这三个方面都或多或少持赞成的态度。就在我写这本书的同时,经济学家之间再一次开始谈论,就像1960年前后一样,为了获得更高的税收,公共部门和资本形成都正在受到挤压。我们越来越明白,如果要求诸如资本存量这样的因素都维持不变,国民净产值会比想象中的要小一些。在运用一个重大的社会创新来帮助穷人,或采纳家庭扶持建议之初,由于联邦财政收入匮乏,每一种情况都会遭遇迟疑不决,并且都会存在资金不足的可能性。目前对"住房紧缺"已有一些言论。因此,到这个时候,我们又会再一次记起降低通货膨胀预期并最终废止通货膨胀税的重要性,这真是令人难以置信。

第5章曾讨论过,所持货币的实际价值因为预期到的通货膨胀而突然遭受的损失,按相关的比例来计很可能是"累进的"。但是,如果通货膨胀被预期到了,那么很可能的情况是,富人抵御这一通货膨胀的能力要强于穷人,因为他们可以从许多营利性资产的名义收益率的相应提高中获得补偿。但如果收入和支出的税收在实行通货膨胀税的同时没有改变,那么影响仍可能是累进的。此时政府可以采取增加公共支出、公共投资和转移支付的数量,但不抑制个人消费的方法,而通货膨胀税会对这些方面的扩张作出调节。这样做,很可能穷人从中受益的程度要高于其他人。如果其原因就是基于下面的事实:一美元的环境改善中更大一部分提高的是穷人而不是富人的生活水平,那么这就是成立的。而且,对于增加公共服务和公共投资用于改善现代的主要是城市的生活设施的举措,从中获得最大的绝对收益的也主要是穷人,他们大多数都聚集于城市之中。

另一种情况是税率、实际转移支付以及公共支出都不直接与通货膨胀税的提高发生关系(其中公债的利息是按适当的实际利息计算的)。这样一来,个人消费将受到流动性税收的约束,而一部分资本深化则以私人厂房和设备、行业研究以及个人教育的形式扩张。那么经济中资本密集度的这种提升又会对穷人获得的社会经济总收益的份额产生怎样的影响呢？如果把穷人看做生活在经济的外围并且靠公共资助生活，为了让穷人的生活水平和其他人的生活水平一同提高，那穷人将必须依靠更多的转移支付，这就要从更高的产出中获得更多的税收收入来支撑。我们可以把对穷人的转移支付数量想象为一种（具有收入弹性的）"奢侈品"，这种情况下将会存在某种对数形式的涓滴效应*（trickling down，即转移支付的数量会随国民收入的提高而增加）。但是，穷人确实也赚取了收入，而且与其他人相比，他们收入中的大部分被认为是来自于自己的工资。至于强壮劳动的租金是否将会因此而提高就不得而知了。

最后，为了加强本节的观点，假设一旦通货膨胀税已经位于很高的水平，那么允许银行对货币支付利息将成为必然的建议。虽然它们可能不会被允许为储蓄进行无限期的竞争，以致银行数量过多导致无法容忍的资源浪费，但是建议将为零的储蓄利率上限依照通货膨胀税引起的名义利率上升的幅度加大则是有可能的。

显然向每一种货币，包括纸币和硬币，支付相同的自身利率（own-rate of interest）**就能十分简单地抵消实现最优通货膨胀税率的过程中获得的收益。流动性的有效税收将因此而消除。但是单独对储蓄征收一个有差别的更低的有效税会产生什么影响呢？为了保证税收收入不变，那就必须提高所得税税率（或其他普通税的税率），或是提高通货的有效税率。后一种情况似乎更为普通，它让我们又回到了差别税收分析这样一个基本问题上。而依照不同的替代性和弹性实行两种不等的流动性税率的情形我还没有发现。

然而，有一种观点认为可能形成更高的边际社会成本的是储蓄而不是通货。由于存在过度的干预、过多的银行数量，以及不稳定等危险，它们都会给流动性带来一定的边际社会成本，而这些危险因素更多的是影响银行的储蓄而不是硬币和纸币。这就意味着，带来更高的个人机会成本的是拥有储蓄而非持有通货。但是应该指出的是，我们一定不要阻止向活期储蓄支付货币利息，而与此同时要允许银行通过提供免税商品向所持有的储蓄支付有效利息。

---

* 又译作利益均沾论、渗漏理论、滴漏理论，指在经济发展过程中并不给予贫困阶层、弱势群体或贫困地区以特别的优待，而是由优先发展起来的群体或地区通过消费、就业等方面惠及贫困阶层或地区，带动其发展和富裕。——译者注

** 凯恩斯在其《通论》中使用过这个术语，它被定义为商品的当前价格与未来价格之间的变化百分比。——译者注

6.5 货币的效率：计价单位

人们反对通货膨胀的最早原因可能与它会降低作为主要的计价单位的货币的效率有关。在我们讨论这些反对观点之前，我们先要简单地说说通货膨胀的正确计量（或度量）问题。直到目前，我们还未要求对这一点给予关注，因为仅与流动性有关的货币效率涉及的只是名义或货币利率，而不是"正确的"（或是错误的）真实利率的适当水平。

6.5.1 价格指数偏误

很多情况下，一个家庭使用所积攒的固定数量的美元能够买到的商品都要好于那些先前可以购买却没有"实际"度量的商品。商品的标准化程度变高，质量控制趋于严格，获取消费信息的成本降低（对已有商品的差异既定而言），以及生产的商品类别增多，这些在本质上都是正常的，并且不会意味着生活成本的提高。生活成本的增加情况需要知道生活财产超出生活成本的速度，而后面这两者都可恰当核算出来。但是如果核算生活成本的一般（但完全正确的）方法忽略了伴随增长过程出现的这些特征，那么生活成本的提高程度将会被高估（增长率估计亦是如此）。

积攒一美元（即推迟一美元的消费）还有另一种价值收益没能度量出来，这是缘于"相同的"消费品的质量在不断提高。仅仅在每一年新的消费品式样中，对商品质量改善的低估，就已经被认为会让消费价格指数每年高出约2%。正是这个原因，自战后至今的时期本身就是一个真实的通货膨胀紧缩阶段，尽管与平均预期的真实通货膨胀紧缩率相比可能要低一些。这一论点必定有其合理性。假定可支出的现金预算不变，我们相信，即便现今的购买价格要高得多，大多数消费者还是愿意购买现今国民总目录中质量更优的商品，而不愿意按1950年的目录所列价格购买当年的商品。[47]

虽然日益加剧的拥挤和污染导致人们生活的惬意程度不断降低，但这并不影响以上论点的合理性。这些现象与国家的经济增长率有关，而与美元购买力的降低无关。（真实）生活成本降低表明一美元的机会增多了，但它并不是因为人们的机会增加了。环境的恶化没有削减美元的购买力，因为作为消费者，他本

---

[47] 一种固定类型的商品，如果一直在生产，它价格指数，最起码应该按旧式样的商品价格的下降幅度降低。Richard Ruggle 就曾指出，这还不够，因为只要消费者愿意，他可以购买新式样的商品，他的选择范围已经扩大了。

人持有一美元无法买到环境的改善：如果他推迟购买，他会在以后得到更多的烟雾。消费者窖藏的美元的商品购买力依然会提升2%，消费者通过买或不买的取舍能改变的是商品的消费。

当我们在讨论作为计价单位的货币的效率时，我们所指的是真实的通货膨胀率。有意思的是，流动性是重点时，指数的准确选择就变得无关紧要了。假设美元的购买力中存在没有被计入的收益，那么，给定通货膨胀的度量方法，这一假设并不会影响实现最优的流动性水平所需的通货膨胀率的大小计算。如果进入核算的消费品既定不变，那么持有一美元的实际收益率会因为没有计入消费品的质量改善而有所提高。而在名义利率既定时，对一种营利性资产投资所得的实际收益率也会出现等量上升。因此，消费者推迟消费可以享受到更优的消费品组合，但是货币不是可以实现这一点的唯一的价值储藏手段。如果消费者已经攒了15年的钱，那么他现在就可以用这些钱买到比以前更好的商品，但要以更高的价格。如果他投资一种政府债券，期限为15年，名义收益率为3%，那么他现在同样可以在更高的价格上购买到更优的商品。如果代表性的营利性资产的名义收益率为3%，在经济学家们意识到国民消费价格指数存在上升偏误之前，该名义收益率被认为是与最优流动性相适应的，那么，在发现偏误之后，要实现最优的流动性就需要营利性资产和货币之间保持3%的名义收益率差异。

只要洞察了实现理想流动性所需的真实通货膨胀率，那么为了实现理想的流动性，在价格指数核算中应该采取怎样的核算趋势的问题就变得极其重要。一般的经济学家必须直接决定，货币和非货币资产两者的名义收益率需相差多少才能满足最优流动性。给定消费价格指数的构成方式不变，那么就有一个通货膨胀率的计量结果对应于最优流动性，但是它的大小和代数符号对最优的流动性水平的决定没有影响。如果为了体现先前未能计入的商品质量改善而要改变消费价格指数的构成，那么当然，与相同的最优流动性水平对应的通货膨胀率的新计量结果的代数值将会小一些。但是如果流动性是决定预期通货膨胀率的唯一基准，那我们就可以简单地忽略价格指数问题。最优流动性分析对用于通货膨胀率度量的消费价格指数的全部要求就是，真实财富既定的条件下，这样度量出的通货膨胀率下降与资本、资本索取权以及其他不流动的非货币资产有望获得的名义收益的下降相呼应。[48]

---

[48] 这对那些明白人是沉痛的一击。但是当最优流动性分析的结论是支持真实通货膨胀为零，就好像未计入的质量变化与流动性有关时，我们又该如何处理呢？

6.5.2 误估(miscalculation)效应

假设预期通货膨胀率为一正值,那么预期通货膨胀率越高,人们在作出购买和销售决策时所需付出的努力就被认为越大。在一定的条件下,对一个发展的经济,相同的论点可能也适用于预期通货膨胀紧缩。[49]

只要价格上涨被认为是不利于对现在购买和以后购买两种计划作比较"计算"的,那必然就会有争论性的观点对此作出回应。如果货币利率是正的,即使价格水平是平稳的,也需要进行该种计算。但是必须承认的是,虽然从定性的角度来说问题是一样的,但价格上涨得越快,要定量分析问题的难度就越大。

更深入可能也是更令人困扰的争论基于当前市价的信息具有不完全性。这种非瓦尔拉斯(non-Walrasian)特征构成我们在第1章叙述的失业理论的主要基础。如果市场上的各种报价,在一定的货币约束下,只能随时间推移慢慢地被获悉,而获悉后很快又过时了,这样一来,决策者们就需要在当前的基础上对过去所观察到的市价作相应的调整,而他们作出的交易决策在一定程度上不得不依赖于他们对这种调整大小的主观计算。由于人们不会把信息都写在脸上,所以这些计算是繁重的,而且还会出现一些误差,包括随机的或系统的误差。变化率越大,计算所需的时间越长,犯错误的可能性也就越大。

因此,这一论点似乎表明预期通货膨胀率为零的可取性,至少从节省计算时间的角度来看是可取的。然而,人们可能不仅仅希望弄清楚价格指数,还希望研究产品价格的结构。如果只有一种产品在总通货膨胀为零时表现出的价格是有规律的下跌,那么为了维持大多数价格的稳定,人们可能会倾向于支持一个正通货膨胀率。对于产品价格,维持长期价格变化率居中的那一价格的稳定可能要优于维持产品的平均价格的稳定。

更重要的是,在预期通货膨胀为零时,货币工资率在一个增长的经济中将有上升之势。因此,即使产品价格稳定,生产者也必须对正常的工资进行跨期计算。货币工资指数不变时,产品价格将按生产力的增长率下降。那么在这两种价格变化率之间是否存在最小误差的通货膨胀率呢?或者这样问:让产品市场中的产品价格更多地处于紧缩,以及让劳动力市场中工资更多地呈现膨胀,在这两者之间是否有一个通货膨胀率,使得两种情况中耗费的时间和出现的误差数量相等呢?

其实,所出现的误差可能就是预期通货膨胀率差异引起配置效应的重要原

---

[49] 对这一问题的讨论,可参阅 H. G. Johnson, "Monetary Efficiency", *Journal of Political Economy*, 1968年12月。

因。一个木匠会估算他的原材料成本,但他可能会接一个活儿,其收益还要小于他过去估算的这些原材料的成本按复利计算至今的现值。类似地,一个女人可能不会购买一件昂贵的外套,因为它在价格上的上涨幅度低于她现在拥有的外套和可选的新外套在价格上的上涨幅度。因此,预期通货膨胀率越高,会导致劳动力的参与率越高,而一些工人赋闲的频率越低(尽管技术要素的价格关系没有发生变化),这是因为家庭相信其面临的是更高的相对工资,而没有对它们在过去获得的货币-工资率数据作充分的复利计算。

那么这些激励对就业和储蓄是否不利呢?答案是至少它们不是理想的工具。认为它们会产生一些社会成本是合理的。但是不难发现,这些因预期通货膨胀提高而引起的配置效应,十分便于公共政策的掌控,以应对第4章讨论过的市场不完全性导致的部分失业。作为一种储蓄激励,它是一种降低消费的工具,却没有降低就业的不利影响,这一点与所得税不同。因此,只就它对就业和储蓄可能产生的"误估效应"而言,预期通货膨胀一词就应该在用来解决宏观均衡中出现的过多失业的各种次优措施中占有一席之地。

但是预期通货膨胀当然也会形成一些不好的成本。将价格趋势和作为计价单位的货币的效率联系起来的另一个方面涉及的是货币改革的频繁程度。价格不是在一条"实际轴线"上随意被选择出来的,选择的价格应该是以最适度的货币单位表示的。如果单位货币的价值过大,那么就可以择其半数,甚至更小的单位。如果所有的价格和名义总量,如货币供给,都要翻番,而先前的硬币和纸币的面额都是最优的,那么货币面额改革就是最佳选择。原来的货币单位会消亡,取而代之的将会是价值更大的硬币和纸币单位。如果价格上涨了许多倍,改变计价单位也会是合意可行的。预期通货膨胀或预期紧缩的速度越快,就要求这种货币改革越频繁。虽然这一因素对通货膨胀率处于合理范围的重要性不是主要的,但它是一个不应该被忽略的因素。同货币效率的其他方面一样,它让一个上升过快的预期通货膨胀率的成本过高。

6.5.3 对价格趋势的信心

还有一个因素常常被用来维护通货膨胀主义理论的基础。一个不变的价格趋势被认为是极为少见的,因而价格稳定的神圣性才能唤醒公众的牺牲精神,如果货币当局想让所控制的通货膨胀率维持在某个合理的数值上,这个时候它就需要这种精神。让公众记住神圣的零通货膨胀率比让他们对某个受到不当理解的目标通货膨胀率(如5%)的重要性留下深刻印象要容易一些,这一点可能是真的——其中两种通货膨胀目标都是以官方的价格指数来表示的,是由指数的构造函数所选择的诸如肉类和乘坐地铁等商品的价格计算出来的,而不是真实的通货膨胀率(真实的通货膨胀率是无法计算出来的)。如果设立中央银行是为了和一群不易满足而且冥顽不化的群众讨价还价,那么当他们要求的是2%的通货膨胀率时,中央银行最好让他们相信它最终只会提供零通货膨胀;而当他们要求的是7%时,它就必须坚持5%。

一个类似的论点认为,通货膨胀就像是一种让人上瘾的毒品,一旦用它一次,最后就难逃过度滥用之命,且要付出极大的代价。一个人偶尔在一天抽一根抑或三四根香烟没什么大不了的,但问题是他是否有能力保证不会很快再拿起那些香烟且不会越吸越多而上瘾呢?

那么结论是什么呢?结论是,通货膨胀只能被稳定在过高的比率或过低的比率上;再有,如若尝试中间路线将会是一次随时都有可能翻船的航行。但这都是对人的本质和能力的极为消极的看法,就像是对无政府状态或寡头政治提出的选择不抱希望一样。一个国家也许会实现它应该获得的通货膨胀率——相对于它的优势和能力而言。可能是,我们对经济政策问题尚未有成熟的认识,因而对以某个温和的比率来实现一个公开的通货膨胀目标这一任务,我们无法完成。但对于各种人性的缺点和判断失误,比如说在过度吸烟中体现出来的,认为它们会造成严重的过度通货膨胀,似乎有点牵强。我们并不是不知道通货膨胀的成本,它们也并不难被发现,且确实让人有些头疼,但是在目前,外行人把这些成本扩大了上千倍。此外,在一个温和的通货膨胀率下,中央银行稳定经济的技术力量将会加强,而且与通货膨胀率有关的不稳定冲击还会减弱。战后的这些年不是没有证实温和的通货膨胀是可行的,它不会导致通货膨胀的高速上涨,且无须以必须维持价格稳定作为托词,至少在许多国家情况是这样的。

但是假设控制通货膨胀的行动,一旦从财政和货币历史上不当论点的束缚中解脱出来,其过程将比人们想象的更加难以预见,并会导致一个过高的通货膨胀率。但这种情况不是不可以阻止的。而且,在任何情况下,一定会有自由主义者站出来,他们既然支持一个理智的成年人有权将自己的美元花在烟草、个人教育及其他方面,他们就应该也会赞同,受到良好教育的公民,只要他们自己愿意,就有权投票支持更多的通货膨胀(或更多的失业)。但是抑制通货膨胀需求扩张的是这样的论点,即过多的通货膨胀会产生负效用,而不是某种禁忌在起作用。选择运用公共政策的方法本身应该是民主的一大优点,但是当人们受到不实之情的羁绊时,它就不再是优点了。显然,遭受理性失误要比非理性失误好。尽管我们期望的结果是获取有价值的经济收益,但是控制我们制定政策的潜能与这一点有异曲同工之意。

第三部分 最优通货膨胀政策的本质

第7章 最优总需求政策的本质

前面几章已经为我们分析最优需求政策的本质奠定了基础。那些章节已经阐明了当前和未来的(净)社会经济收益,随需求引致的就业率变化和预期通货膨胀率变化而出现增加或减少的主要原因。与就业率和预期通货膨胀率的每一条时间路径(the time path)对应着的是社会经济的某一时间路径。当然,有一些就业率和预期通货膨胀率是无法实现的,而且也无法独立地选择这些变量。预期通货膨胀率所选择的路径与需求引致的就业的时间路径是动态相关的。两个变量之间的这种动态关系是基于自然率假说确立的。这种关系(或它的任一变化形式)限制了时间路径的一些可能的扩展。

我们现在的任务就是要将最优政策的概念引入到总需求中来,并根据人们对收益的大小、收益的平稳性以及获取收益的早晚等方面的跨期选择,研究最优政策是如何在现有经济结构下可能存在的各种收益时间路径(benefit time paths)中进行选择的问题。为了避免出现一些误解,在展开这一分析之前,我们先作出以下解释:

(1)读者将不会看到一个具体的最优通货膨胀率值。但是,根据相关的多个函数关系的确切假定条件,我们所介绍的方法可以计算出最优的政策。对于一个简单明了的例子,读者实际上可以通过几何方法得出最优的通货膨胀政策,但必须清楚的是,收益路径的数量化在某些方面仍有一定的主观性。估算人们对收益时间变化的跨期偏好在某些细节上也不可避免地会带有主观色彩。我们仅能猜测出人们喜欢什么,而政治家们猜测的是人们自认为喜欢的是什么。即使是图2.1中的传统计量经济学所得出的通货膨胀调整曲线的估算也仍有待改善。

(2) 任何时候的最优都能表述为"合意的"通货膨胀率或合意的失业率——由于存在过渡时滞,实际上是指下一个"时期"的。在每一种情形下,最优都不是一个只在社会偏好或经济结构改变时才需要调整的静态值。最优可由一条时间路径来表示,在这条路径上,通货膨胀率和失业率都不会是不变的,除非碰巧是处于初始条件下。同样,我们也可用一种政策来表述最优,这一政策决定了其行为(货币或财政措施)或其目标(如目前的通货膨胀率)是经济体系当前"状态"(如由当前的预期通货膨胀率来表示)的函数。只要偏好和经济结构不变,该政策函数在长期内也会保持不变。

许多偏好使用最优通货膨胀率的作者都强调最优预期通货膨胀率,而且一般都假设后者是不变的。在目前的分析中,与这一概念最接近的是最优政策在有限的时间内或在"长期内"(这是一个错误的表述)所要实现的那个通货膨胀率。由于迅速改变预期通货膨胀率的成本是巨大的,在短期内会导致大量严重的失业或短缺,所以最优政策的目标应是对预期进行缓慢的调整,而不是越快越好。加快预期变化产生的特定成本是实行这种"缓慢性"调整的根本原因。

但是,这并不意味着任何变量都不应当突然改变。在实现最优之前,除非初始政策恰好就是最优的,否则最优政策的实施将会导致当前的失业率和通货膨胀率突然发生变化。因此,一个最优政策首先可能会引起通货膨胀率的突变,然后在此基础上通货膨胀率再不变地(即单调地)移至其长期值,不再偏离:开始时,它甚至可能导致通货膨胀率或失业率"超出"它们的长期值,然后再逐渐逼近该长期值。不论"超出"的情况会不会出现,在这一过渡阶段,为了让经济走上最优路径,通货膨胀率和失业率都会作出适当的调整。① 而且不论是哪种情形,都不应该以最快的速度寻求实现长期中的某个预期通货膨胀率。

(3) 这里我们不考虑外部干扰的存在。如果存在随机干扰,最优需求政策一词可以用来指代能形成最佳"预期"或"预测"结果的需求政策。由于每种政策都可能带来高成本的风险,因此,随机干扰的风险不一定会对这个最优政策产生过多的影响,甚至根本不会产生影响。然而,为了保证在未来获得相对更大的收益而在目前作出相对较大牺牲的政策,相对而言是有风险的——因为与当前的结果相比,未来后果的可预测性更低。但是即便当前的牺牲只能获得较低的未来收益,存在这样的风险也并不一定意味着减少当前的牺牲就是对的:如果未

---

① 如果我们认为价格决策和就业决策对总需求的变化反应迟缓,那么货币政策或财政政策的迅速改变将不会反映为就业水平和通货膨胀率的突然变化。但是这些变量的水平变化迟缓并不意味着人们对联邦储备信用或联邦税率等工具变量的运用缺乏坚定的信心。

来是有风险的,那么为了为该风险保险,当前作更多的牺牲就可能是值得的(收入效应会抵消替代效应)。因此,将风险排除在分析之外,不一定会误导我们,即使会,其程度也不会很严重。

当然,要恰当地把这里的最优方法应用到存在不确定性的现实经济状态中,肯定存在一些分析上的困难。对于这一点,我们将在第8章再作讨论。

(4)至于联邦政府的哪个部门——是财政部通过联邦税率还是联邦储备主要通过公开市场业务——最适合来完成控制总需求进而控制价格水平和失业率的任务的问题,这里将不予以讨论。我要讨论的是这两种任务下的最优需求政策的本质。我先着重分析通过改变预算赤字来实现均衡通货膨胀率变化的情形。在此情形中,中央银行的职责是在面临财政波动的情况下,将投资率维持在一个稳定的水平之上。②

(5)本章的分析将不包括国际因素,因为我认为其结果基本上不用作改变就可以用于一个开放经济,即便是对于一个在以美国为主的世界经济中处于特定地位的开放经济,情况亦是如此。这里的分析是否适用于一个小国,取决于它所选择的是有管理的浮动汇率还是完全自由浮动的汇率。一般而言,美国会让其他国家自行决定它们对美元的汇率。世界上其他的国家可以自主决定其汇率选择:让汇率钉住美元或自由浮动,或是选择不断调整的有管理的汇率。但在多数情况下,美国以外的国家会发现最好的方式是将其汇率钉住美元,而且最后往往是接受美国合意的通货膨胀率;若是这样,美国的通货膨胀决策对所讨论国家的社会影响就会成为它在衡量国内实际和/或预期通货膨胀率变化的收益时要考虑的一个因素。如果国外选择一个不同的通货膨胀率,并自己控制汇率,从而在它所期望的外汇储备上实现收支平衡,那么,美国通货膨胀率变化可能会引起的汇率贴水或升水对国外和美国的影响则会成为美国汇率决策中需要考量的因素之一。这些内容将放在第9章讨论。

在了解上述这些需注意的点和相应的解释后,我们就可以开始分析最优需求政策的特征了。

---

② 即便是一些货币主义者认定的货币需求,至少在长期,完全无利率弹性这一极端假设也并不意味着这种控制通货膨胀的方法是不可行的。基于该假设和一些较温和的假设,如果通货膨胀率要长久性地上升,这的确需要得到货币当局的最后许可。但是最终通过加快货币供给的增长速度实现的许可,实际上是银行为达到使私人投资不随价格水平和预期通货膨胀率(以及资本利用率)的变化而变化这一目的的自发结果。

7.1 最优通货膨胀政策的本质:一般理论

最优通货膨胀政策讨论的第一步是对最终能实现的每一种均衡状态所形成的每一时期的收益流进行比较——估算它们就好像每种状态相对应的初始条件("状态变量"),如预期通货膨胀率,可以立刻实现而没有交易成本,好似一个人可以重新改写相关的历史及其进展。虽然在任一给定的时刻,初始条件只是一组真实情况的选择集,是历史数据因而无法立即被选定,但是,如果基本参数,比如人口增长率或劳动力市场中的摩擦程度,自身是稳定的——或在需要时假定它们基本上是稳定的,那么任何最优政策都可以将实现这些均衡状态中的其中一个确定为经济的目标。这里我将假设这些基本参数是稳定的。但这并不意味着只有在政府不利用机会改变这些参数中的一部分时,一个最优需求政策才是有意义的。

最优政策的制定者之所以需要考虑每一种能实现的均衡的收益流,是因为早期的最优变化通常取决于哪种均衡是"终止点"(rest point),即最优的终点(或最优均衡点)。因为你首先得知道你的目的地在哪里。这一点是显而易见的。但是需要明确理解的是,对应于当前水平,如果最优政策最终要提高、降低或重新确定预期通货膨胀率,那么这个终止点的目标将在很大程度上决定近期政策目标的本质特征。比如说,一项最优政策必须推高预期通货膨胀率的现有水平,那么最优政策的当前目标就是提高就业率,使之高于现有预期通货膨胀率对应的均衡水平,也就是说,使就业率高于简单模型中的"自然"就业率。因此,很可能的情况是,最优政策的当前目标是提高就业率水平,但这一水平不仅在未来不可接受,而且从纯粹的短期观点来看也是不可取的。

在考察可持续的均衡状态时,首先要看的自然是哪种(或哪些)状态实现后在单位时间内能带来最高的收益水平。图 6.1 给出了实现可持续的社会收益最大化的预期通货膨胀率这层含义。但是就此得出这种收益最大化状态必定是最优路径的终止状态这一结论却是错误的。如果放弃收益最大化状态能够获取短期收益,如果人们更喜欢把未来增加或减少的收益贴现为现在的收益,那么收益最大化状态(是从历史的或静止的观点来看的)与最优路径的终止状态之间就会存在差异。只要偏离收益最大化的均衡状态能保证现在获得短暂的收益,那么在两种情形下——我们所处的初始状态恰好就是这一均衡状态,或者社会希望未来的总收益能贴现为等量的当前总收益——收益最大化的均衡状态既不是要实现的最优目标,也不是要保持的最优状态。如果后期收益对应于早期收益存在一个正的社会贴现,那么,社会为了在近期获得额外的收益,将愿意在跨时较长的未来时间里接受一个比原来更低的收益水平。同样的计算逻辑还会让社会拒绝为消除临时收益的负面作用暂时作出一些牺牲。时间贴现会让最优经济走向当前收益较低但记忆中却有着较高的收益的那一点。(当时间偏好为正时)最优的终点与收益最大化均衡状态之间的距离应该是这样的:继续加大两者间的距离就无法使初期临时增加的收益弥补未来不断损失的收益。

只要我们作两个假设,就可以轻易地得出一定时间内的最优通货膨胀率结果,而且这两个假设我们已经在前面几章中详细分析过了。假设预期通货膨胀率上升是一次(无显著收益或成本的)短时非均衡变化导致的唯一持续性后果,在这一非均衡状态中,实际通货膨胀率高于预期通货膨胀率。尽管其他的影响也长时间存在,但是往往会因为过时、被遗忘或死亡而消失。只有预期通货膨胀率(即相应的货币工资的预期上升率)在没有新的和迥异的情况出现而最终改变预期之前,它才会持续数十年不变。人们自一开始就不会只预期零通货膨胀率(或3%的货币工资上涨率),他们往往是在已有经验的基础上来进行预测的。因此,如果没有贴现,可持续收益最大化的预期通货膨胀率就是长期中所追求的最优通货膨胀率。未来收益存在正贴现的情形又是怎样的呢?这种情况下,我们就会愿意把未来每个时期的收益中某个稳定的收益流转化为当前的一个额外收益。如果我们假设,在可持续收益最大化的预期通货膨胀率附近形成一个略大于预期通货膨胀率的实际通货膨胀率,会在当前(或更一般地,在近期)产生一个正的净收益,那么最优政策将会抓住当前这个盈利的机会,其代价则是让预期通货膨胀率移至某个最优点,该点比可持续收益最大化的预期通货膨胀率要大。

数十年以来,这种社会时间贴现现象是否可行、是否健康,或是否与我们实际的道德信念相吻合一直是政治经济和经济政策领域备受争议的话题。根据我对记忆的特殊理解,生命是有限的,一个家庭在人生的较早期就去游历从而拥有足够的时间享受对此的美好回忆并非不合理。但是,如果一个社会的记忆随世代更迭最终消亡,那么贴现因素就不会在最优的均衡点和当前最大的可持续收益之间形成差异。人生中存在的不确定性是支持正的时间贴现的一个更为合理的理由。贴现未来的确定收益是解决不确定条件下的最优化问题的捷径。另一条支持正的时间贴现的观点是源于人们发现遥远未来的收益对现在活着的人而言是可望而不可即的。一个社会可能觉得这是对它的后代、对外界,甚至是对动物界施惠,但是对一个国家而言,它不可能把这些目标与自己的目标完全等同对待。如果现在采取措施的成本相当小或者不这样做只会让我们懊悔不已的话,即使社会对未来进行贴现,(对有些事情而言)社会最优行动将仍会让未来的情况比现在更好。因此最好在我们的分析中考虑正的贴现率。尽管我们强调的仍是零贴现的情形。③

　　这样,剩下的问题就是确定经济从初始状态出发至我们前面分析所决定的最优终止点的最优路径,其中初始状态是由当前的预期、现有的货币合约以及目前劳动力市场上的工资和就业机会信息等这些历史(状态)变量描述的。有一些路径不是最优的,因为它们会让(这样描述的)经济状态过快或过慢地移至最优终止点。当然,还存在不计其数的其他路径,它们与最优路径发生偏离的情况更为复杂。社会贴现率越高,社会就越喜欢把未来收益的贴现值与当前收益进行比较,从初始状态过渡至目标状态也就越发重要,尤其是在早期阶段。但是不论时间贴现率有多大,最优化过程都要求我们重视从初始状态至终止点的时间路径的本质。

　　经济学家都熟悉选择路径所需要的效率计算原则。它要求,在两个非连续的时段里,改变第一时段的政策不可能使两个时段的(适当贴现的)收益总和变大,其中假定在更远一点的未来时间里获取收益的可能性不变。这使我们想起了欧文·费雪(Irving Fisher)消费规则,即要使本年和下一年消费的边际替代率等于选择者可以使用的边际贸易条件。如果根据这一规则,从任一初始的消费水平出发经过一个无限长的时期,决策者会发现他只有碰运气才能有幸实现他所想要的长期的最终消费水平。更可能的情况是,他得到的是另一个均衡,或者是完全出现偏离。因此,为了实现最优,我们要选择当前的收益水平,再加上有计划地使用效率规则,我们便有望朝最优终点移动。④

7.2　最优通货膨胀路径:一个解释模型

　　为了使分析具体而简单,我们使用自然失业率假说。也就是说,维持一个稳定的通货膨胀率最终还是会趋向一个失业率和生产能力闲置率,这两者不随所选择的通货膨胀率而变化。但是正如前一章已讨论的,资源配置进而生产力还是会受到一些影响。

　　简化对经济"状态"的描述则十分容易。状态变量一词是指一些当前的数据或事先已决定了的变量。政策制定者现在必须假定这些数据或变量给定不变,但是他们现在的政策行为会在未来对这些数据和变量产生影响。预期通货膨胀率是我们要关注的单一状态变量。这是一个大胆的简化,但是如若我们只能

---

　　③　如果后代的人口多于当代人口,那么与等同对待每一个人相比,等同对待每一代人,为了获得未来收益所牺牲的当前收益要小一些。这里我用的是零贴现的第一个含义(等同对待每一代人)。

　　④　即使坚持跨期效率条件,仍可能有多个初始收益水平选择(对应于当前不同的政策)会达到最优的终点,而且所走的路径都是最优的。但是经济结构中存在的收益递减和社会偏好结构中的边际效用递减,即所谓的凹条件会保证最优路径是唯一存在的。

选择一个政策变量,那预期通货膨胀率自然就是我们的选择。当通货膨胀率暂时被定在高于预期通货膨胀率的水平时,后者将可能是唯一一个受到长久影响的变量——除非后来有通货膨胀紧缩才能消除该影响,但是其他的影响,如对分配、技能等产生的影响会随时间的推移而消散。

为此目的,我们首先将失业函数完全简化为一个提供工资和工作空缺信息的工具,通过这些信息,它可以在未来任一给定的就业水平上实现一个更佳配置。从这个方面来说,净损失似乎在于这些信息与失业无关。那么过去的失业率数据就不再是我们描述当前经济状态所需要的数据了。其次,我们不考虑尚未到期的货币合约,这样与过去的通货膨胀预期相对应的过去的通货膨胀情况就与当前的财富分配无关了,进而它也与当前的通货膨胀率变化所引起的财富分配结果的社会成本无关。再次,我们也不考虑就业,以及有可能包括的产出对总需求变化作出反应所存在的迟缓性,如果是这样,不久前的失业率和生产能力闲置率也不再是描述经济状态所需的事先已决定的历史数据,而是政策制定者在每个时间点上找到的数据了。此外,我们假设每个就业和失业工人的资本形成率通过补偿性的货币政策工具而保持不变;在此基础上,我们进一步假设,每个工人的该投资水平会让经济一直处于一个平衡状态,其中每个工人的现有资本也不随时间的推移而变化。⑤ 最后,假设政府对每个工人的实际负债只能通过可支配收入来影响消费需求,只能通过利率来影响投资需求,其中前者是在当前的财政控制之下——通过所得税,后者则是在货币控制之下。理论上,在重要的非均衡情况中,这个变量的变化应该受到重视——即使实际负债随着均衡的恢复最终也回到了合意的水平上,但我们的分析中还是暂时忽略这一细节。

因此,我们这里使用的经济状态就归结为现行的工资和价格的预期。这些预期由一个变量来描述,即预期通货膨胀率。而且假定这一变量仅对当前事件作出缓慢回应,按照它与实际通货膨胀率之差成比例地渐渐向实际通货膨胀率调整。⑥

而且我们设定货币利率与预期通货膨胀率变量之间存在一种简单的关系:为了维持每个工人的投资水平不变,货币当局让货币利率随着预期通货膨胀率的变化不断调整,而且,伴随着失业率变化而出现的资本利用率变化,从而引起的投资收益率的变化,也要由货币利率的调整来弥补。由于投资需求是稳定的,每个工人所占有的政府支出也被假定为固定不变,因此,总需求变化就表现为消

---

⑤ 大家可以考虑按不变的几何比率增长的技术进步,让投资和资本与按效率单位衡量的劳动之间的比率不变即可。

⑥ 在图7.1描绘的模型中我使用的税率是固定比例,仅仅是为了便于几何分析。

费需求的变化,后者通过适当的税率可以得到控制,如联邦的所得税税率。⑦ 我们也只选择一个相当简单的消费函数,其中的决定因素是产出、税率和预期通货膨胀率。这就是对政策制定者要面对的经济的技术结构的一个典型描述。它决定了可供财政政策选择的集合。

下面让我们来看看社会偏好的本质,它与经济结构共同决定最优财政政策。当前的财政政策所带来的即期收益源自政策形成的消费、闲暇以及它们的分配情况。这些收益可以用实际货币来衡量,而且任何时间段的收益都能加总以得出那个时期的当前(总)收益。任一时期的当前收益水平——当前"收益率"——都可以由三个中间变量获得,即当前的失业率、当前的货币利率以及当前的税率。这些变量决定了消费和闲暇所形成的收益,而失业率对收益在个体或家庭间分配的影响使得它具有双重作用。如果我们将闲置的劳动时间完全视为闲暇(或者是消费品的非市场生产),失业率上升就会增加人均闲暇而减少人均消费;那么,即使失业率正好等于均衡自然率,我们仍可以认为(如第 4 章所分析的)收益率并未达到最大值。在任何情况下,我们都可以把失业者的劳动时间看做部分或全部在用于寻找工作或寻求更高的工资——尽管在现在的模型中,我们假设这样花费的时间不能获取明显与工作和工资率有关的信息(这些信息能够产生未来社会的收益)。因此,即使就业率高出自然率或均衡水平一定的范围,我们也会把任意时间点上的当前收益率作为当前就业率的增函数。(如果我们让收益率在某个高于自然水平的点上达到最大,然后随着就业率的进一步提高而下降,结果就不会太复杂。)失业率下降对收入分配的有利影响是当前收益率为当前就业率的增函数的另一个理由。

另外两个收益率函数推导中出现的变量是货币利率和税率。给定失业率,它们就是决定闲暇数量的变量。正如第 6 章所讨论的,货币利率在某一点之后的每一次增加都会激励家庭对其消费计划的资金安排作出调整,使它们所持有的现金余额的平均数量最小,为的是赚取更多的预期资本收益,并从替代现金的资产(如债券、股票和不易损耗的消费品)上获得更多利息,这样做的成本是便利损失*和闲暇损失。当货币利率所处的水平常常与高速通货膨胀交织在一起时,这种激励作用尤为突出,因为此时想降低手中持有的现金至较低水平的难度相当大。与此类似,当税率很高时,就会激励人们减少闲暇,为的是从事一些无须纳税消费品的家庭生产,尤其是服务,但是也包括商品生产,如种植各种食物。

---

⑦ 这里忽略所得税税率变化对税后货币利率以及真实利率的影响,虽然在税前名义利率不变的情况下,它们对货币(及资本)需求会产生微弱的影响。

* 即流动性损失。——译者注

当然，货币利率和税率还可能会影响劳动力的参与率。两者中任意一个提高都会少量减少劳动力队伍中次优工人（secondary workers）的数量。虽然在正式的模型中试图排除这种影响存在的可能性的理由并不十分充分，但是这样做可以使问题变得更简单。类似地，高货币利率和高税率的许多经济成本是由企业承担，而不是由家庭直接承担的，因为企业会将它们支付报酬的劳动时间部分转移支付出来完成另外两个任务：使生意中所需的现金持有量最小化以及减少需交纳的税收数量。但是最简单的方法就是假设就业与消费产出及资本品之间的生产函数关系与货币利率和税率这两个变量无关。基于这些简化，失业就与独立于利率和税率而衡量出的人均（或每个家庭的）消费之间建立起了关系。这样，相同的失业率，比如自然失业率，将总是对应于相同的人均投资水平、人均资本和预期的真实利率。

给定预期通货膨胀率不变，根据失业率可以推导出货币利率和税率。失业率越低，中央银行为抑制投资增加而需确定的货币利率越高，所需设定的税率就越低。因此，除了收益率和失业率之间存在的对应关系，还存在一个总关系，它间接地将货币利率和税率与失业率联系起来。对这一总关系，需要指出的是，当失业率不断被拉低至自然率之下以及拉高至自然率之上时，效用率并不会在每一种情况下都是一直增加的。如果预期通货膨胀率相当高，也就是说，如果经济近乎于进行物物交换，那么，至少一定程度上，上升到自然率之上的失业率将会导致当前的收益率增加，因为它使货币利率从其相当高的水平上降下来，所获得的"货币"效率足以弥补人均消费损失和"财政"（所得税）损失。而在另一种极端情况下，如果预期通货膨胀率相当低，低到宏观经济中的理想流动性得以出现，那么，上面提到的货币利率下降的收益将不足以弥补失业的增加以及税率上升所导致的财政效率损失。

给定失业率不变，当前收益率就通过其隐含的货币利率和税率，间接地取决于预期通货膨胀率。预期通货膨胀率越高，货币利率就越高，而由失业率暗含的税率则越低。如果设定的税率目标是将失业率维持在自然率水平，而利率则是维持投资，那么假定预期通货膨胀率（从接近充分流动的某个较低的比率开始）上升，可以实现的均衡收益率开始时应是增加的，因为所需征收的税率会不断降低，而一旦流动性降低至其理想水平之下，成本就会出现，开始时这种成本要小于从税率变化中获得的收益。但是收益率提高之势最终会在某个制高点停下来，这个制高点就是最大的可持续收益率。随着预期通货膨胀率的进一步上升，均衡的可持续收益率会逐渐下降，因为流动性损失会不断增加。

描述偏好的最后一步是，假设任意两条收益时间路径之间的社会偏好可以由一个总效用指标来表示，该指标是无限期的未来时间内任一时间段的代表性收益水平的贴现效用的总和。每一时段的当前收益的边际效用是递减的，而且每一时间段的递减率是相同的。但是未来收益贴现使用的贴现因数,类似于复利,是随所涉及效用的未来值呈几何增长的,这相当于一个固定贴现率。为了便于分析,我们认为时间是连续的,而不是分为相同间段的时段,那么在给定的时间点,我们使用的是它当前的效用率。当前效用率是按一个递减比率随当前收益率上升,而且它可以按相同的方法贴现。这样,收益的最优时间路径,即在经济结构所允许的各种可行的路径中最受偏爱的,就是能带来最高总效用指标的那一条路径,因而实现最优路径就可被归结为实现总效用最大化。我们知道,若无须贴现,最优收益路径最终将趋于最大的可持续收益率,在这种情形下,最优路径就是,在未来某天之后,该路径累计所得的总效用不会被其他任何一条成功趋于最大可持续收益率的路径"超过"。

而边际效用率递减这一特征可以保证最优收益路径是平滑的。根据假设的经济结构,显而易见的是,在当前时间或起初的一段时间内形成了最大效用率的一项政策,与总效用的最大化通常是不一致的。在所讨论的模型中,实现当前效用率最大化并没有考虑通货膨胀率(正的或负的)对预期通货膨胀率的影响以及在未来实现高效用率的可能性。初期之后可能实现的效用率,即便是可实施的最佳政策所能形成的效用率,其大小也将取决于当时的通货膨胀预期。

仅以实现当前效用率最大化为目标的政策,实际上是将未来的效用率贴现至零。这样的短视政策最终会拉高预期通货膨胀率,使得均衡状态下,再小幅降低位于自然水平之下的失业率也不会带来当前净收益;同时,货币利率因高预期通货膨胀的出现上升到特别高的水平,当进一步减少现金余额的成本变得越来越大时,当前消费的增长也会因(伴随就业增加的)货币利率的上升而抵消。在我们的模型中,未来效用率的贴现至多是根据一个有限的比率进行的,因而一个最优政策,如果一定会拉高预期通货膨胀率,其速度和幅度也都要小一些。在达到短视政策形成的预期通货膨胀率后,最优政策(有限贴现)会推动失业率上升,超出自然率直至某一点,此点上,失业率上升所带来的当前效用率损失恰好等于预期通货膨胀率迅速降低所形成的未来效用率收益。

终于,我们可以说明这样的模型中最优需求政策的本质了。我们首先考虑不贴现未来效用率的情形。这样,最优政策会缓慢提高预期通货膨胀率,直至可持续收益率进而效用率达到最大。当后者接近最大时,失业率将向自然率靠拢。在一定范围内,自然率会随着最优预期通货膨胀率的实现而实现。最优的方式就是让预期通货膨胀率按一个方向移动或自由移动——在向前移动之前不会出现后向移动(不论前方的情况如何),也不会出现超出范围的情况。因此,如果初始预期通货膨胀率低于目标通货膨胀率,最优政策将会通过税率来控制需求以达到逐步提高预期通货膨胀率的目的。在这种情形中,最优需求政策会产生一个低于自然率的失业率,相应地也会形成一个高于当前预期通货膨胀率的通货膨胀率。

当预期通货膨胀率因其与最优通货膨胀率间存在差距而不断上升时,该差距相应地也变得越来越小。两者之间的差距越小,失业率与自然率之间的最优差距也就越小。如果当前预期通货膨胀率高于预期通货膨胀率目标,相反的过程就会出现:为了将预期通货膨胀率逐步降至目标通货膨胀率,失业率会被推至自然率之上,相应地,实际通货膨胀率会被拉低至当前预期通货膨胀率之下。

当然,满足这一定性解释的实际路径有无数条,相互之间存在明显区别。最优路径只是其中的一条特殊路径。在现在假设的不贴现情形中,刚好有一种简单的方法可以解释推动当前预期通货膨胀率至其最优均衡值的最优速度的特点。其基本思路是这样的:在当前的预期通货膨胀率之下,当前的最优失业率恰好使得失业略微增加(或通货膨胀水平降低)所产生的当前损失等于将实现目标通货膨胀率的时间表提前所形成的未来收益。

对此,最一般的公式表述是,当预期通货膨胀率以某一速度按代数比例下降,且该速度下当前效用率的"边际成本"与每一单位时间的下降速度之积,恰好等于最大可持续效用率高出当前效用率的代数差时,每一时间点上的当期失业率就是最优的。当且仅当当前预期通货膨胀率低于目标通货膨胀率时,最大效用率与当前效用率之差和预期通货膨胀率的下降额才均为负数。在这一公式中,边际成本由预期通货膨胀率下降速度加快形成的当前效用率来表示的原因是,这其中暗含了真实通货膨胀率会同时随预期通货膨胀率降低;只要实际通货膨胀率提高对当前效用率的总效应是正的,该边际效应自然是负的。[8]

在更专业的情况下,表述公式的另一种等价方法是用通货膨胀率:在每一时点上,我们可以认为,最优政策是要把当前的(代数形式的)通货膨胀率提高至一点,在这一点上,该通货膨胀率的边际效用(用当前的效用率表示)等于最大可持续效应率与当前效用率之差,该差值可以表示为它对当前预期通货膨胀率与当前实际通货膨胀率之(代数)差。[9] 这一公式很像哲学家和数学家弗兰克·拉姆斯(Frank Ramsey)在其最优"国民储蓄"研究中给出的一个公式,因此

---

[8] 换句话说,我们可以认为最优化者是想提高当前预期通货膨胀率降低的速度,直至每一单位时间的负变化与速度的边际增量对当前效用率的负效应之乘积,恰好等于目前的最优政策下可以实现的最大效用率与当前效用率之差(取值为正)。用数学等式表示,假设 V 为当前效用率,x 为预期通货膨胀率,x' 为其时间导数,那么 x' 必定满足:$x'V_{x'}(x,x') = \max_x V(x,0) - V(x,x')$。在自然率下,$V$ 可从 $V = W(x,u)$,$x' = G(u,x)$,$G_x = 0$ 导出。

[9] 如果用 f 表示真实通货膨胀率,指定 $x' = \beta(f-x)$,其中 $\beta = $ 常数,且 >0,那么由 $U(x,f) \equiv V(x,x')$,我们可以得出:$\beta(f-x)[\partial V(x,\beta(x-f))/\partial f](-\beta^{-1}) = \max_x V(x,0) - V(x,x')$ 或者 $(x-f)U_f(x,f) = \max_x U(x,x) - U(x,f)$。

相应的解释也很相似。公式的第一项,即包括边际效用的那一项,表示的是增加的效用,是因当前通货膨胀率的小幅上升获得的。第二项,即包括比率的那一项,表示的是在当前通货膨胀率小幅上升后的未来一段时间里必定损失的效用总和或总效用,只是由于它对预期通货膨胀率移至其长期最优水平过程中产生阻碍作用而形成的。因此,恰好使得当前通货膨胀率的小幅上升所产生的当前效用的增量与其未来的效用损失相等的通货膨胀率就是当前的最优通货膨胀率。读者们可以研究一下图 7.1 所示的结构,来了解这一公式和各种关系是如何结合起来共同决定每一预期通货膨胀率下的最优通货膨胀率和失业率的。[10]

接下来,在分析模型以反映目前我们尚未涉及的许多特征之前,我们先简要解释一下对未来效用率进行正贴现的情况。在此情形中,模型的最优政策最终会将经济带入均衡,但该均衡处的预期通货膨胀率将大于可持续效用率最大化的预期通货膨胀率,两者的差距取决于贴现率的大小。如果经济最初的预期通货膨胀率大于正贴现所决定的最终通货膨胀率,最优通货膨胀政策就会拉低预期通货膨胀率至该终止点。如再进一步拉低,那么所产生的当前成本就会大于贴现后的未来收益。类似地,如果经济初始的预期通货膨胀率小于终止点上的通货膨胀率,最优政策就会推高预期通货膨胀率至该点。期间不会有短时的停顿,即便在可持续效用率最大化的那个通货膨胀率上也不会停止,因为此时继续提高通货膨胀率所带来的当期收益要大于在未来时间里维持当前的预期通货膨胀率不变所形成的未来收益的贴现值。因此,引入正的贴现率后,将最优的当前通货膨胀率与当前的预期通货膨胀率联系起来的政策曲线或政策函数会下移(当然这种移动不一定是唯一的),而均衡通货膨胀率会随之提高——在这个均衡点上,实际通货膨胀率与预期通货膨胀率实现一致。

最终的预期通货膨胀率具有一个明确的特征,那就是它的大小必须满足:在第三天的预期通货膨胀率保持不变的条件下,第一天微小的通货膨胀变化与第二天微小的通货膨胀变化之间所形成的由(未贴现的)效用率表示的收益率要恰好等于贴现率。[11]* 若最终的预期通货膨胀率是这样确定的,那也就意味着通

---

[10] 需要指出的是,尽管图 7.1 反映出了任意一条最优通货膨胀率路径的基本特征,但是它的有些特征是随所画曲线随机出现的。因此,当前预期通货膨胀率越大并不需要当前的最优通货膨胀率也越高,虽然这是一个相当合理的假设。大家可以画出不同的最优通货膨胀率曲线,它既可以是平坦的,又可以具有一定的斜率,但仍保留最优的特征,即预期通货膨胀率被逐渐拉至其最优水平。因为当预期通货膨胀率小于(大于)最优水平时,最优通货膨胀率就会大于(小于)预期通货膨胀率。

[11] 用 $\delta > 0$ 表示贴现率,那么在最终的均衡点 x 上,我们就会得出 $\delta = -V_x(x, x')/V_{x'}(x - x') = -\beta U_x(x, f)/U_f(x, f)$,其中的函数均要在满足 $f = x, x' = 0$ 时获得。

* 在图 7.1 上,这一特征就是对当前的效用率曲线与可持续效用率曲线交点处的斜率附加了一个条件,即当前效用率曲线在该交点上的斜率要等于贴现率。——译者注

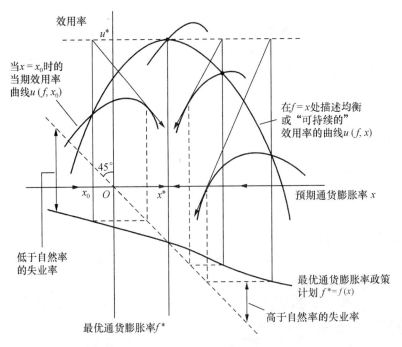

图 7.1　最优的总需求政策

假设当前的预期通货膨胀率为 x_0，那么我们可以获得与之相应的当前效用率的函数 $u(f, x_0)$，其中 f 为通货膨胀率。当 $f = x_0$ 时，这条效用率曲线与可持续的效用率曲线 $u(x, x)$ 相交于一点，后者在 $x = x^*$ 处达到最高点。从点 (x_0, u^*) 向 x^* 方向画出当前效用率曲线的切线。切点的横坐标 f_0^* 就是当前通货膨胀率为 x_0 时的最优通货膨胀率。图 7.1 中，从该切点做垂直线，由它与 $45°$ 线的交点即可获得点 (x_0, f_0^*)。改变当前预期通货膨胀率的取值，用同样的方法，我们就可以得出一条完整的最优曲线 $f^* = f(x)$。

货膨胀率的边际效用是正的；这样一来，唯一能阻止最大化政策的制定者使通货膨胀率超出预期通货膨胀率的因素就是未来的成本，即预期通货膨胀率超出本已高于收益最大化的通货膨胀率所产生的未来成本，或是贴现后的成本。[12]（这一结论同样适用于无贴现情况下最终形成的预期通货膨胀率。）

当我们赋予贴现率一个更高的值时，最终的预期通货膨胀率还会进一步上升，当贴现率趋于无穷大时，预期通货膨胀率将到达某个极高点，以致出现迫切

---

[12] 如果不考虑可持续效用率曲线上任意一点——在该点上，可持续效用率曲线是预期通货膨胀率的增函数，而通过该点的当前效用率曲线则是实际通货膨胀率的减函数，那么这一结论就是正确的。当且仅当取消假设，即效用率曲线的峰值位于可持续的效用率曲线的最高点附近对应的预期通货膨胀率的右边，我们才会看到最终的均衡点落在可持续的效用率曲线的左边。

需要物物交换的极端情况。对于任一给定的正贴现率,最终的预期通货膨胀率取决于用降低当前通货膨胀率的方法来降低预期通货膨胀率所需要作出的牺牲的大小——与零贴现率情况下不同的是,在零贴现率下,对长期通货膨胀率而言,当前效用率曲线的陡峭程度(即斜率)无关紧要,曲线的作用仅仅是影响这一方法中,经济趋于可持续效用最大那一点的速度。尽管相对零贴现率的情况而言,正贴现率下的这一速度更加难以用数学或图形的方式清晰地表述出来。但是,可以肯定的是,与零贴现率情况下相同,最优政策会推动预期通货膨胀率自动地向其最终值靠拢。

7.3 分析的进一步扩展

事实上,如果我们放弃在上述模型中所作的一些极为重要的简化假定,并不会过多地使最优需求政策分析变得复杂,至少在某些主要方面情况会是这样的。但是,另一方面,对每一个扩展后的模型,如果我们都如同对待上面的简单模型一样,均作详细的解释,那将又是一个非常烦琐的工作,所以下面我们仅仅对相关方面作简单而必要的分析。

7.3.1 通货膨胀决定型均衡失业率

尽管通货膨胀率和失业率之间的菲利普斯关系会随价格(或工资)的预期率的每一次上升而向上移动,但是一般认为,预期通货膨胀率每升高 1 个百分点所带来的菲利普斯关系的上升要小于 1 个百分点。虽然这个观点并非在所有情况下都成立,但在工资和价格上涨的预期率较低的情况下,这一点起码是正确的。其原因可能是人们不善于复利式计算,或者,可能是维持个人的货币工资具有象征性的意义。其中第二个原因的一个反论我们在第 3 章已经讨论过。

那么,即便预期通货膨胀率与实际通货膨胀率等量上升,后者仍会降低失业率。这样一来,在上面提到的范围内,现行的均衡通货膨胀率越高,均衡失业率就越低。因此,如果我们保留前面的假设,即失业不具有任何经济作用,而仅仅是与预期通货膨胀率进而与利率有关的需求政策的一个不幸的负产品,那么,均衡通货膨胀率上升就有一个我们尚未考虑到的好处;因此,如果简单模型满足上面所指的范围,那么在简单("过度解释的")模型中实现最大可持续效用率的预期通货膨胀率将小于这里修改后的模型中实现最大效用率的预期通货膨胀率。但是,最优通货膨胀率政策的"定性"特征并没有改变:预期通货膨胀率依然会被自动推至其最终的均衡值,后者则取决于贴现率(前文已解释过)。实际上,

图 7.1 和相关的文字注释仍然适用于这一修改模型。[13]

7.3.2 自然失业率带

在考虑自然失业率假说之前,有一点要说明的是,假定失业率存在某个"自然的"带幅这一步可能是为了解释自然率假说而确定的一个明确的方向。这个自然失业率带具有一个一致的特征,它也是自然失业率假说的基本特征:稳态通货膨胀率的一次性上涨,只要其幅度够大,就会使失业率暂时性地偏离这个带的范围,但是,随着预期(即使不完全)调整至更高的通货膨胀率,失业率又将趋向自然失业率带的边缘。同理,一次足够幅度的通货膨胀率降低也会产生相同的结果。反之,如果通货膨胀率的一次小幅度变化导致的实际通货膨胀率和预期通货膨胀率之间的差异"不够引人注意",小于某个最低限度,那么随之出现的是失业率水平在自然失业率带内的一次永久性的小变化。

一个最简单的例子就可以对此作出十分现实的解释。假设失业率带中的最低失业点仍然高于配置效率和分配所需的水平。虽然这种情况在高通货膨胀预期的条件下是不可能的,但是我们可以假设,在预期通货膨胀率以及更小的预期通货膨胀率位于最优的均衡预期通货膨胀率的附近时,这种情况是存在的,因此,在更低的预期通货膨胀率上这种情况也是存在的。

此时要解决最优通货膨胀问题就十分简单了,至少在零贴现率情况下是这样的。在考虑将失业率拉到自然失业率带的下部边缘时,要慎重行事。如果在那个"决定点"上,预期通货膨胀率低于可持续收益最大化时的通货膨胀率,那么我们将让失业率在失业率带外作短暂停留,获取失业进一步降低带来的收益,并在未来获取由此导致的更高的预期通货膨胀率所带来的额外净收益。如果在到达"决定点"期间,预期通货膨胀率超出了可持续收益最大化时的通货膨胀率,那么最优政策在一开始启动时,就不能按上述途径行事,而是要朝相反的方向把失业率拉高至失业率带的上部边缘,从而把预期通货膨胀率降至长期的目标通货膨胀率。当预期通货膨胀率超出可持续收益最大化时的通货膨胀率的那一部分被抵消后,最优政策则可逆向行至失业率带的下部边界,最终在可持续收益最大点停止。

如果存在一个正贴现率,那么稍作思考我们便知情况要复杂一些。假设自

---

[13] 如果在模型中,失业率是作为控制变量,那么,预期通货膨胀率的变化率就不仅取决于控制变量,同时还取决于预期通货膨胀率的当前水平。如果把实际通货膨胀率作为控制变量,那么预期通货膨胀率的变化率则仍然取决于实际通货膨胀率和预期通货膨胀率之差。而效用率虽然同时取决于预期通货膨胀率和实际通货膨胀率,但是这种关联不是(已经由货币利率和税率表示为效用率的)预期通货膨胀率的一个基本变化。在我的一篇未发表的专题论文中我研究了第一种情况,即"Optimal Employment and Inflation Over Time"(New Haven: mimeographed, Cowles Foundation),1966 年 8 月。

然失业率带的幅度相当宽,给定当前的预期通货膨胀率仅仅高出最优均衡通货膨胀率——在自然率不是带状的而是一个点(特别是那个最低的点)时,对于给定的正贴现率而言为最优均衡通货膨胀率——一点点,那么要降低预期通货膨胀率(尽管是微弱的降低),将需要承担失业率沿自然率带上升,以及因降低预期通货膨胀率而需超出自然率带上限(不论超出幅度有多大),所产生的不可分割的总成本。因此,仅仅在当前预期通货膨胀超出最优均衡率的幅度为某个最低限度时,为了长久停留在最优通货膨胀点上而暂时忍受失业偏离自然率带,这样的代价才是可以接受的。

在这种情况下,希望零贴现是不现实的。但是,为最终获得最大的可持续收益而暂时付出的牺牲,不论其有多大,相对于收益而言都不会太大。从总效用上来说,任何一项坚决不承担失业率沿自然率带上升这一初始成本的政策,最终都将被某个支付了该"入场费用"的政策取代。但是,至少在支付这一价格之前,我们希望有一点是十分确定的,即收益增加的机会确实存在,虽然可以增加多少并不确定。

改变通货膨胀的预期率会产生成本这一概念可能暗含了一句老掉牙的话,即最优通货膨胀率在任何时候都只不过是人们所期望的通货膨胀率。当然这一论断并不适用于所有的情况。如果当前预期通货膨胀率低于可持续的最大收益所对应的通货膨胀率,而且,如果在既定的预期通货膨胀率下,把失业率降到低于自然率带的水平也能带来收益,那么,一项可以减少失业并同时提高预期通货膨胀率的需求政策,在目前和将来,都会带来收益。如果当前的预期通货膨胀率超出可持续的最大收益所对应的通货膨胀率足够多,那么未来会增加的贴现收益依然使得忍受位于自然率带之上的失业数月是合理之选。但是在这样的情况下,坚持不改变(失业和预期通货膨胀率)的建议也包含了一个重要的直觉,即降低预期通货膨胀率所产生的成本将会完全抵消掉有望实现的未来收益。

7.3.3 空缺与工资信息

后面要涉及的其他扩展模型理解起来难度要更大一些,其中要增加一些因素,这些因素的引入将会使得实际通货膨胀率与预期通货膨胀率之间的差异产生未来效应。在简单模型和上面刚刚考虑的扩展模型中,实际预期通货膨胀率与预期通货膨胀率在当前的差异对未来的影响仅仅局限为一种效应,即对未来预期通货膨胀率的影响。但是,我们知道两者之间的这一差异往往还会对其他因素形成长期效应,或者是需要以某种未来成本为代价才能消除的效应。

工人在选择工作时所拥有的信息量就是这些其他因素中的一个。从第1章和第4章中可以看出:可能存在一个非常小的但是取值为正的失业率。因此,对试图在一段时间里把失业率维持在该水平之下的总需求政策而言,随着该政策引发的劳动力不尽全力寻找工作所形成的配置效应的确立,不论在这一段时间之后需求政策所形成的失业率是多少,结果将是,与之对应的产出水平低于失业率降低之前所对应的产出水平。同样,有一些工人,让自己处于闲暇状态原本是为在将来从事生产率更高的工作作准备的,但在这段时间之后,他们却从事了其他的工作;这样一来,不论降低失业率的举措最终形成的失业率为多少,与之对应的闲暇工人与尚待完成的工作之间的匹配状态会出现恶化。与这些章节所分析的一样,相反的情形会是:可能存在一个非常高的失业率,如果总需求政策想在一段时间内把失业率维持在更高的水平上,它将导致最终形成的任一既定失业率下的产出不断减少,因为在这期间只有少量的信息从部分就业工人传递至其他就业工人和失业工人。

如果仅仅是调整当前的效用曲线来回应这种失业效应,那么上述这些影响将无法得到恰当的处理,因为人们不是在当前的时段而是在未来才能明确感受到效应的存在。因此,恰当的分析必须认识到过程的动态性。这可以用一种抽象的方法来解决,即想象存在一个二阶状态变量,把它与几乎同样抽象的预期变量,如工人拥有的平均工作数量和工资信息,放在一起。我们可以假设这一变量是要获得一个稳定的状态水平,该水平取决于所实现的失业率。如果我们假设存在自然失业率,那么这一扩展结果对可持续收益最大化的预期通货膨胀率并没有什么影响。由于任一最优政策最终必定会将失业率推至其自然水平,这就使劳动力市场上的工作数量和工作信息最后注定会停留在与自然失业率相对应的数量上,而不论长期的最优通货膨胀率是什么。因此,基于这种假设,工作空缺和工资信息因素不会对可持续效用率和预期通货膨胀率之间的关系产生影响。而且,在零贴现情况下,它们也不影响所选择的预期通货膨胀率的最终值,收益最大化的预期通货膨胀率仍然是要实现的最优点。

在正贴现的情况下,如果劳动力市场信息会通过它对信息量的影响改变暂时偏离自然失业率的总效用的生命周期效应,那么对它的考量将会影响到所选择的最终通货膨胀率。若把失业减少仅视为失业工人减少了无效的活动和无果的努力,与这一结果相比,若失业一度位于自然率之下引起了信息恶化(尽管是暂时的恶化),那么后者的最优长期通货膨胀率要小一些,它将更接近于可持续效用最大化的通货膨胀率。如果失业的暂时下降带来了信息的短期改善,那么相反的结果就会出现。至于趋向终点的最优路径,不论是零贴现还是正贴现,通货膨胀率的确切路径(以及相应的失业路径)一般都会受到趋向最终点的不同路径的信息效应因素的影响。

如果我们将信息因素引入修改后的模型——但模型不能在整个通货膨胀率范围内均显示出自然率——那么长期的最优通货膨胀率受到信息因素的影响会更大。在这种情况下,至少在一定的范围内,预期通货膨胀率上升会导致一个永久性的均衡失业率下降,从而永久性地改变工作和工资的信息数量。显然,(至少在失业率很小时)忽略失业的信息生成函数往往会使得均衡失业率的计算结果偏低,而形成最大的可持续效用率的预期通货膨胀率却偏高(见图 7.2)。⑭

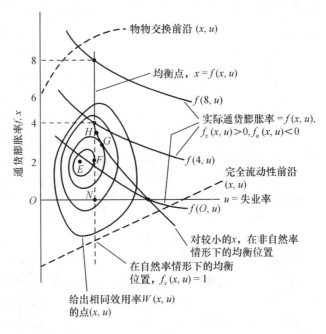

图 7.2

位于 E 点的预期通货膨胀率和失业率组合 (x,u) 并不是均衡的选择集,因为该点上 $f>x$。在自然率情形下,在所有横坐标为 N(自然率)的点中,点 F 能实现最大的可持续效用率。而在非自然率情形下,对斜率为负且位于 $x=4$ 之下的均衡曲线,能实现最大的可持续效用率的均衡通货膨胀率更高,位于点 G。贴现为正时,最优政策为了获取 $f>x$ 时带来的当前收益将会放弃点 G,而选择一个较低的可持续效用率为最终点,比如点 H。

7.3.4 财富的分配

另外一个要引入的重要因素是财富的分配。这样做的难易程度通常取决于我们想接近现实的程度,至少从纯定性及概念的角度来看可以这么说。如果目前的失业和通货膨胀对不同人之间财富的未来分配没有影响——如果失业者按他们所损失的工资总量来削减其消费,如果每一次未预期到的价格水平上涨引

---

⑭ 在图 7.2 中,如果失业是全部净损失——在这种情形下,只有形成低失业率的需求政策的货币利率效应才能避免 E 点恰好是与零失业相对应的某一点——信息因素往往会让 E 点向东南方位移动,而围绕该点,效用成等高线状向中心靠拢。

起债券持有者同期减少他们的消费以维持其财富的实际价值不变——那么我们可以通过当前的效用率来充分考虑这些分配效应。比如说,只要这些分配效应总体上是有利的,失业率持续降低的分配效应就可以被看做(预期通货膨胀率既定的)失业率的函数,那么它会导致效用率上升得更迅速,而到达最高点的时间更靠后。

实际上,这些分配效应是滞后的。在工人处于失业期时,如果他们预期自己的工资损失不是持久的,那么他们就会花费自己的净财富,条件允许的话他们还会使用储蓄或贷款来满足开销。(类似地,固定货币财富的持有者在遭遇生活成本的意外上升后,如果预期生活成本的上升是暂时的,他们就只会部分地调整自己的消费,而不是努力维持他们的实际财富不变。)因此,当失业水平提高时,在失业上升期间,不考虑失业水平变化可能引起的意外生活成本变化,"社会效用率"(rate of social utility)的分配效应会不断恶化。即便是每一个失去工作的工人最终都找到了一个新工作,但是大多数失业增加是由一些人——主要是穷人来承担的,他们所拥有的相对财富份额遭受的损失在增加。我们也可以这样想,当生活成本的实际增加超出预期时,它会使某些群体的实际财富和收入降至相当低的水平。

那么分配因素对最优需求政策会有怎样的影响呢?让我们首先考虑长期通货膨胀率的选择。在零贴现情形下,我们想要找到的是在限定的条件内,能实现最大可持续效用率的通货膨胀率。基于自然失业率的假设,不论在长期中最后建立的稳态通货膨胀率是多少,失业率水平都将是相同的。在这种情况下,最终选择的预期通货膨胀率对分配将不会产生周期性影响。

但是,如果预期通货膨胀率在从其目前值过渡至任一选定的未来值的过程中,对财富分配产生了永久性的作用,那么分配因素的考量将会影响到最优通货膨胀目标的决定。一个穷人失去了工作,即使他后来又找到了一个新的工作,仍有可能会让他的儿子中断学业,从而有可能阻碍两人摆脱贫困。失业的增加(尽管是短暂的),可能会引发自杀、家庭破产及精神疾病,这些都会在孩子心里留下难以磨灭的记忆。大家可以想象,一项持续把预期通货膨胀率推高至目前水平之上的政策,与一个维持目前通货膨胀率水平不变(或将其拉至更低的水平)的政策相比,前者会让拥有大笔财富的家庭所持有的部分财富获得永久性的意外收益,他们持有的资本和股票在原有财富值中所占的比例异乎寻常地高,甚至会超出该值。然后这些意外之财可能会代代相传。这些歇斯底里的(hysteresis,即异常的)现象的存在摧毁了不同均衡状态中预期通货膨胀率与可持续效用率之间的所有历史关系或静态关系,而特定预期通货膨胀率下的可持续效用率将要取决于以下因素,即要到达该特定的通货膨胀水平,预期通货膨胀率是要升还是要降以及升降的幅度有多大,因而也就是取决于预期通货膨胀率的目前状态。因此,在这种情况下,在长期中实现最大的可持续效用率的那个预期通货膨胀率一般将不再独立于当前的预期通货膨胀率。例如,如果将预期通货膨胀率降至当前的实际通货膨胀率水平之下,反而会导致一个更高的预期通货膨胀率(和相同的收入分配),那么由此产生的分配效应可能还会带来一定的净收入。

尽管个别家庭的确可以将其拥有的大笔财富传给后代,而一些幸运的穷人获得的意外财富可能也会给其子孙带来持久的影响,但是,如果我们假设实际通货膨胀率和预期通货膨胀率两者之间存在的暂时差异仅能对分配形成一时的影响,最终会消散,那么这一假设应该是正确的。若是这样,在无限期的未来可持续获得的效用率和不同均衡状态下的预期通货膨胀率之间的关系将独立于预期通货膨胀率在过去的表现。因而,类似地,最大化可持续效用率的那个预期通货膨胀率也与过去的条件没有关系。由此,在零贴现的情况下,长期的最优通货膨胀率与分配因素无关。

但是,在正贴现情况下,当政策更多的是关注当前的结果时,分配因素影响长期通货膨胀率的选择将是必然。与在(假设自然率的)简单模型中一样,最优政策将会使最终的通货膨胀率超出能实现可持续效用率最大化的那个通货膨胀率。而导致这种结果的另外一个原因是,为了拉低预期通货膨胀率而需暂时提高的失业率所引起的分配"损失",主要出现在未来初期。如果因预期人们觉得从生活成本下降中获得了一个分配净收益,该分配收益当然就会使得长期通货膨胀率反方向变化,趋向最大效用率时的通货膨胀率。但是由于长期货币契约的存在,这一影响的发生相对更为迟缓,因此,贴现率越大,其权重越小。如果是这样,那么,贴现率越大,最终的最优通货膨胀率就可能超出效用率最大化的通货膨胀率越多。

如果我们放弃自然失业率假设,而假定预期通货膨胀率上升会永久地降低均衡失业率,那么分配因素会对长期最优通货膨胀率产生一个更强的上扬的推动力。在这种情形下,当实际通货膨胀率上升超出预期通货膨胀率时,它会通过永久降低失业率而形成一个长久的分配收益。(用图7.2表示,失业的分配因素通常会使效用等高线更陡峭——指曲线的右边部分,这样,社会在决定其最大可持续效用的过程中,失业率永久降低的幅度虽不变,却可以获得预期通货膨胀率的一个更大的上升空间。)因此,如果通货膨胀率上升会永久地降低失业,那么失业的分配因素将提高可获得的失业降低程度的重要性。

大家可能会存在以下疑惑:在最优框架中引入分配效应的上述讨论是否过于详尽?它是否值得我们花大量篇幅讨论?政府对通货膨胀政策分配效应的关

注,以及使用再分配性的税收和转移支付的意愿,当然会在很大程度上削弱通货膨胀政策的分配结果,它们在通货膨胀政策确实存在危害时会缓和分配危害,而在通货膨胀政策的确会带来好处时会减少分配收益。这些措施中的一些是把社会保障支付(正式的或非正式的)与生活成本挂钩,并提供高比例的失业救济。但是这些并不能完全消除通货膨胀政策的分配效应,因为现实中不存在完美的税收,即便存在,也不存在一个十全十美的政府能制定出这样的税收。当消除分配效应会带来社会成本时,在任何通货膨胀率下这种效应都不会被完全消除;而在消除它的时候,大家要记住的是,用来实现这一点的手段很可能会产生大家不愿见到的负效应。因此,忽略分配效应看来根本不是什么明智之举。而我在分析分配效应的过程中一直是假设失业率上升引起的分配后果,只有很小的一部分会(或能)被其他一些补偿性的手段(诸如失业保险、收入补贴税的调整以及各种公共事业政策等)抵消掉。

7.3.5 政策任务的分派变化

接下来,关于最优模型,我想再一次考虑用于控制总需求的政策工具的选择及其执行过程中的时滞问题。上面介绍的简单模型假设的是通过联邦税收政策控制总需求,与此同时把使私人投资维持在一个稳定的水平这一任务分派给中央货币当局。关于这些会有反对意见,因为国会上的竞争使得频繁而及时的税率调整是不可能的。

因此,考虑让美联储来履行实现最优通货膨胀率的职责具有重要的意义,但它不是采取专制行动,而是作为民主政府的一个机构通过其公共政策来进行微调。为了弄明白这两种控制通货膨胀的方法之间的区别,我们来看看将经济从一个处于自然失业率的均衡移至另一个预期通货膨胀率更高时的自然失业率均衡的货币行为,即为增加货币供给并刺激产品需求而进行的政府证券的公开市场购买的结果。至于实际预算赤字,我们暂时不考虑。

不论银根松动对消费的直接影响如何,因其引发的就业和实际收入的一时增长往往会通过税后实际收入增加而导致的消费增加带来一个当前收益(沿着当前的效用率曲线上移)。但是在过渡期,与简单模型中的情况不同,资本存量会扩大。其原因有二:一是由于公开市场购买对私人投资需求产生的直接影响。只要该影响没有消除,为获取预期的投资收益的投资热潮就会接踵而至。二是因资本利用率提高而引致的投资增加。随着就业退至新的均衡水平,在自然率假说下,变化后留下的是每个工人突然多出的资本。因此,为了维持新的均衡,货币当局就需要把预期的真实利率设定在一个比原来的均衡水平更低的水平上,以平缓下跌的资本品的实际收益率。而扩张的资本存量的一部分则会因人口的增长和技术的进步而消耗,资本的实际收益率则会慢慢回到某个与个人储蓄一致的水平。因此,货币利率在一段时间内会有所上升。但是新选择的预期通货膨胀率会对资本的密集度和真实利率形成一个持久的影响。由于个体预计他们的实际货币余额会更快地被消耗,因此他们会通过减少消费来抵消部分消耗,因而储蓄会增长一点。

如果政府想阻止预期通货膨胀率上涨产生的这种持久的资本深化效应(capital-deepening effect),它就必须通过扩大预算赤字、降低税率来把资源从私人投资活动中转移支付到消费品的生产上来。以总税率(overall tax rates)作为控制资本密集度(或经济的中期"增长")而非控制短期经济条件的手段的想法可能仍然不够实际。在这种情况下,如果使用预算赤字控制资本密集度的假设不现实,那么在效用率和预期通货膨胀率之间将会通过后者对资本密集度的影响形成一种新的关系,同时原来的关系,即阻止储蓄所需的税率调整对财政效率的影响及预期通货膨胀率变化对资本密集度的影响之间的关系,则会消失。在这个修改后的模型中,观察各种均衡稳态,我们不难发现可持续的最大效用率依然存在,而且在没有正贴现的情况下,最优货币政策将会推动预期通货膨胀率至与该最大效用率相对应的一个水平。为了实现同样的均衡调整,如果提高预期通货膨胀率导致的资本密集度的提高(因为它最终会带来消费的增加,而税率却被认为无法实现这一目的),更优于降低税率以抵消"通货膨胀税"对消费需求的影响而带来的财政效率的改善,那么相对于控制税收模型,修改后的模型中可持续效用率最大化的预期通货膨胀率会更高一些。因此,对于一个国家而言,如果它不具备财政能力而主要通过一般的征税措施来支持资本深化的话,那么即使是预期到的通货膨胀,也是一个有效且明智的政策。

需要指出的是,不论是通过货币还是财政手段,在实现宏观经济控制的过程中都会出现重要的相对价格现象。提高通货膨胀率的货币推动政策会增添大量的厂房和设备,这会带来生产消费品行业的资本存量和生产资本品行业的资本存量(以比例来衡量)的等量扩张。尽管生产能力的这种突然增强会刺激投资需求,但反过来也会导致紧缩缺口。如果财政赤字真的要维持不变,那么为消除该缺口而需降低的预期真实利率就无法消除上面均衡中消费行业的闲置能力。同样,降低预期通货膨胀的货币措施会在新的均衡实现之时让消费品部门出现资本短缺。⑮

因此,在没有财政波动时,使用货币控制手段来上下调整预期通货膨胀率会让一些暂时的结构性失衡接踵而至。由于预期通货膨胀率的明显且迅速的变动,闲置能力和失业在消费品部门和资本品部门间的划分会出现一种重要的结构效应,这就需要采取补偿性的财政措施来恢复结构失衡。如果无法依靠税率调整来抵消这些结构效应,那么货币当局最好减缓其对预期通货膨胀率的改变力度,千万不要让失业率偏离自然失业率水平太多,以此来确保资本结构与未来的产出组合不会显著不匹配。

7.4 成本-收益法的相关道德考量

虽然还可以比较详细、清晰地讨论将其他因素引入模型的情况,但在本章最后的篇幅中,最好来回答一些质疑和关注。这些质疑是说分析失业和价格水平问题所使用的跨期成本-收益法本质上与道德不吻合,因而它往往会导致政策方案也是不合道德的。

在我看来,他们反对的核心理由是,经济学家的成本收益分析太不神圣了。严肃的人类成本与最一般的成本同等对待。它遵循的基本上是连续性公理(Continuity Axiom),根据这一公理,一个人可以为了多抽一根香烟(或其他的东西)而不惜冒生命危险,只要风险相当小。虽然这样做极大地方便了经济学家,因为它使经济学家避免受到过多神圣因素的约束,但是如果有一个或更多的人追随神圣的名号,那么经济学家最好还是要对此进行思量和研究。

7.4.1 反通货膨胀行为的非道德性

许多人都觉得,一项很可能导致失业增加,使得无辜的人们为担心失去工作而担惊受怕的经济政策在道德上就是错误的,因此不应该获准实施。为了将通货膨胀预期从一个过高的水平下降下来,即便失业增多只是短暂的,也会遭遇上述同样的指控。我都能想象出我会受到以下责问:

革命家:因此,教授,您说,在改革之前,您不喜欢由尼克松政府推行的衰退方案是因为您相信失业的成本大于未来的收益?

---

⑮ 我们称之为住房或住宅的消费品并不是繁荣时出现过剩能力的最佳例子,因为伴随着预期通货膨胀率上升(以及资本利用率的暂时提高)而出现的货币利率的上升,会使住宅行业难以从它们赖以发展的金融机构获得投资基金,因为按规定,这些机构为吸引基金来放贷而支付给储蓄者的货币利率(或储蓄利率)存在上限约束。

教授：是的。从紧缩的货币控制的特点及高通货膨胀率产生的有效通货膨胀税的角度来看，我觉得强加的那些失业成本根本不会带来未来收益。

革命家：但是当通货膨胀率高出大家实际面临的通货膨胀率一定程度时，您会支持选择，用您的话来说，选择"强加"一些失业以达到降低通货膨胀的预期目的，是这样吗？

教授：哦，是的，这是分析中隐含的一点，但是，仅仅略微高出的通货膨胀预期只需要一点点的……（声音逐渐消失）

在专业领域内，在一定程度上表现得冷酷无情看来是一种工作岗位风险。一些骇人听闻的经济政策通常都是由经济学们从有利于自由贸易和经济效率的角度提出来的。我曾听到这样的说法，"毕竟，失业的工人没有承受痛苦的专利"，或者是有时候，又有另一种恐怖的言论来中和第一种说法，"如果取消那些纺织工作可以让密西西比的那些衣不蔽体、瑟瑟发抖的孩童感到温暖，那么我将说我们就应该这样做"。

但是，维护连续性公理的合理性（直至被驳斥）是不需要硬起心肠的。比如对下面这类问题进行全民投票："假设每个人都会获得 x 美元的永续年金的奖励，只要每个人都投票接受他将失业 k 个月的风险——概率为 p，那么为了获取奖励，你是否愿意让自己或其他人遭受该风险，请投支持或反对票。"在我看来，如果 p 相当小（但仍是正的），除了少数极端分子，每个人，或者说几乎每个人都将投票接受这个全民赌局。⑯

接受国家成本或收益在个人分配中存在的某种风险的意愿在其他多种情形下都会出现，如军事征兵、危险的高速公路以及人工肾脏的配给等。当然，有一些观察者坚信接受类似风险的这种意愿并不是真正随时随地都存在，如果存在，那它也会被认为是超出能力范围或是不真实的，从而被忽略。但是无论怎么说，的确有少数人，只要是消除这些个人风险所需要的，那不论生产多少人工肾脏，不论在道路安全上花费多少，不论向志愿参军者支付多少补偿，他们似乎都是支持的。

然而，危险似乎也存在，那就是人们会草率地运用原则。比如说，为了保卫国家不受某个外来国的侵略，每个公民应该接受不得不放弃自己生命的风险，这一原则，必然使参与战争的征兵之路变得顺畅，而战争结束后却会带来可怕的后果。同样，当已有通货膨胀预期足够高时才能增加失业（以达到降低通货膨胀

---

⑯ 全民投票设定的是让选民有机会对其他人的失业和其他人的奖金表达自己的利他主义情结。这种态度也可以这样来表达："如果我仅有一个工作可以奉献，那就让我将它奉献给我的国家吧。"

率的目的)这一原则,在低通货膨胀或通货膨胀可以被忽略不计的情况下也会被滥用,在这些情况下,增加失业来降低预期通货膨胀率的作用会被夸大或扭曲。

然而抱怨那些曾支持增加失业,哪怕只是暂时增加失业举措的人,指责他们麻木不仁,同样会带来纷扰。因此,经济学家至少应该看看是否还有其他的方法来实现通货膨胀预期的合意降低。这不可避免地会让人想起工资-价格控制这一话题,而且还会同时想到一个更让人理不清的政策——收入政策。

但是,显而易见的一点是,如果预期通货膨胀有相当大的下降空间,那么把全部的调整任务都集中在缩小总需求的反通货膨胀政策上就是不可取的。若政府决意使用这种方法,当然它也是有效的解决之道,那么,政府显然想要通过努力宣传来使公众相信通货膨胀率将会迅速降下来,以补救被迫出现的衰退。对这一点无须作任何的粉饰。但是必须给出一定的公众预期范围,这会有利于减少公众进行预测时的误差,或者说至少不会使误差恶化。

依我看来,在某些情况下,短时间使用价格和工资控制是紧缩总需求的更佳选择。如果紧缩的目的仅仅是降低预期通货膨胀率,那就只需要暂时实行价格和工资冻结。采取这样的冻结措施是否真的优于有计划的衰退,这在很大程度上取决于预期通货膨胀率降低的合意幅度是否足以弥补实行冻结带来的初始固定成本(或生产成本)的增长。如果预期通货膨胀率要降5个(百分)点,假设通过总需求方法需要失业率在5年里高出自然失业率1.5个(百分)点才能实现通货膨胀目标,那么自然地,使用一次价格和工资冻结好像是更有吸引力的方法。反之也是成立的:如果预期仅需要降低少许,那么即使在短时期内,通过总需求方法导致的失业增加也是微乎其微的。

有一种思路受到更为广泛的关注,它将某种能够形成合意的工资和价格行为的长期政府计划设想为一个社会良知问题。建议对个体的价格及工资设定施加非正式的公共影响似乎唤起了人们积压在内心最深处的回应,这种回应随个人对人的本性和个体义务的理解不同而有所不同。有极少数敏感但善意的人,虽然他们具有完全不同的政治立场,但他们都觉得,试图说服一个人降低自己的价格就如同劝他购买政府债券一样(如果没有劝说,他在这两种情况下都不会这样做),凭良心说都是不受欢迎的。但是,由于保护财产和个人安危等善举远远超越为私利而为之的境界(尤其是在犯罪行为极为少有的日子里),因此在理论上,我们很难想出理由来反对将个体义务和信任的概念延伸至定价领域。

那么我们就再一次回到这个基本问题上:这样的一个体制的收益是否大于其成本呢?——尤其是它对每个人产生的心理成本,即相对于其他人而言,一个人被迫要抵御按照他所认为的能实现自己最大利益的价格水平来为自己的服务定价的诱惑而承受的心理成本。应该明确的是,如果非正式的收入政策控制体制是为了成功地永久降低失业率,而通货膨胀率保持不变,也就是说,降低宏观的均衡失业率,那么政策必须尽力引导一些人或所有人降低自己的价格,使之低于别人的预期价格水平,以此实现他们相对收入的减少。这就意味着,对那些积极响应该体制的人必须持续抵制诱惑。(而且,如果一些供应商不愿作出响应,那么在那些合作者和不合作者之间的资源配置就可能受到相反的影响。)

收入政策的另一个实际问题的核心点在于它的有效性。它能起到作用吗?如果有相当一部分人不执行收入政策,那么它的有效性是很有限的,从而自然也无法通过成本-收益检验。以相关的例子来说,如果相对于食品价格,经济中制造业和服务部门的价格及工资的制定者愿意削减其价格和工资,但是农业中要素服务的供给者依然坚持利润最大化原则,那么收入政策,在价格水平作出一次性下调后,其主要影响将仅仅是改变相对价格和相对工资,对自然失业率的影响甚微或是毫无影响。毫无疑问,大家在直观上对收入政策长期的效率作用持怀疑态度。

7.4.2 支持通货膨胀的行为的非道德性

也有许多人会觉得任何通货膨胀政策,只要它导致通货膨胀超出了一定的预期范围,从道德角度都将是错误的。我们需要讨论两类预期。

在第一类中,政府是参与预期的一个主体,在它与公民之间存在一个隐形合约,因而妨碍这种预期形成就是一种违约行为。因此,这样的经济政策也就被认为是不可接受的。

此处常用的例子是,假定政府对其债券持有者作出了一个承诺,可以是明确的,也可以是隐含的,即它会维持这些债券的购买力。但实际上,这些债券上(我认为可以是任何地方)都没有注明该国的联邦政府保证向持有者支付一个特定的真实利率。人们可以大胆推测,如果国会意图确保它的付息债券的实际价值,那么它在发行所谓的指数化债券(index bonds)时就已经做好了安排。事实上,为了使任意数量的这类债券卖出,联邦政府是愿意向债券持有者支付他们所要求的额外报酬,用于补偿未预期到的通货膨胀率风险的。虽然政治党派经常信誓旦旦地说要维持价格的稳定,但众所周知的是,大多数这类誓言是无法付诸实践的,许多措施相互之间自相矛盾,另外一些,如若推行则会带来危害。

但是有一点是真的,在一个单一的情况下,这里讨论的"最优通货膨胀政策"的最优性是个假象。这个单一情况是指,预期通货膨胀率位于可持续收益达到最大时的水平且存在正贴现。在这种情况下,最优政策会给出更高的未预期到的通货膨胀,为的是从该通货膨胀暂时降低的失业中获取当前收益。[17] 当然这不是政府为了获得配置上或分配上的社会收益而使用秘密或欺骗手段的唯一情形。一国政府会一边坚持避免货币贬值之说,另一边却正在计划此事。同样,一国中央银行为了限制贷款,说自己预测到利率将要下调,而它实际的预期是不能降低利率。政府为了能够对失业和通货膨胀进行上下调控,总是在利用货币和财政面纱具有的模棱两可性。公共政策的诚实有时候可能与其他高档商品如公正、怜悯和生存等发生冲突。

下面我们接着看第二类预期。有时候我们认为即使政府在过去没有作出有利于预期形成的举措,总的来说,它也不应该妨碍它。我们的建议是,对于那些已经形成了合理的预期并在教育、工作培训、投资以及为退休准备储蓄等方面已经展开了规划的人而言,政府是不应该挫伤他们的这些预期的,不论从哪方面来讲,促成这些预期形成才是合理的。

假设人们的预期相互之间是一致的,这一条件就决定了经济政策的任务是将宏观均衡总是维持在现行的财富分配状态上。实际上,不同个体之间的预期很可能发生冲突,甚至同一个人的预期也会不一致。一个期望价格稳定的人也可能期望保住工作和还清贷款,但是为了享受稳定的价格,他有可能必须失去工作和拖欠贷款。因此,在预期的循环过程中,人们总是期望好的经济政策出现。

---

[17] 在零贴现的情况下,当预期通货膨胀率被拉高超出收益最大时的通货膨胀率时,暂时降低的那部分失业仅仅是一种附带的收益,但这种影响很可能不会通过预测强化通货膨胀预期的调整被轻易消除。

第8章 不确定性下的通货膨胀策略及常规稳定

本章的目的是将有关不确定条件下的通货膨胀策略的一些论点集中起来加以分析。作为这部分的补充内容,我们还会简短地讨论,引起经济波动的短暂过程无法被政策制定当局和其他外部力量改变时的常规稳定(routine stabilization)这一重要问题。

8.1 不确定性与通货膨胀策略

在第7章中,货币当局(或财政当局,或两者共同努力)的任务是实现一条总需求的时间路径,并监督向合意的均衡状态调整的进程。但是,一些观察者发现,货币当局苦于风险和不确定性的存在而无法胜任此职。当然,我们已经知道,在过去几十年里,我们对失业和通货膨胀的错误预测比凯恩斯主义盛行时所认为的要多得多。对许多变量,如国防预算和农产品价格的预测,不仅仅需要经济学专家,还需要政治学、气象学和其他学科的专家参与。人们认为科学进步减少了随机成分而增加了确定成分;然而,技术进步却在不断地改变着我们分析的经济结构,因此经济学预测的发展是一场困难重重的战斗。当前,令人尴尬的是,有关货币变化以及财政变化对总产出和价格影响能力的预测,还存在严重的经济不确定性,其中前者主要指政府负债的构成变化,尤其是其流动性变化;而后者主要指政府负债增加数量和速度的变化。

不确定性的存在激励学者们对适当的政策反应提出了各种各样的建议。这里考虑的是其中两种非常极端的宏观政策建议。两者似乎都经不住推敲。每一种建议对不确定性的反应都过于激烈,以致忽略了通货膨胀选择问题具有的复杂的跨期性,将动态问题简化成一个静态问题。但分析它们的好处与不足对我们理解问题还是具有指导意义的。

8.1.1 注重当前(短期)目标的分析思路

在一些观察者看来,货币政策的任务是让经济在波动和不可预测的冲击中依旧平稳无事。即使是连续型或动态型的跨期计划都是不可能实现这种结果的。显然,为了实现未来通货膨胀预期的一个可能的调整,而有意设计出经济的不均衡状态是适宜之举的情形,即便有也是少之又少的。

这一观点的基本原理是主张实现稳定的政策行为是无成本的。当一场战争爆发并导致失业率低于均衡失业率时,中央银行必须增加货币供给以防止利率迅疾上升带来流动性危机(或者至少是带来令人苦恼的收支平衡变化)。这样一来,尽管中央银行从来就没想过要预期通货膨胀率上升,但它会发现自己是引起其上升的因素之一。这种情况最终可以归咎于不确定性的存在:如果银行有充裕的时间预测到干扰,那么它很可能就会在预测到财政变动来临前为缓冲实际资源变化创造条件。① 根据这一观点可以得出结论:最好由货币当局来解决问题——但速度要慢,以免引起更大的波动——而且在它们看来,处理不当时还会引火上身。

不承认失业和通货膨胀具有不可控制性,我们反而可以得出这样的结论:最优通货膨胀策略应该考虑逆向行事的成本,例如,为迅速降低失业需要突然提高利率所导致的流动性降低的成本。因此,从技术观点来看,中央银行在作每一个决策时,都必须注意两个状态变量——失业率和通货膨胀率,它只能希望轻缓地推动这两个变量的未来进程。而若以某个短时期内推动失业率变化的相关成本来看,如果外力正在这样推动经济体系,很明显,中央银行近期的最优目标可能就是使失业率几乎与当前的失业率一样低,或者较之更低。如果中央银行的政策引起失业率上升的速度恰如其所愿的那般缓慢,那么银行对将要出现的预期通货膨胀率上升的预期就正好是它愿意为其适度的紧缩货币措施付出的代价。

在某种意义上,这种政策温和性的代价必然是进程的放慢。在我们一直考

---

① 我没有意识到,认为意外出现的衰退事件中存在系统特征的观点如此强势。当衰退侵袭时,善意的应急性(needs-of-trade)的信用收缩政策有任何积极的优点吗?有时大家会说,当信用市场非常放开时,在信用不具备诚信度的借款人将会获得贷款,而这会在今后引起麻烦。为了降低收支平衡表中"资本确定性"(capital certainty)而愿意放弃一些就业保障,同样也是出于这种考虑。

虑的例子中,适度的温和很可能使情况在变好之前出现恶化,至少在某些关键方面会是这样。然而,尽管一项最优的温和政策常常会走迂回路线,但是它不会忘记它要达到的目的地。最优政策的精确预期就是最终要实现的长期合意的终止点目标。② 只有在极少数的极端情况下,长期目标才会暂时被搁置。

这里提及的"精确预期"是存在于政策制定者心目中的。由此,如果制定者低估了战争爆发的可能性和类似的扩张性财政突发的可能性(但没有带来其他形式的需要弥补的错误),尽管他的政策最终会将其视线引向预期通货膨胀率合意的终止点,但实际实现的预期通货膨胀率将总是在某个水平上下,该水平必定高于预期通货膨胀率目标。而且,还要对平均数和形态(mean and mode)进行区分。比如说,若随机的扩张性波动与紧缩性波动发生的可能性相同,但它的平均强度要高得多,那么,对一个确定的非渐进的预期通货膨胀率形成精确预期的政策的目标将是一个随机的终止状态,其中的预期通货膨胀率在"大多数时间里"都会比最优的精确预期小一点点。

在上面的例子中,温和政策的好处是它避免了一个更为强硬的紧缩货币可能带来的某些成本,如突然收缩信贷可能导致的银行破产,以及让信贷市场处于无常的动荡之中可能引起的资源配置恶化。③ 推行剧烈的政策措施所附带的风险经常被当做一个范例来引用,用来说明剧烈措施引起的成本要大于温和措施的成本。将(每个月或每个季度的)政策变化限制在某个较小范围内,通过降低出现坏结果的风险,就可以像我们在无风险分析中看到的,避免目标变量的预期值因政策变化而出现误差。④ 然而应用中真正的困难在于确定最小风险的政策行为,以及对"放弃政策行为"提供令人信服的理由。如果一个人是通过货币供给——以某种方式考虑了经济增长和价格水平的适度上涨得出的标准的货币供给——来判断货币行为,那么起初看来,这种"密集的货币供给"(intensive money supply)不发生任何变化将会被认为是风险最小的行为,而不论它是不是最优的。但是在面临流动性偏好突然出现变化时,这种政策就具有相当大的风险了。⑤

---

② 更准确地说,它最终寻求的是获得受其影响的状态变量的某个随机的终止点的概率分布。
③ 4.2.6节中给出了一些例子。当不同的金融机构无法灵活适应名义利率一定幅度的调整时,这些金融成本很可能发生。但是当持续的非均衡力量正在拉高预期通货膨胀率时,如果强硬提高利率的时间受到延误,那么当通货膨胀的预期已然形成时,最终利率反而需要更大幅度的上涨,因此,在这里,大家必须认同那些反对高度弹性信用政策的人的观点。
④ 可参阅,R. G. Penner, "On the Desirability of Discretionary Policy", *Journal of Political Economy*, 1967,(10);以及其中的参考文献。还有一篇相关的文章为 W. C. Brainard,"Monetary Policy and Uncertainty", *American Economic Review*,1967,(5),它强调的是多样化的政策工具组合的好处。
⑤ 下一节将讨论著名的货币供给增长量单一规则——$k\%$规则。

下面是与这里的风险规避考量相关的一个具体例子。我们先假设不存在不确定性时,当前的预期通货膨胀率被断定要高于目标值,而且还假设自然失业率被断定为一个带幅,但其宽度不确知。通货膨胀计划者相信他们能够使经济维持在某个正常失业率附近,并且相信这样做他们最少能保证当前的预期通货膨胀率可以继续维持。然而,由于不知道自然失业率带的边界在哪里,他们无法确定,要如愿实现通货膨胀预期下降,他们必须让失业率高出这个正常水平多少。在这种情况下,如果现状不是太糟,通货膨胀策略制定者应该满足现状,这在直觉上看来是合理的。换句话说,人们要相信的是,预期通货膨胀率有一个完整的波动范围,在一定意义上,期间所有的预期通货膨胀率都过高,无法令人称心如意,它们具有的共同特征就是,之所以被勉强接受,是因为人们担心降低它们的成本会过高。

　　由此得出结论:可能有某个范围内的预期通货膨胀率是通货膨胀计划者最好不要触及的。这就是假设要对未来效用进行一定的贴现后与当前效用进行比较——这是相当合理的假设——而且贴现率越大,范围就越宽。但是,在我看来,这并不是说,最好的方法就是接受每一次生成的通货膨胀率预期,而不论其大小。我们以前就曾目睹过通货膨胀预期的消除过程,并且,我们可以十分合理地假设,在有限成本的条件下,同样的情况可以再一次实现。

　　一直以来,我们都在讨论一些方法,运用这些方法时,各种各样的不确定性给宏观经济政策行为带来了成本和风险,从而可能要对合适的通货膨胀目标进行调整。对于未来的结构和偏好,同样也存在不确定性。即便是经济学家——最擅长计算的人,有时也避开对未来的计算,可能就是因为未来的不确定性。"一般……假定的是,我们现在不能知晓我们以后会需要什么;一个人即使对未来完全没有计划,放弃猜测仍是最稳妥的,因为一个人不可能现在(也就是提前)知道今后的需要。一旦处于当前的情形中,我们就会立刻清楚地知道我们想要的,而不会有一丝一毫的不确定。"⑥

　　可能有人会指责,通货膨胀计划的最优化思路假设未来经济结构不变是无法完全实现的。比如说,对相反的情况事先全然不知时,它假设,自然失业率(或更一般的说法,均衡轨迹)是不随时间变化的,这种情况下,失业增加并超出这一自然水平时会产生一个基本不变的负效用(考虑了时间贴现)。显然,任何突发事件或有意图的政策行动,不论是现在还是以后,只要它们改善了劳动力市场的功能,使得失业率高出自然失业率的边际负效用降低,(如果对未来收益作正贴现)它们就会

---

⑥　摘自 A. O. Rorty,"The Sense of Choice and Change",未发表,1969 年 12 月。这个问题是源自对一些当代学生的态度的讨论。

降低最优的长期通货膨胀率或终止点上的通货膨胀率。因此,结构的这一变化迟早会改变最优的通货膨胀政策。

由于当前总是存在这种可能性,即经济结构在未来会发生好的转变,所以一些人会相信跨期的最优化方法建议的当前就业率过低。未来会自己打理好一切的想法就是令他们乐观不已的 Micawber 信息(Micawber message)*。

我们似乎不得不承认,经济学家越来越大惊小怪,让大家为资源配置忧心忡忡,以至于完全无法享受消费的乐趣。⑦ 但是即便承认这是真的也并不能改变什么。因为偶尔令人不快的发展应与适意的发展一样受到同等的重视。

实际上,把技术问题放置一边,我们可以说,自然失业率在未来上升以及相应的长期通货膨胀率降低,对现在的最优通货膨胀率产生并没有什么不确切的定性含义。情况可能是,既然预期通货膨胀率向下调整最终是要实现的,那么最好的方式就是立即下调,这样在自然失业率降低之前和之后的通货膨胀率就都要小一些。但同样可能的情况是,一旦结构变化措施已经在发生作用,以低成本再次实现当前预期通货膨胀率的机会就会存在,这会导致当前的最优政策促使预期通货膨胀率提高,直至自然失业率降下来,即提前享受未来的生活。对于这两种情况,至少据我所知,现在还没有任何结论来帮助我们作决定,而且想轻易得到有用的答案的可能性也几乎没有。

所以,由于实际的原因,上面描述的最优化思路用于当前政策制定的最佳时机是,重大的结果变化即将出现且可以纳入当前的考量之中,或者是当这些变化的发生还遥遥无期但是未来贴现极高时。只要未来变化的显著性和重要性难以预测,对未来结构变化的分析就将引入一个未知的令人困惑的因素,这是因为已经构想出的或尚未构想出的行动具有新颖之处。只有在一些年以后,我们才会对劳动力市场结构将会发生怎样的改善以及哪些措施是值得实施的这样的问题有更好的了解。

8.1.2 注重长期目标的分析思路

而在另一些观察者看来,宏观经济的规划问题是截然不同的。他们认为只有长期(目标)才需要关注,短期(目标)须是自怜自爱。这就好比两群人,上一

---

* Micawber 是狄更斯的小说《大卫·科波菲尔》中的一个人物,他总是生活在乐观的预期中,其性格与鲁迅先生笔下的阿 Q 类似。这个名字现已作为一个单词被收入普通的英语词典,是盲目乐观的同义词。——译者注

⑦ Boulding 的评论与此有异曲同工之妙,他以鲜明的浪漫英雄主义风格配上经济学家的精明特征,道出没人会"愿意将自己的女儿嫁给一个经济学家"之叹。相关内容可参阅:K. E. Bouling, *Economics as a Science*(New York: McGraw-Hill,1970),p. 134。

节的那群人由于他们的近视眼镜而无法看清远处,只能一路亲身感觉;而这里的这群人却舍不得放下手中的望远镜,因此很容易掉进脚边的洞里。后者的建议是,政策制定者只要根据各种政策的长期结果来选择就会得到满意的答案。他们用望远镜把遥远的未来拉近到现在。这就意味着,可以选择的那一类政策必须具有这样的特征,即每一种政策都确保能实现某个(可能是随机的)稳态模式。最优的则是那个能实现合意的长期均衡稳态的政策(假设在这一偏好中考虑了可能的机会成本)。

这群人支持的政策思路与上一小节讨论的思路一样都是静态的:它们将理论上的一个跨期问题、一个具有随机分布的复杂问题,简化为一个静态的最优化问题,并默认由此得出的结果适于完全动态的问题。

根据他们的观点,中央银行的职能是,在除了相当极端的不均衡之外的所有情况下,严格坚持预先确定的货币供给路线。他们相信,如果货币供给足够稳定,那么与货币当局依照经济状态的当前观察结果而调整其行为所作出的努力相比,这一方案将会使经济更为稳定——至少它会避免严重错误的发生。而预先决定的最优货币供给路径就是能实现适宜的长期通货膨胀率的那一个。最著名的货币供给路径建议就是米尔顿·弗里德曼的 $k\%$ 规则(k percent rule)。它是指,货币供给应该按每年 $k\%$ 的比例有规则地增长,其中的 k 等于合意的长期通货膨胀率加上宏观均衡条件下实际国民产出的计划增长率再减去所定义的货币流通速度的一个预计的持续增长率。[8]

显然,当经济恰好处于合意的最终均衡状态时,这个规则和上面讨论的最优通货膨胀政策之间没有任何冲突。

但是只要经济处于严重的不均衡或者目前的均衡不是合意的终止点,就需要调整非均衡,此时,$k\%$ 规则和最优政策思路之间的冲突就会凸显。设想,支持微调者和支持 $k\%$ 规则的人都同意长期中的最优通货膨胀率为每年 3%。如果微调者相信目前的预期通货膨胀率至少为 6% 而失业率接近于自然率,那么微调者就会向国会和联邦储备作如下陈述:

> 自现在起的一年里,我们想把通货膨胀目标定为 5%;如果到时预期通货膨胀率降到了 5.5%,我们将建议下一年的目标是 4.5%。因此,我们建议公开市场出售,稍晚再公开市场购买,这样,经过很短时间的异常再贴现,在接下来的 6 个月时间里,可以维持货币供给不变。而货币供给的实际数

---

[8] 参阅 M. Friedman, "A Monetary and Fiscal Framework for Economic Stability", *American Economic Review*, 1948, 3。

量将会根据随后的产出增长放缓情况作出调整。当预期通货膨胀率作出反应时,对于预期通货膨胀率接下来可能出现的各种行为,包括它对货币需求的反馈,我们也有一个计划……

支持 $k\%$ 规则的人却持有不同的观点:

  一些人说现在的预期通货膨胀率为 6%。他们可能是非常正确的,但我们并不确定。我们还不知道在目前失业率是多少。突然的衰退和攀升的通货膨胀间的冲突性信号让我们担忧不已。在这种情况下,我们觉得最好的政策就是尝试着以每年 4% 的一个不变几何比率来增加货币供给。因此,我们主张每小时大约购买 30 000 美元的政府债券,以待实现新的货币供给数据。

我们可以清楚地发现,支持微调的人试图让失业最初有一个明显的增加,接下来再慢慢地回到自然失业率水平;而支持 $k\%$ 规则的人想要的是一个更为缓慢的失业增加,而就业可能会低至一个更深的谷底。至于通货膨胀率,前者试图让通货膨胀率最初有一个明显的下降;而我们则有望看到,后者首先带来的是通货膨胀率的一个更为缓慢的下跌,但最终必定会突破 3% 的目标通货膨胀率。

在 $k\%$ 规则下通货膨胀率的这种波动趋势不难理解,因为我们会发现,当价格水平以 6% 的比率上涨时,一旦通货膨胀率达到了 3%,实际货币供给在那时将会变小。而且,在每一个产出水平下,货币的实际需求会因当时相应降低了的预期通货膨胀率而增加。因此,如果货币需求要等于货币供给,那么产出和就业所在点的位置必定低于它们各自的自然水平。以非随机的确定性模型表示的最优化思路的观点来看,如果只看这些预测的路径,那么支持 $k\%$ 规则的人的路径当然不是最优的。我们已经看到了非最优性的明确特征。这就像一个人,为了在他年轻和年老时能生活得好一些,而计划在中年时勒紧腰带。

如果 $k\%$ 规则偏离合意的最终均衡的情况存在,那它必定是以非确定性模型中的不确定性的一些特点为基础的。我认为,这种情况的一般性质为,当经济目前的状态(甚至还可能包括经济结构)不能被准确获知时——事实上是不能正确和完全地被认知时,$k\%$ 规则比按经济的当前信息决定货币供给的政策能更好地抵御灾难或轻微的波动。

或许我们可以把 $k\%$ 规则理解为一个可在情况完全未知的条件下运用的规则。如果你被委派去管理一个经济的货币,你对该经济的情况一无所知,而且你也不可能期望它与本书中描写的任何经济结构形式类似,经济的最好状态是最终获得一个 4% 的通货膨胀率,等于它的自然增长率,而货币流通速度以 2% 持续增长。你的决定就是根据增长率指导该经济这个月的货币供给量。不言而喻,你会让该经济以每年6%的比率增加其货币供给量。一方面,如果你知道该经济现在正遭受着恶性通货膨胀或者是严重的衰退,那么理所当然地,你会另外确定一个货币供给增长率;但另一方面,如果你认为诸如上个月的失业率这样的数据不可信从而不具有任何价值,那么你将不会放弃6%的选择。

因此,坚持 $k\%$ 规则的人,对于人们对未来经济状态和政策行为结果的认知能力的看法是极其消极的,并以此为基础提出他们的政策建议。而且,如果在可能的经济状态中大范围地运用 $k\%$ 规则——以致货币当局无法马上认识到规则的错误——那么该规则就可能导致不稳定。降低预期通货膨胀率会引起实际货币需求稳步超出实际货币余额供给(在任一给定的产出水平上),并且这两者间的缺口随后会成为恶性通货膨胀的原因,而经济也不会向均衡收敛。[9]

在如今这个年代里,当飞机受到气流的冲击正在垂直冲向地面时,我们一定会采取某种措施,而不是冒险把飞机完全交给弗里德曼的自动飞行控制器。但是其中会导致不可挽回的经济福利损失。所以,在面临不确定因素时,当通货膨胀预期超出了底线,想要获得一个"最优的"政策策略来将预期回调至合意的水平,我们要做的就不单单是对 $k\%$ 规则进行小小的改进了。下面我们就对此作些讨论。

改变通货膨胀率预期的通货膨胀改革任务可以被看做一个仅是意外出现的政策问题。因此,一个人可以坚持下面的观点,即在这样的插曲中,不会有"法则"来解释预期的行为。在任一给定的历史背景中,大家都愿意假定通货膨胀率预期是以一种"行为"方式形成的,这种方式被令人信服地称为"适应性预期"(adaptive expectations)。然而,即便如此,我们仍认为,根据将要形成的数据来改变预期,其改变的方向和程度都无法被分析家和政策制定者准确预测到。

在这样的情况下,分析家把预期的形成视为是习惯性的,这又有几种情形需要区分开来。其中最简单的是,分析家能够预测(目前一段时间内的,指间断性的时段分析)预期通货膨胀率,其随机误差的概率分布是完全已知的(也可能是所选择的政策行为的一个已知函数)。这样,不论风险是可加的还是可乘的,都以一般的方式引入动态规划模型(dynamic programming model)。

稍微复杂一点的情形是,(对任一给定政策行为)每一时段内的信息都不足以推导出获取预期通货膨胀率所需的概率分布。与 $k\%$ 规则的合理性讨论一

---

[9] 与此相关的分析可参阅:W. S. Vickrey,"Stability Through Inflation", in K. K. Kurihara, ed., *Post-Kenyeisan Economics*(New Brunswick, N. J. : Rutgers University Press,1954)。在我上面的解释中,我忽略了一个事实:在现实中,股票价格会随着预期通货膨胀率的下降而降低,从而实现货币市场的均衡。然而结果却与之相反。

样,在这里,经济状态也存在不确定性。在不确定条件下的动态规划中,解决问题的常用方法是运用统计学中的贝叶斯分析法。

而当预期通货膨胀率行为不能用通常习惯性的"适应性"公式来描述时,分析的难度就会成倍增加。具体而言,很可能的情况是,当局改变其长期通货膨胀目标进而带来一些经济结构变化的稳定性决策,迟早会改变生产者和消费者形成通货膨胀率预期的方法。人们会部分地把他们对当局新通货膨胀目标的猜测作为通货膨胀率的预期基础,这一假设自然合理。因此,当局不得不猜测公众期望它做什么(以及期望它做怎样的猜测)。

我相信,我们已经清楚且具指导性地给出了上面各类分析问题的答案。还有一类更为复杂的问题,其中不仅模型的参数不确定,而且这些参数的新信息是从过去累积的经验中获得的,可是与之相矛盾的是,所假设的结构变化却又使过去的信息不合时宜。有时候,分析家会像一个正在教人骑自行车的人一样,不得不无可奈何地说:"我所能教的就这些了,下面就看你的了。"

8.2 常规稳定

上面我们一直在讨论,当存在各种不确定性因素时,政策制定者希望以一种最优的方式改变预期通货膨胀率会遇到的一些困难。当然,这个问题并不是货币当局和财政当局面临的唯一问题。事实上,这也不是大家所认为的货币当局的主要工作。货币当局的主要作用一般被认为是维持"稳定",具体是指让产出稳定在某个具有均衡趋势的路径周围。

尽管这部分所占的篇幅不长,但是,本书的内容时常都在表明这两个任务间多少有些冲突。我们仅考虑最好的情形,即两个任务的目标恰好一致。在这种情况下,如果经济体系的产出和就业刚好处于宏观均衡水平上,那么相应的预期通货膨胀率也就处在那个合意的点上。如果一次意外的总需求干扰会推动产出和就业,使它们高于各自的宏观均衡水平,从而提高实际通货膨胀率,那么预期通货膨胀率也会随之上升。根据绝大多数文献中使用的适应性预期假说,仅仅使体系回到均衡状态并不会消除预期通货膨胀率的上升,而是必须让产出和就业降低到均衡水平之下——就像是一种惩罚——这样才能消除预期通货膨胀率所适应的预期误差。举例来说,实际通货膨胀率和预期通货膨胀率的一个序列为:(2,2),(3,2),(1.2,2.2),(2,2)……那么要完全消除实际通货膨胀率偏离+1所引起的预期通货膨胀率上升0.2,就需要使实际通货膨胀率再次偏离-0.8。

大量关于稳定的凯恩斯主义的文献好像无一例外地假设,如果稳定政策能有效地将事态置于掌控之中,这种惩罚是不会出现的,尽管不是在任何时候都这样。根据实现稳定已有的经验,当产出超出其宏观均衡水平时,实行反通货膨胀或紧缩性的政策措施就足矣。因为人们的目的是想使偏离均衡水平的程度最小,而不是用某种对称和平衡来造成另外的偏离(以相互抵消)!

显然,对于适当的稳定政策的特点,两种观点都有错误之处。我相信,如果我们认为,竭力让产出接近均衡水平的传统的强制性稳定命令,只有当干扰的大小在统计上不显著时才适用;如果我们认为,需要对不同的非均衡作出权衡的另一种政策形式,只有当累积的随机干扰已经激烈到可以动摇人们对(每个时期都将"生成新数据")的基础结构的信心时才适用,那么问题就会迎刃而解。

大家可以想想控制总需求的随机过程,当总需求的长期稳定与一个成功的常规稳定政策结合在一起时,通过由此对意外干扰将形成的影响具有的抑制作用,它会使人对某个通货膨胀率的长期表现持有信心。在这种情况下,公众不会试图推断(尽管是暂时的)一种通货膨胀率在不确定的未来出现的几率;人们最多会预期通货膨胀率的"临时"下降会慢慢停下来。

这就是假设经济中存在这样的情形,即正常的经济波动配以常规的稳定性措施并不会引起预期通货膨胀率的变化。在给定的条件下,一旦这一点为人熟知,那么,每一个经济主体的条件预测(conditional forecast)就会是无偏的——条件是假设他可以轻而易举地观测到这些当前的数据,也就是说,所接受的任何类似的数据集的平均数都是正确的,从这个意义上讲,此时的预期就是"理性的"。⑩ 在这样的情形中,对偶然超出了均衡水平的产出增加,如果政策制定者人为地让产出降到均衡水平之下来应对就是不当之举。最优的政策会自行抵御或减缓围绕在均衡水平附近的产出波动,来实现最优的结果(条件是相应的预期通货膨胀率是合意的)。⑪

如果经济并未使得总需求持续地随机波动,那么这一假设显然是相当吸引人的。如果政策制定者有能力或有意愿消除这种持续性,就好像若不实行稳定措施潜在干扰就会出现似的,那么一旦政策制定者采取了行动,余下的干扰就会在每一个独立时期被扰乱。事实上,若在相当短的时间里实现完全稳定是有成本的,那么这样的政策就不可能是最优的。这实际上是对早先就已认可的观点的一次复述,即政策工具的突然调整本身就会产生成本,因而一个最优政策需要避免这一点。所以,我们能够期望的是,如果潜在的干扰具有一系列的持续性,那么有可能,这一点会温和地显示在可观察的时间序列中。

---

⑩ 经典的参考文献是:J. F. Muth, "Rational Expectations and the Theory of Price Movements", *Econometrica*, 1961 年 4 月。

⑪ 如果稳定行动本身是无成本的,那么这会降低产出的最小方差。

而理论上,潜在的干扰可能不具有持续性的另一个原因当然就是,潜在的随机波动自身会随时间受到独立的干扰。不用说,这样的独立性是基本连续的。举例来说,如果从现在算起的三个月内,国外军备参与的人数和规模超出了正常范围,那么我们将肯定在一个季度内参与的数量将异常地大,尽管可能只超出正常范围一点。此外,随机干扰不具备基本的持续性还可能会关系到稳定政策的合理性。[12] 尽管现在有干扰,但是如果经济体系在下一个时期能够恢复平稳,那么我们就没有理由改变本时期(同时关注下一个时期)在没有干扰时本想采取的货币和财政措施。一旦预期通货膨胀率得到了公共政策制定者的认可,$k\%$ 规则将适合于这种没有持续性的世界——条件是 k 要具有一定的公开性。

但是如果坚持认为随机干扰具有持续性,那么我们将面临一个理论问题:如果每个人都预期到了某些干扰的部分持续性("有专家说他们预期到在中东地区干扰具有一个连续性"),而且每个人还预期到其他人同样预期到了这一点,情况又会怎样呢?让我们看看下面这种情形,其中早先的干扰已经让人们建立了预期,认为在下一个时期总需求、产出和就业的水平都会比通常更高。假设生产者知道,这种好光景会惠顾到众多人身上;他们相信在下一个时期大家的生意都会变得更好。如果每个生产者只要预期到在他原本的价格上其产品有一个高出通常水平的需求,他就想提高其产品价格,而且对这一点大家都心照不宣,那么所讨论情形中的所有生产者都会预料到他们的竞争对手会提高价格(同时生活成本也会增加)。但是这种竞争性的预期价格上涨的程度是如何决定的呢?如果每个生产者已经预期到这种情形会在整个经济范围内持续一段时间,那么我们就可以认定,他也已经预料到了其竞争对手们在这种持续性预期中会对各自的价格作出相应调整,至少,当他现在也认识到对自己产品需求的增加,在一定程度上是宏观经济的一般现象而不是个体的特殊现象时,他会预料到竞争对手的行为。因此,相互攀比的价格上涨才能让每个卖者在相对价格上获得最大收益。"我将提价 1% 来平衡需求的增加。但是我的竞争对手也会这样做。我可以提价 2% 来实现同样的实际效应吗?但那样的话他们必定也会像我一样把价格也提高 2%。因此我将提价 3%……"

因此,模型建立者的目标应该是解释这样一个经济,其中:(1) 政策制定者预期总需求的意外波动具有一定的持续性;(2) 他采取措施是为了让这种持续性部分地保留在经济中;(3) 公众通常会把保留下来的持续性当做一种政策问

---

[12] 对稳定性政策的可能动机,我们仍可以用非线性的周期模型以及其他决定性的周期模型。但是如果这些经济的主体永远不知道如何预期这些规则的周期,那么必定会出现一些可笑的议论。我们经常说,这些模型的解释力最终要取决于"经济增长和结构变化"的表现。

题。这样,模型建立者要解释的一个关键问题是,按预期,其他生产者在回应(即使是在政策部分调整之后的)预期到的总需求干扰的持续性后会提高产品价格,那么为什么卖者不会由此将预期的这种提价比例与自己在没有预期到竞争对手提价时所确定的最高提价幅度相比较呢?

  第一种可能的答案指出,一次总需求增加的干扰(再次以国外军备情况为例)配上一个不能完全抵消干扰影响的货币紧缩(指的是模型的预期)一定使得名义利率非常高——预期的真实利率也会出现同样的状况。虽然这只是经济体系中出现的一个暂时性的影响,但它却是实实在在的。也许可以合理地假设,这会激励人们工作更长的时间以及加强资本设备的运转强度。但若是如此,情况会更糟:在某个相当高的预期实际(长期)利率上,总产出的供给量等于暂时扩张的总产出的需求量。在一个相当直观的层面上,事态可能是这样发展的:当国内的生产需求紧张时,工作和储蓄的激励均会增强,供给与需求都会增长;恢复到正常的行为方式的过程是缓慢的且(从概率意义上)是可以预期到的,并通过通货膨胀率、货币利率和预期利率的下跌显示出来。此外,当国内出口品的世界市场收缩或者投资机会缺乏时,真实利率会降低,国内资源出现闲置;如果预期是正确的,经济会逐渐恢复正常。这些情况中都没有出现"本质的非均衡"(fundamental disequilibrium)。人们必须考虑趋向自然就业水平的所有不同的均衡路径(以坚持最简单的模型)。所描述的这类随机干扰将经济撞到其中一条较偏的路径上——肯定是"未预期到的"——但这并不意味着继而发生的情况就是一种系统性意外(systematic surprise)。⑬

  第二种可能的回答是:在生产者和家庭可以获得其他人提价或降价的时间和比例的相关信息的条件下,尽管他们的预测是无偏的,但是他们的行为取决于他们对其他每个人的预期的估计,而估计却可能总是有偏的——这里我们放弃上面的假定,即预期真实利率在总需求不同的情况下是不同的这一假定。具体地说,商人可能会准确地预测到其他人的抬价情况,却不会选择将自己的价格提高到竞争对手的价格水平之上,因为他担心自己的消费者没有预期到未来的价格会涨这么多(我们也可以这样想,此时的消费者正高兴着呢,因为他认为他的供应商不知道竞争者已经把价格提到和他的价格一样高了)。当然这并不意味

---

 ⑬ 在我个人对宏观经济的非均衡研究中,我曾多次提及一种非稳态均衡路径(a nonsteady-state equilibrium path)的概念,而用稳态均衡一词来指较为简单的概念。毫无疑问,Lucas 和 Rapping 是使用非稳态均衡路径概念最多的两位大家。但是,这些均衡路径在一些放弃了市场出清的价格和工资率假设的模型中受到了相当程度的欢迎,这一点有些令人不解。相关内容可参阅第 1 章,以及 R. E. Lucas, Jr., "Econometric Testing of the Natural Rate Hypothesis", typescript, 1970, 11, to be published.

着,如果通货膨胀(相对于名义的)持续,以至于引起人们对基本结构的稳定性产生了怀疑,每一参与方还会指望其他人会一直糊涂下去。因此,不论后一个回答有多少优点,理论家可能还是会觉得,必须让预期的预期与自己对经济运行的看法保持一致,这在分析上是不具有吸引力的。

第三种方法把可预测到的趋势偏离与理性预期假设结合起来,借此提出资源闲置与经济的流动性程度成反比这一假说。当一次随机的波动表明要稳定(不充分的)总需求水平需要实行紧缩货币的政策,那么继而出现的流动性下降和/或名义利率的上升会促使生产者愿意减少存货,加大资本设备的运转强度,并让家庭提前接受所提供的工作,从而导致总供给增加。由于随后会被预期到的平均通货膨胀率的一次永久性上升,也会对降低了的流动性和升高了的货币利率作出回应,所以这种结合方法与自然率假说相冲突,因而也让模型变得更为复杂。

第四种方法源自建模困境,是想运用第 2 章初次提及并在第 7 章简单解释过的备受争议的假说,即自然失业率是一个带幅。如果它存在,那么当总需求波动时这一点尤为可能。基于这个假说,虽然系统性的预测误差会存在,但是还有大量的误差是不显著的。

第五种方法涉及这样的认识,即在每个月或季度中,大多数企业都会受到其当前工资率和价格表的限制。因此,短时间持续的干扰并不会对价格水平产生影响。

在受到干扰的情况一般来说可以预测到时,如果这些方法或其他的方法仍无法令人满意地获取一个确定的通货膨胀率,那么我们就只能回过头对理性预期假说作出某些修改了。毕竟,对于许多商人而言,在作出无偏预测过程中找出所需的统计关系,是远远难以证实在某些条件下,一些或所有经济主体的条件预测是具有系统误差这一假设的。[14] 这并不是说无条件预测就是错误的。我们可以假设每个人都知道(或者看起来他好像知道)平均通货膨胀率是多少。因此,它也不意味着,从一个稳定性规则转变至另一个规则会带来经济所实现的平均产出率的一个永久性的提高。但是,是否存在修改完善理性预期假说的可能,使分析家无须再回到下面这种情况,即根据模型,如果在面临波动时要维持均衡通货膨胀率的合意值,繁荣之后必须实行有计划的衰退——这一点并不明确,虽然有人分析过。

---

[14] 即便是专业的预测人员也难以做到。

第 9 章 | 美国通货膨胀政策的国际影响分析

前面各章,出于制定经济政策的目的,关注的问题都基于下面这一假设条件,即美国可以适当地改变其通货膨胀率而不会减少它从国际贸易和国际投资中所获得的收益。尽管美国国力强大,加上其经济的多样性使得外贸和外资形成的收益在这个国家所占的份额相当小,但是这些收益在明显减少却是一个不可忽视的因素。而且,美国与世界其他国家之间在生活水平上存在巨大差距,从这一点来看,对美国以外的国家从其国际经济活动和纯粹的国内经济活动中所能获得的经济收益,我们也应该给予相当的重视。本章的目的就是讨论美国通货膨胀率的国际成本和收益。

如果美国要在国内确立一个高通货膨胀率,比如每年 10% 或更高,那么这样做可能会在整体上对世界上的其他国家形成不利的影响。更可能的情况是,它还会直接对美国人不利。只要其他国家采取措施来减轻美国高通货膨胀对它们造成的负担,那么其中一些措施就会显著提高我们要承担的高通货膨胀成本。但是美国实行一个温和的通货膨胀率——在没有外国报复的情况下对我们而言有利的温和通货膨胀率——如若世界上其他所有国家都遵从该通货膨胀率,那么它在整体上对其他国家可能同样是有利的。然而,情况可能是,一些国家不愿意接受这个通货膨胀率。它们为避免该通货膨胀率出现在自己国内而采取的措施可能会伤害到世界上的其他国家、美国乃至它们自己。因此,不仅对美国,还包括那些与美国的通货膨胀率政策有关的国家,这里都存在复杂的直接及间接的成本和收益。

首先让我们借助抽象的手段——不论抽象的程度如何,它都是当今理论研究中屡见不鲜的方法——来展开对国际货币制度的讨论:建立在"美元本位"制之上的国际货币制度,即唯一被广泛持有的外币资产是支付美元收益的资产,特别是美国政府或美国企业的货币债务(monetary obligations)。我们先考虑以下情况:世界上其他的各类国家相对于美国在国家大小上可以忽略不计,而且在它们之间不存在货币联盟(currency bloc)。于是,在此基础上我们就可以对下列问题进行研究:黄金作为一种国际货币资产的作用、特别提款权(SDRs)的地位,以及其他国家组成某种联盟后创建一种竞争性的国际储备单位的发展潜力。

9.1 美元本位制

从国际货币制度的观点来看,美元本位制的主要特征是,美国的货币资产,包括活期储蓄、定期储蓄、政府债券以及大多数的公司有价证券,享有的国际流动性程度超出了世界上其他的同类货币资产。世界上其他国家的货币资产面对的是一个相当狭小的市场,这不仅是由于它们的国家小、财富水平相当低,还可能在一定程度上是由于它们的金融市场具有的内在不完善性。一个国家越小、越穷,其资产的国内市场越狭小,那么它的交易机制的发展就越有限,而持有其资产的外汇风险也就越大。

在这种制度中,总的来说,美国货币资产的外国持有者,不论他们乐意与否,都要支付一个流动性报酬,以获得这些资产提供的国际流动性"服务"。这一点与封闭的货币经济的标准观点没有什么本质不同。在封闭的货币经济中,财富拥有者也要放弃一定的利息收入(或是其预期)来换取一定数量货币所具有的特征,使之与他们的流动性偏好和相应形成的机会成本相一致。建立在美元本位制上的国际经济与标准的封闭经济之间的雷同之处是显著的。美国政府可以被视为在选择其货币供给路径和有息政府负债的数量。在任何时候,都存在一个均衡结果对应着这些存量,其中,美国国民、外国国民以及外国政府共同决定这些资产的"实际价值"(或是购买力)。那么均衡时的"世界价格水平",当用购买固定的一揽子商品所需的美元成本来表示时,必定使这些美国的货币资产,在世界上能以某种分配方式使人们愿意持有。

如果制度中每个人都没有货币幻觉,如果我们在计算市场行为时可以忽略债务人与债权人间的财富再分配,那么我们可以直接将封闭经济货币理论中的标准理论——(货币)中性理论沿用到国际经济中来:在其他条件,如税率、法定储备金率、预期通货膨胀率及其他参数不变的情况下,如果美国负债(名义的,包括有息和无息负债)的总数量以及由中央银行货币化了的负债额都比目前数量大出了 $b\%$,那么以美元表示的均衡世界价格水平在同一时间同样会提高

$b\%$。在新的均衡上,没有任何"实际变量",如就业率、利率或贸易及资本流量,会较之前有所不同。

这是一个比较静态的观点,它提出了这样一个问题:当增加存量的设想试验真正付诸实施时,经济是否会趋向新的均衡路径。而且,美元价格在其他国家会以怎样的方式上涨又是另外一回事:一国可以让本国货币对美元升值,这样以美元表示的国内价格上涨却不会带来本国货币价格的相应上涨;或者,它维持与美元的汇率不变,而让本国货币价格与世界上以美元表示的价格同步上涨;再或者,它将导致介于以上两种可能之间的结果。①

这里我们关注的不仅是国际货币数量论及其推论中性论,我们还关注以下问题:由于美国货币和财政政策的变动所引起的美元通货膨胀率变化对国际经济会产生怎样的影响?但是在讨论该问题之前,我们还要用些篇幅来对国际货币制度作进一步的比较静态分析。

可以肯定,即便是在均衡不变时——其中至少通货膨胀率的运行是符合预期的,国际制度的发展都与同给定的预期通货膨胀率相适应的财政和货币政策组合集中所选择的政策组合有关。我自己通过一个模型来解释这一点,该模型在一个方面不具有现实意义,且有误导性,即营利性资产的实际收益率的国际差异一般趋同于固定不变的流动性报酬,这就几乎等同于不考虑流动性因素,实际上这与之相差也就一步之遥。

在这样的世界里,每个国家国内的资本形成率(以及各种类型的"无形"投资率)就是通过该国财政部参与(不包括利用它的权利来实现扭曲的非总量税以及对各种经济行为实施的限制)的国际套利问题。在其他国家的财政和货币政策不变时,每个国家的财政或"预算"政策控制着自己国际收支中的经常项目的赤字大小。在固定汇率下,一个国家的货币政策决定着其资本项目的收支平衡。

在一个"不变的"世界里,由美国货币当局进行一次公开市场购买,结果会是怎样的呢?这一行为会导致美国购买外国的营利性资产,从而出现一次性的资本项目赤字。其中意味着世界资本的国际需求增加,这会引起美元的世界价

---

① 早期由 Marshall, Pigou 和 Fisher 提出的剑桥"货币价格的数量理论"在战后由 Meltzler 和 Patinkin 作出改进。它仅仅是指"外部法定货币"(outside fiat money)的数量增加。在一个大部分政府负债是以有息形式存在的世界里,让所有的外部资产同比例增加来实现均衡价格水平的同比例上升是非常重要的。在第 6 章关于公开市场购买的非中性影响的分析中我们已提出了同样的观点。对高深的"数量论"的解释可以参阅 P. A. Samuelson, *Economics*, 8th ed. (New York: McGraw-Hill, 1970), pp. 326—327. 有趣的是,一个针对金本位制(或金汇兑本位制)的相似理论,与 David Hume 和他的物价-现金流动机制(price-specie-flow mechanism)相关,却不能准确地解释作为工业原材料的黄金翻倍时的情形。

格水平上涨,但是,如果美国的有息负债没有同样增加,价格上涨的比例要小于美元增加的幅度(如果价格同比上涨,那么国际流动性将比以前弱一些,因为实际货币供给没有变,但是美国的货币当局持有的其他可交易的资产份额增加了,而且还会引起消费需求下降,资本资产的收益率因出现资本深化而降低,并且通过流动性偏好的作用,最终价格会从过高的水平上向下调整)。需要注意的是,通过这次公开市场购买,美国的有息财富的数量当然也增加了。这个例子同时还说明了一个大国或小国的一个大地区,通过预期之外的信用创造获取一部分世界营利性资产的能力。

我们还可以看看这种财政操作。它代表的是凯恩斯主义所教授的精华:在20世纪60年代,许多华尔街经济学家假设一种流出机制,在这种机制下,在宏观均衡的条件下,美国的预算赤字会超出它的国际收支赤字。进口增加,出口受阻,这样总的赤字增加(除非外国政府采取抵消性的赤字措施,或者美国货币政策形成一个抵消性的资本项目盈余)。

如果我们只限于分析政策选择要与世界价格水平的预期相一致的情形,那么,只要存在更大的财政紧缩——表现为更多的美国预算盈余,美国当局加速公开市场购买就是唯一的可行之举。一次临时出现的预算盈余会提高美国的经常项目盈余,虽然仅以国内先前的消费下降为代价,但它使得美国对外国人的要求权(claims)存量增加。而美国政府负债降低以及由它引起的资本品的实际收益率降低,在价格水平依然保持在其预期的路径上时,会要求放松美国的货币政策。此举会导致美国的财富增加,最终增加美国的进口,进口增加额等于外国获得的利息和利润收益的增加额,从而平衡经常项目。

虽然我们没有对国际一般均衡给出一个完整的令人满意的解释,就更不用说非均衡了,但是我们仍可以在美元本位制的背景下,清楚地说明围绕着不同的美国通货膨胀率政策的国际"负担"(影响)这一点出现的各种问题。我的分析从预期的或预期到的(更严格的概念)不同的美国通货膨胀率所引起的国际结果开始展开。

9.1.1 国际流动性与货币铸造税不变

一个国际的货币资产构成主要的国际储备时会获得货币铸造税,而美国的情况恰好就是这样。世界上的其他国家发现,为换取这些美国货币资产,它们必须用其财富来兑换,或者是用出口产品来兑换。

在前一种情形中,货币铸造税收益会随时间或按年度扩张;它是由美国的持续进口盈余增加(或出口盈余减少)来衡量的,而进口盈余增加(或出口盈余减少)的资金支撑来源是美国对外国国民的财富所有权增加所带来的收益与外国人持有的美国货币资产增加所得的利息之差。前面已经解释过,由于美国的货币资产具有相当大的流动性,故这两者之差一般都是正的。

在后一种情形中,货币铸造税实际上被货币化了,因为它当即就被花费掉并导致美国出现临时的进口盈余(对于美国从外国人购买美国的货币资产中获得的资源,只有一部分需要由美国在国内或外国进行投资,为的是实现未来的汇率以便支付外国人持有美国货币资产所获利息之需)。因此,当外国人给美国提供了获取货币铸造税的机会时,它要么就表现为资本项目出现临时赤字(第一种情形),要么就表现为经常项目出现临时赤字,再或者是两者同时出现。实际中到底是哪种结果则要取决于世界上的个人倾向和各国的财政及货币政策情况。

当世界上普遍呈现实际经济增长的状况时,国际贸易和金融会相应增长,这会导致对以国际美元储备形式的实际(货币)余额需求增加。除非美元的世界价格水平迅速下降形成抵消作用,否则外国人每年都会再购买具有流动性的美国货币资产,这样美国就会发现自己每一年都有新的机会获得货币铸造税。所以,美国每一年的(国际)收支,不论是经常项目还是资本项目,都将出现赤字。②

虽然在这里,我们主要考虑的是外国官方持有美元的情况,但是外国个人对美元的需求当然也会使美国获得同样的货币铸造税机会。虽然外国企业,尤其是西欧企业,已经出售了长期证券,但与此同时,只要一些外国国民购买了具有流动性的美国货币资产,这就部分地体现了个人的国际流动性偏好、外国资本市场的不完全性以及其他因素。③ 如果这些资本流是竞争性的,那么美国对于个体世界金融部门而言扮演的就是一个金融中介的角色;而它获得的货币铸造税就相当于银行从储蓄利率和贷款利率之差中获得的收益。但是为美国创造货币铸造税收益的是外国国民持有美国货币资产的意愿,而不是出售美元所有权用于国内资本形成这一点对外国企业具有的吸引力。如果外国国民并不愿意持有美国的货币资产,那么只要外国企业在国际资本市场上募集的美元最后能留在外国,其最终的原因就是:用本国货币购买这些美元的政府(或它们的中央银行)选择持有这些美元是为了增加国际储备,而不是用做财政、货币或是商业行动选择之需,借此通过刺激进口、外国投资等来鼓励它们的支出。换而言之,官方持有国际储备一般被认为是一种自愿决策,它的基础建立在持有这些储备的

---

② 如果能适当地平衡美国的国际收支,使得赤字是外国人对美国的流动性(资产)的所有权的实际价值在增加,那么就无须要求价格趋势变化了。

③ 可参阅 C. P. Kindlerberger,"Balance of Payments Deficits and the International Market for Liquidity", Essays in International Finance, No.46(Princeton: International Finance Section, Princeton University, 1965)。

收益与机会成本的比较之上。

那么,在纯美元本位制下,如果世界预期通货膨胀率会影响美国的货币铸造税收益的大小,那么它是怎样影响的呢?答案在于,外国与美国间的情形,同一个封闭经济中的家庭和企业与获得货币铸造税的货币发行政府间的情形,存在重大差异。美国以外的国家,除了那些非常小的之外,会发现让它们持有的大多数国际流动性资产为有息资产在经济上是合算的。因此它们持有的多数或全部的储备都是政府债券和定期储蓄,因为它们的实际收益率为正,至少在宏观均衡(即本章的情况)条件下是这样的。如果我们认为这些实际收益率与有形的美国资本的实际收益率没有什么关系,而且注意到后者的收益率与预期通货膨胀率两者也不一定有关,我们会发现:外国人持有美元储备所得的实际收益率就会随着预期通货膨胀率上升而降低这一点就不应该是正确的。在我们合理预计的预期通货膨胀率的一个近似范围内,只有当我们可以用理论证明:美国政策向更强的资本深化转变以及随后出现的美国有形资本形成的实际收益降低会让美国的政策部分或全面地(在某个新的均衡上)向一个更高的通货膨胀率改变,我们才能假设外国人持有美国货币资产所能获得的实际收益率降低是通货膨胀变得更高的结果。而且,还有一点需要进一步说明的是,通货膨胀提高并不会导致外国有形投资的实际收益率出现同等程度的降低,因此,实际上,美国以较低的实际收益率借钱可以获得更多的货币铸造税收益。

如果只注意预期通货膨胀率提高的短期结果,那么资本存量的大小进而和它的平均实际收益率在很大程度上是由以前的累积形成的,最基本和重要的一点是,在较短时间内不会过多地受到个人和公共决策的影响。因此,预期通货膨胀率上升会以相同的幅度提高资本品、生产者生产的和消费者消费的耐用品以及股票的预期名义收益率。这又会导致营利性货币资产的名义收益率同比增加,从而维持它们的实际收益率不变。在这里,唯一可以同时适用于短期和长期讨论的结论是:只要预期通货膨胀率上升降低了美国和外国的国内流动性,那么名义收益率的结构就可能变得更为单一,表现为零的货币名义收益和正的资本品收益;如果现金的流动性也降低了,那么那些相对更具流动性的营利性资产的流动性报酬就会更大。

因此,我的论断是,在一个纯美元本位制下,世界上其他国家使用美元作为国际流动储备所支付的货币铸造税会随预期通货膨胀率的上升而增加的这一假设不成立。所以假设在某个更高的预期通货膨胀率下,世界上普遍呈现的国际流动性水平会降低这一点也是不成立的。如果一些人在考察实际的国际货币制度后认为,不论从制度上来看是好是坏,通货膨胀是不利于作为储备的美元发挥作用的,那这可能是因为他们相信通货膨胀越高就会使得持有黄金以替代美元的投机利率越高。由于人们不是真的需要黄金,而且与美国货币资产不同,黄金完全没有利息,因此那些坚持持有黄金的人是相信:只要黄金价格稳定,那么黄金的美元价格会上涨的乐观前景足以抵消持有黄金而失去的利息收入。但不论情况怎样,我们还是推迟到下一节再将黄金引入到分析中来。

显然,美元本位相对于那些金属本位的最大优点在于,可用做国际储备的美国货币资产是带息的。只有当某种商品除了具有货币的便利特性,如可分割性和较低的度量价值比(weight value ratio),还能带来有竞争力的实实在在的实际收益率(如金属带来的悦耳之音),那么对世界而言,以消耗稀缺的资源为代价生产这种商品储备并作为一种世界货币使用它才是"划得来的"。当然,外国人希望美国只有以人力损耗和消费减少为代价才能生产出它在外国出售的货币资产是出于强烈的嫉妒。这种商品的第二个优点是,商品货币的生产率,如黄金的开采,具有不会随世界通货膨胀率选择的变化而变化这一独特的特点。国际纸币本位与国内突破性地使用纸币一样具有解放意义,两者都令货币保守主义者困扰不已。

但是在许多人看来,世界上最富裕的国家——美国,由于其经济高度发达而从印刷世界上的国际货币中享有货币铸造税是不公平的。这不免让我联想起由埃德娜·费勃(Edna Ferber)的小说拍成的电影《风尘双侠》(*Saratoga Trunk*),剧中一个男人对由英格丽·褒曼(Ingid Bergman)饰演的法国混血女主角说,她很漂亮,对此她回答说:"我知道,很幸运吧!"她就是利用她的美丽来实现自己低俗且利己的野心。但是,不喜欢一个发达的经济及其由此获得的机会就好像厌恶一个人的美丽一样,理所当然是不合理的。在国际经济范畴内,真正不公平的不是美国在一些经济方面所显现出的"强大的美",而是它没有充分意识到,它需要与经济发展处于弱势的国家共同分享这些好处。而且,对于不均等的经济利得,比如货币铸造税,如何设计出合理的国际分享机制还是一个亟待解决的问题。

除非这些货币铸造税的再分配问题得以解决,否则国际上对美元本位制,哪怕是与黄金挂钩的美元本位制都会存有一些不满,这一点并不难理解。至此,简而言之,我的分析结论是:就货币铸造税和充分的国际流动性而言,由美国国内政策引起的美元的预期通货膨胀率的升或跌都不会显著改变对美元本位制的利弊权衡。

9.1.2 外国对其国际收支的控制能力不变

世界美元价格的预期通货膨胀率变化不会改变一个国家通过运用其标准的货币和财政工具对其国际收支和财富积累率的"自主"调控。在任何一种国际货币制度下,一国总的国际收支赤字都会受到某种约束,至少当经济运行基本上处于均衡时,一国最终必定会留意其赤字状况,从而可以大致预测到当前政策的未来结果。

在一个均衡通货膨胀率为零的稳定的世界经济中,没有哪个国家总的国际收支赤字可以无限期地维持。正如我们前面已经知道的,在一个不断增长的世界经济中,预期通货膨胀率为零时,世界上的其他国家为了实现美元货币资产余额的累计增长,最终必须保持总剩余。预期通货膨胀率越高,"名义上"的剩余就需越大。初始看来这对美国之外的国家而言好像是一种经济损失。但是,从前面的分析我们可以得出,额外增加的名义盈余的来源是,外国人持有的美国货币资产的名义利率的上涨;只要世界上其他国家追求的财富积累率不变,从而全世界的营利性资产的实际收益率不因通货膨胀率的上升而变化,那么随着预期通货膨胀率的上升,持有美国货币资产的名义利率就必定会上涨。

接下来我们看看一国总的国际收支盈余在经常项目和资本项目之间是如何分配的。一国借助一般的国内货币和财政政策工具就可以实现这种分配。在这里我们暂时忽略营利性资产的流动性在不同国家之间存在的差异,而把世界资本市场看做完全的(这样就不用考虑美元本位制的流动性理论)。给定世界上其他国家政府的预算情况不变,那么一国政府的预算盈余增加会降低国内的消费需求,这样会导致该国的贸易余额增加进而(至少在短期)使得它在经常项目上的剩余增加。而该国消费品的进口将减少,资源被释放到出口行业直至实现新的均衡;在新的均衡上,"外国和国内的总需求"之和恰好吸收均衡的总生产率。受国际套利的影响,国内的资本形成率也同比上升,从而税收增加并使该国的外资(和总投资)增加,增加额等于公共储蓄增加数量(预算剩余的增加)减去减少的个人储蓄——只要个人消费的减少小于税收增加总额,个人储蓄就会减少。

在一个商品和服务流动不完全的货币世界里,如果没有出现资源的使用率低于均衡水平,也没有出现价格跌到预期趋势之下的情形,那么,这样的财政变化就需要一国配以宽松的货币政策。货币政府放松的程度至少短期内必须能激励国内资本形成的增长,这样因财政收紧而增加的国民财富才不会全部以外国营利性资产的形式出现。正在经历财政紧缩的国民趋向于实现他们投资组合的跨国多样化意味着,即使是长期内,国民财富的增加也不仅会表现为对外资本所有权的流入,还会表现为明显的国内资本深化。

结论很简单,一国可以运用它的财政工具来影响国民财富的积累率,而它的货币政策则用来维持其与宏观均衡相应的经济活动水平。在一个开放经济中运用这一原则,唯一一点不同于封闭经济的是:在开放经济中,一部分增加的国民财富采取的是外国投资的形式。

因此可能无须说,一国征税当局对其国民的财富积累率的这种控制能力不会因预期的世界通货膨胀率上升而减弱。每一个国家,仍有独立的财政能力来实现它在更低的预期世界通货膨胀情形下会选择的国民财富路径。实际上,如果它选择管理其汇率及中央银行的运作,使得国内以本国货币表示的通货膨胀率与美元通货膨胀率相同,那么它的财政力量还会因后者的上升而得以加强。由于持有本国货币的国民的通货膨胀预期等同于一种税收,在实际国民收入率不变时,它会降低他们合意的消费率,所以预期通货膨胀率上升会减轻国家普通税收工具的压力。对于这一点我将在下一小节再作分析,该节将讨论美元通货膨胀上升对世界上其他国家的真实成本和收益产生的影响。

至此我们的结论是,以美元价格表示的预期世界通货膨胀率上升,对外国政府(及其国民)而言,并不会增加国际流动性的机会成本,但它的确会减少国内对积累的国民财富征税所产生的净损失从而降低成本。因此,我们需要从其他方面来分析预期的美元通货膨胀率上升对其他国家的不利影响。

9.1.3 预期美元通货膨胀对外国产生的成本和收益

以美元表示的世界价格的预期通货膨胀上升的真实成本以及真实收益,源于一个选择需求:国外每一个国家既可以选择让以本国货币表示的本国通货膨胀率等于世界美元通货膨胀率,也可以选择让其汇率不断随美元提高(与其他情况下它会确定的汇率路径相比),还可以在这两种选择之间选择一条中间道路。对世界上的许多国家来说,毫无疑问,对应预期的美元通货膨胀率上升而调整本国本币通货膨胀率是比较明智的选择。所以我们就先来讨论这种选择下其他国家面临的实际成本和收益,因为我们知道国外任意一个国家的收益与损失的净余额都将取决于其他国家处理各自通货膨胀率所作的选择。

首先,我们要识别固定汇率下这种"等同调整"的情形。有一点可能是正确的:如果美国之外的一个国家让国内的本币通货膨胀率等于世界上其他国家的美元通货膨胀率,那么与选择国内通货膨胀率和后者差异很大的国家相比,它必须调整对美元汇率的可能性就要小一些。但是,如果一国选择根据预期的世界美元通货膨胀率的上升幅度完全等量提高国内通货膨胀率,这在逻辑上显然并不一定意味着它对美元的汇率会固定不变。可以假设,在美元通货膨胀率没有变化时,如果一国会不时地对本币贬值,那么当美元通货膨胀率上升时为维持国内通货膨胀率与它的差距不变,该国仍然会不断地贬值本币,但是频率和幅度不需完全一致。国际货币制度战后的历史在很大程度上就是货币贬值事件的一个概括。要是美国在战后初期就实行一个使通货膨胀更高的政策而其他国家都照葫芦画瓢,那么我们依然会经历大多数甚至是全部的贬值过程。我们可以想想刚刚提及的情况:美国以外的一个国家按美元通货膨胀率的上升对国内通货膨胀率作出等量调整,在这样做时,该国很可能让其汇率趋势基本维持不变,就如同美元通货膨胀率根本就没有提高;但是这几乎不现实,因为,如果预期的国内通货膨胀率的上调幅度与国外的不一致,那么可能且极可能的是该国的资源配置和国际收支都将受其影响。

美国以及欧洲,特别是欧洲的经济学家普遍接受的观点似乎是,美国的预期通货膨胀率上升如果的确提高了国外一些或所有国家的(以其本币表示的)国内通货膨胀率,那么就像会对美国不利一样,它也会因同样的原因对这些国家不利,而不论这些原因是什么。如果不考虑世界上其他国家的反应,读者理所当然地认为美国的预期通货膨胀率上升——我们要记得是在温和的通货膨胀率范围内——确实会对美国经济带来"国内"甚至是国际损害,那么,显然这本书就不具有说服力了。在第 6 章,我们已经讨论过,在某一点上,如 5% 就是一个合意的直观估计值,预期通货膨胀率上升会给美国带来净收益,因为它有利于提高货币的稳定和财政的效率;并且,只要预期通货膨胀率的上升是通过非均衡扩张实现的,包括增加工人的工作经历,减少工人脱离工作(job separations)的可能以及其他各方面,那它也有利于改善工人的态度、习惯和技能。

由此看来,如果一个人全盘断定(美国的)预期通货膨胀率上升,在导致其他一些国家等量调整(其国内通货膨胀率)的过程中,会对这些国家产生经济危害,那么他若不是无知,就是过于自信。虽然我们基本上忽略了美国对世界上部分国家的对外政策问题,但很明显,我们这里也可得出相同的结论。如果几乎或完全不确定美国的政策行为是否对国内或国外有利,就贸然实施该政策将是愚不可及的。我们不能凭空说,我们为控制(或降低)世界上其他国家的预期通货膨胀率所作出的政策决策会怎样影响外国经济福利的平均水平,或者哪些国家会受到危害而哪些国家会得到好处,再或者,在哪个国家那些最需帮助的人群会获得收益或承受损失。因此,当一些芝加哥的银行家想当然地认为他们知道什么样的通货膨胀率变化,上升或是下降,将对印度农民、土耳其移民、法国工人以及其他人有利,他们是那么异想天开。可以说,要估计高一点或低一点的预期通货膨胀对美国人福利的影响,以及在穷人和非穷人之间实行不同的负担分摊,犹如蜀道之难。

显而易见,我们需要逐个考虑世界上的国家,或者是逐类考虑这些不同种类的国家。假设财政和金融制度已获得高度发展的国家从预期通货膨胀率上升至某个温和水平中获得的收益与美国一样多是很自然的。这是"忽略(国家)大小"的一个假设。我将把分析的重点放在那些相信其他一些假设才适合这些国家的人的观点上。

世界上那些欠发达国家的情况就大不相同了。我会假设,在许多拉丁美洲的国家里,预期通货膨胀率像一种通货膨胀税一样发挥着重要的财政作用,控制着消费需求,进而为政府需要和私人资本形成提供资源。当然,这并不意味着,更高一些的通货膨胀对巴西人而言更好,也不是说,巴西从来就没有出现通货膨胀快速增长的时候。但是,如果美国政策引起的以美元表示的预期通货膨胀率上升,会以某种方式降低拉丁美洲国家那种特殊的征税方法的成本,那么合理的结论是,它们将会从美元通货膨胀率上升中获利,而且因为这个原因,与通货膨胀税在财政制度中的地位不那么重要的那些国家相比,它们的获利更多(预期通货膨胀的成本会随美国预期通货膨胀上升而出现这种降低,是因为在同样的国内通货膨胀率下,汇率调整的平均幅度以及汇率间断性波动的平均频率会变小,这两个因素对通货膨胀率的设定可能会起到一定的抑制作用)。

上面我一直讨论的是,预期美元通货膨胀率上升给那些用等量提高它们自己计划的通货膨胀率来回应的外国所带来的收益与成本。对那些强烈偏好维持与美元的汇率固定不变的国家,这种等量回应的做法是可以预期到的,尽管它们不是唯一这样做的国家;这是因为固定汇率为金融和商品市场中的贸易者提供了便利,这些市场在同样喜欢固定其汇率的国家的美元交易区内有大量生意。然而,还有许多国家,甚至是一些在经济发达水平上接近于美国的国家,也会偏向于坚持一个不变的通货膨胀率政策。而与美元交易区少有国际贸易和国际金融交易的交易区内的国家,则极不可能希望让本国通货膨胀率与预期的美元通货膨胀率等量上升。

一个常用来反对提高美国均衡通货膨胀率,也就是反对提高以美元表示的预期世界通货膨胀率的观点认为,这样会要求那些想维持本国国内通货膨胀率不变的国家,根据它们从事国际贸易和金融的相关成本对它们与美元的汇率进行不断的有管理的升值,或者,更糟的是,要它们在变动更为频繁的"固定"汇率和(有官方在外汇市场上干预的)自由浮动的汇率之间作出选择。

在回应这个反对观点时,必须要指出的是,对于那些实行独立通货膨胀路径的国家,如果它们合意的平均本币通货膨胀率高于美元通货膨胀率,那么后者的小幅上升会减少这些国家汇率贴水的平均比率,或者是降低它们"固定"汇率贬值的频率。如果有人不同意许多欧洲大陆经济学家作出的可能带有些民族优越感的假设,即整个世界,至少是美国以外的整个世界中的国家,虽然它们的财政制度还存在不完善性,但都喜欢一种稳定的价格水平,那么结论就会完全不同:美国的预期通货膨胀上升很可能会稳定国际汇率,因为它缩小了世界上其他国家追求的平均通货膨胀率与美国的目标通货膨胀率间的差距。

那么战后外国的通货膨胀史和再一轮对美元的汇率贬值（几乎没有国家预期到），是不是实际上反映了外国政府所期望的通货膨胀率——各国平均而言——是一个持久的预期到的通货膨胀率，而且高于美国官方想要的通货膨胀率呢？如果所指的国家是世界上欠发达的国家，那么答案是肯定的，其原因要么是在这些国家中通货膨胀发挥着税收的作用，要么是它们降低国内通货膨胀预期需要很大的调整成本。而在那些更为发达的国家里，它们的通货膨胀率高出美国的通货膨胀率可能是指通货膨胀高出了官方的通货膨胀目标，出现了计划之外的偏离，而且偏离的幅度要大于美国通货膨胀相应出现的偏离。因此相应的答案必然是，如果美国以外的国家呈现的经济状况和采取的政策是为了持续使通货膨胀按同样的幅度超出已计划的通货膨胀，那么我们要讨论的是这些政策所得出的实际平均通货膨胀，而不是某个期望出现的通货膨胀率。

对战后出现的许多货币贬值现象，有人可能解释为，贬值的国家是为了校正某种通货膨胀率差异，包括计划的和非计划的通货膨胀率，而不是为了在下一种情况下提高国际流动性的流入，即当单纯依靠货币紧缩或财政紧缩（或两者兼之）已经被认为是提高国际流动性的次优手段时，不论这些措施会在何种程度上导致经济衰退，只要这些货币贬值完全没有受到财政或货币紧缩政策的支持，那么它们必定会相应地导致成本增加进而推动国内价格水平。有人可能会认为，一次或多次这样的经历会让外国相信，不论合意的国内价格趋势是什么，要实现国际收支的一个更高的剩余就需要实行财政或货币紧缩。这样，到以后，人们看到的贬值可能会非常少且小，它只有当贬值的国家准备勒紧财政腰带以保证在激励国际储备流入的过程中成功实现贬值时才会出现。战后形形色色的贬值中一部分应该被视为受了误导并且导致了通货膨胀暂时高出外国合意的通货膨胀水平。这最起码意味着，始于美国的预期美元通货膨胀率上升对减少外汇贬值事件的作用，要比人们根据战后数据推断的要小一些，与过去的情况相比，计划在未来实行的贬值更少。

但是我们得说句公道话。如果美国通货膨胀不出现这种上升，这些国家原本能够在对美元的汇率基本不变的情况下，实现它们自己喜欢的通货膨胀率（当然是使用本币表示的），即便货币贬值其频率也是相当小的。那么预期的美元通货膨胀上升会给他们带来哪些成本呢？这些国家会发现，如果它们要维持本国的均衡通货膨胀率不变，它们就不得不使其货币升值；当然它们既可以间断性地以较大的幅度作必要的升值，也可以以一种相当平稳的连续的方式来升值。

这些国家要完成货币升值可能主要有三种方法。一种方法是，让其汇率随一个独立的、浮动的外汇市场波动，该市场几乎或完全不受政府干预，但这是一种最不受欢迎的方法。当美国以外的一个国家的国际收支状况可以保证它在长期内实现一个固定汇率时,如果"自由浮动"的汇率对其而言不具有任何吸引力,那么,即便预计到了汇率升值的平均比率,比方说为每年2%,这也不能推翻那些支持放弃货币当局进行密集的汇率干预的论点。其他两种以不同方式应对升值之需的方法总的来说更受欢迎。

第二种方法是大家熟悉的,即对固定汇率作必要的调整(即所谓的可调整的钉住汇率)。显然,这种汇率调整方式会给汇率调整国和与之有贸易往来的国家带来显著成本。当汇率明显需要调整之时日益逼近,本币会承受巨大的投机压力。但大体上来说,这些压力可以通过补偿性的宽松的国内货币政策加以缓解,因而国内的流动性(以及邻邦的流动性)不会受到过多的干扰。如果货币升值特别频繁,那么每一次升值的幅度都不需要太大,而且在国际金融市场上对它的预期也会不大。但是毫无疑问,消除贸易流的提前和滞后问题就要更难一些。

对于这些问题非常严重的国家,第三种方法更可取。它是以有管理的方式选择一种相当平稳的汇率升值。这种方法按数学家的说法就是"在合理的范围内",即一个"固定"汇率政策的简单一般化。真正"固定的"是该国的汇率与美元在国内的购买力之比;也就是说,国家进行市场干预,将其美元汇率维持在一个基准值附近的一定范围内,而该值的"变化"比率正好等于它所预期的世界上以美元表示的通货膨胀率和它预期其政策在国内所能形成的通货膨胀率之差。当不断出现的完全不同的实际力量和计划外的货币力量使长期收支进入一个可预见的非均衡时,该国就可以将一直处于变化中的基准汇率调整到一条有着新趋势的路径上。

那么,一国选择相对平稳的"有管理的"升值会有哪些成本呢?首先,一国坚持自己的通货膨胀目标不会对国内利率产生影响。虽然,对本币升值的预期本身会使本国的货币资产更受欢迎,而且在没有有效的国内货币干预的情况下,它会引起本国利率下降;但是,对应于预期美元通货膨胀率的上升,通货膨胀上升更快的美元地区的名义利率也会上升,恰好抵消本国的利率下降。而通货膨胀缓慢的国家的货币升值就不需要提高它的国内利率,就好像它不需要提高其通货膨胀率一样,这是美国以外的国家不会通过其他政策偏离其通货膨胀目标的立足点。④ 而且,由于用美元表示的相对价格的路径不会改变,而且由任何一国货币表示(剔除了预期通货膨胀率变化的影响)的国际资产的名义收益率也不会改变,因此一国的税率也不需要做任何变化。所以,预期的美元通货膨胀率

---

④　同样,如果一国需要实行降低通货膨胀率的计划,那它必须降低其国内利率;但是,对该国货币升值率(或货币贬值率降低)的预期有抵消作用,会缓解国际资本流动的影响。

上升给所讨论的国家带来的主要成本是,知晓汇率一直处于变化中给国际贸易从事者和金融交易者造成的更多的"困扰"。

这一点虽然有些令人遗憾,但是,只要美国的通货膨胀率处于任何一个美国以外的国家所追求的最低通货膨胀率,以及这些国家大多数通货膨胀主义者希望的最高通货膨胀率目标之间,这就是无法逃避的成本。在这种的的确确是现实的情况中,美国的通货膨胀率变化,不论是上升还是下降,都不可能让每一个国家都满意。实际上,美国预期通货膨胀率的一次上升必定会产生两种相反的结果:对那些为了维持本国(本币表示的)通货膨胀率不变而需要扩大本币对美元的升值比率的国家来说,它必定会稍稍增加人们对国际交易的困惑;而对那些为了同样目的需要减缓它们货币贬值速度的国家来说,它又减少了这种困惑。

有人会说,当所有的价格都用美元来表示时,全世界遵守的通货膨胀率就好像是一种公共品。它的上升对用美元表示的标致车的价格变化趋势与用同种货币单位表示的阿根廷牛肉的价格变化趋势的含义是一样的。我们知道,在一个封闭的国家里,(没有附加支付补偿时)增加灯塔数量的提议会受到所有选民的支持的情况是罕见的;与之相同的是,在一个世界范围的民意表决中,美元通货膨胀率上升得到一致的反对或肯定的情况也将是鲜有的。但是,反对温和地提高预期美元通货膨胀率的人,不仅不曾表明,外国受损国的损失远远大于受益国的收益(这足以让全世界的选民都反对美元通货膨胀率的这种改变),更不曾表明,受损的国家处于弱势,因而需要给予更多的关注。

9.1.4 未预期到的美元通货膨胀上升给外国带来的负担

当美元通货膨胀率上升未预期到时,国际成本-收益计算就截然不同了。当美元价格水平出现未预期到的上涨或上涨速度加快时,持有美国货币资产的美国人所受的实际资本损失,在一般的会计学意义上,并不加总到美国人的总资本的净损失上,因为美国的纳税人和转移支付的接受者的可支配收入会获得一个补偿性的增加;如果财政政策坚持同样的消费投资组合目标,减税就是必然的。至于与经济有关的各种收益和损失,包括流动性、税率的净效应,以及继而对产出、就业和导致价格出现未预期到的上涨或加速的力量等其他方面的影响,所有这些话题我们在第 4 章到第 6 章的分析中都涉及了。

与此完全相反的是,外国人持有美国货币资产所遭受的资本损失,即便是纯粹会计学上的资本损失,在经济上都是实实在在的。持有美国货币资产的外国人最终会卖掉这些资产,同时会购买商品,如果他们国家的本币价格上涨等于美国的价格上涨,或者本币的美元成本等量增加,那么这一点就是不言而喻的。⑤由于美国在"收入固定"的货币负债上对外纯粹是借款人,因此对它而言,世界价格在贷款时出现未预期到的上涨,会降低这部分对外净负债的利息负担。

但这并不是指,未预期到的美国通货膨胀率上升在总体上对一个或全部美国以外的国家都是不利的。如果预期通货膨胀率上升在总体上对世界上的其他国家是合意的,比如说由于上一小节(和第 6 章)考虑的财政原因,或者仅仅是因为它将刺激产出和就业出现增长,哪怕这种增长大部分或完全是暂时的,那么由美国政策引发的一次预料之外的世界通货膨胀仍可能为世界上的其他国家带来净收益,尽管外国人在他们所持有的美国货币资产上会遭受实际的资本损失。

因此,这不是"天知道,一切皆有可能"这句话就可以简单概括的。有人可能会反驳,如果一个或所有美国以外的国家想获取一次未预期到的通货膨胀带来的收益,如它对就业形成的暂时效应或永久效应以及它对其他方面的影响,这些国家就有可能单边采取必要的财政和货币政策来实现这一目的。但是这种看法没有看到这一点,即每个单独行事的国家不会草率地实施这样的政策,除非它确定其他国家会作出同样的选择;因为,如果它没有理由来预计其他国家将会采取同样的措施,那么它会认为自己的单独行动将会带来恼人的成本和其他问题,从而导致它的国际收支出现不均衡。⑥

而且,还需注意的是,不可高估未预期到的通货膨胀所产生的资本损失。稳态通货膨胀率从最初值,如 2%,一次性地且无限期地升到 5%,并不意味着外国人持有的美国货币资产永久地被吞噬了 3% 而毫无补偿。如果美国的货币和财政政策,随同逐渐调整至 5% 的预期一起将名义利率也提高 3%,那么外国人的损失就仅仅与他们持有资产的期限和市场预期调整的缓慢程度成比例。举例来说,如果外国人投资的都是期限为 12 个月的外汇汇票,每年只有 1% 的通货膨胀预期不到,那么在 4 年的时间里,无法挽回的资本损失就只占到所持有汇票的实际数额的 4%。而且,这些汇票的名义利率仍然足以保证持有它们会获得一个正的实际净收益率。

---

⑤ 如果这些持有者的政府采取措施保护本币价格不受未预期到的美元价格水平上涨的影响,那么他们同样会遭受实际损失,至少当外国政府维持原状的收益较大时,情况是如此。

⑥ 第 4 章对均衡就业水平的福利经济学分析也得出了类似的结论。在提高价格水平和激励就业增加使之高出均衡水平的过程中,总需求的增长会对工人和资本所有者形成怎样的收益呢?有人认为,如果他们希望提高就业和资本利用程度,他们就会降低价格!这种肤浅的反对观点忽略了以下两个方面的区别,即忽视了个体没有预期实际工资率的整体降低而单方面削减实际工资,与预先协定的降低实际工资的需求之间的区别。

同样,如果美国导致美元价格出现预期之外的上涨,那么任一美国以外的国家,在不确定与之竞争的国家的行为时,都不会立马实施大小刚好是其他美国以外的国家也采取同样举措对应的一次货币升值。

如果说，未预期到的美国通货膨胀带来的这些实际资本损失对大多数美国以外的国家实为一个无关紧要的因素，那么它给它们带来的主要危害又是什么呢？危害可能在于，在一些美国以外的国家，它们的劳动力市场和产品市场，出现高出均衡的就业和资本利用水平的弊大于利，原因是与美国相比这些市场更"不完善"，或者是涉及不同类型的制度行为。危害还可能在于，许多美国以外的国家，与美国相比，改变政府的再分配计划来缓解它们社会中一些低收益的弱势群体所受伤害的能力要弱一些。也就是说，这些国家在任何方面都与美国不完全相同，所以，我们应该随时接受这种可能性，即通货膨胀率出现的一次意外上涨，尽管大小正好使得它的临时影响在整体上对美国十分有利，但它很可能不会给美国以外的部分或所有国家带来同样的净收益。

而美国因其美元通货膨胀率预期之外的上升而获得的繁荣让外国政府最为困扰的就是，与美国的个体公民一样，外国政府也没能预期到这个结果。因此，不论外国政府对这种意外的转变是感到惊喜还是失望，都会觉得失去了控制自己经济的一种手段。比如说，由（计划的或非计划的）财政变化引起的一次意料之外的通货膨胀和高于均衡的就业本身就会导致美国以外的国家的贸易盈余出现意外的增长；而与此同时，美国的繁荣引起其利率上升又会导致美国以外的国家资本项目的国际收支出现意外的恶化。虽然有些国家一直追求的——根据变化带来的成本有计划分步骤追求的——可能就是这种变化。但是，即使是在长时间里，平均来说，我们也不能由此假设这种愿望的巧合会有规律地发生。大多数政府在大多数时间里将会觉得，对它们而言，由于美国引发某种不均衡冲击的可能性一直存在，因此经济计划任务的难度加大了。如果美国财政和货币当局容许的美国不均衡到了一定程度，这些政府可能还会表示憎恨，要是这种不均衡是预先设计好的，它们的感觉就更不用说了。

因此，自然地，一些外国政府会强烈要求美国以及其他任何一个能对世界经济产生重大影响的国家，自觉参加某种国际协定，承诺不作出导致国际不均衡的货币和财政变动，并且承担适时处理意外非均衡状况的国际责任。这把我们带入另一个主题——有时候被称作"游戏规则"（rules of the game）。

游戏规则是对每一个国际收支处于不均衡的国家给予的指导，告诉它们如何根据其所处的情况——不论是盈余还是赤字，不论最初的不均衡是结构型的还是需求型的——来调整经济。其目的就是，相对于各国均独立行事，这样做能更快、更平稳地实现均衡。

显然，说得准确点，在国际均衡通货膨胀率为，比如每年5%时，国际上适合的规则应该与适合于国际均衡通货膨胀率为2%时的规则没有区别。更不用说，在前一种情形中，没有哪个国家为5%的实际通货膨胀会放大内部的不均衡;并且,为了与下降的货币资产的实际价值"持平"而出现的以美元表示的外国国家的名义剩余也不会放大外部不均衡。

9.2 黄金以及"纸"黄金

实际上,在国际货币制度中,一些国家喜欢以黄金的形式,而不是以美国货币资产的形式来持有它们的部分国际储备。如果美元具有不可比拟的流动性,而一些国家喜欢的储备商品不仅流动性不强而且也不为人们广泛持有,那么这一偏好,就好像一些国家喜欢持有毕加索的作品一样,不会从本质上改变美元本位制的运行。而且这些储备商品的效用取决于它们以美元表示的市场出清价格的大小。如果美国将国内的价格水平翻一番,那么外国人也会要求他们的商品储备的美元价格涨一倍,或者是对这些储备实行配额制,以防止它们流作他用。

而另一种极端情形是,所有国家的货币储备,包括美元储备,与黄金相比,国际流动性极低。这样一来,如果美国使其货币资产供给增加一倍,使它的价格水平翻番,那么它就必须做好把用自己货币表示的黄金价格也提高一倍的准备,以防止黄金储备流失。

目前的国际货币制度介于这两种极端情形之间,但具体在那一点却不好说。从表象上来看,实际的国际货币制度是以金本位制为基础的,也就是说,目前是由美国与其中央银行间用美元进行黄金交易,交易价格在其他决定黄金流动的参数不变的条件下,既不能太高以免美国的黄金储备流出,也不能太低以免吸引黄金流入美国。更准确地说,国际货币制度是以金汇兑本位制为基础的,除了黄金之外,美国的货币资产作为国际储备被广泛持有,其中美元储备是大多数美国以外的国家最主要的国际储备形式。

由于黄金和美国的货币资产都具有高度的国际流动性,而且(在一定范围内)可以相互替代,持有其中一种资产的机会成本增加就表明另一种资产有一定的需求弹性。因此,如果美国的货币政策意味着,持有美元的预期收益率相对黄金会提高,那么美国就可以采取那些能增加由国外持有的美元储备的实际数量(相对于黄金储备的实际价值)的国内政策。

所以,美国有相当大的自由来提高或降低与黄金的(美元)价格对应的国内(美元)价格。当然,这并不是说,对应黄金的一个既定美元价格,美国可以按自己合意的比例无限期地提高国内价格。有人就认为,如果在美国美元的价格上涨的比例超过某一点,可能会出现这样的情况,即在那时美国的货币政策将无法再让国外持有的美元,对那些希望(以黄金对商品的购买力来衡量的)黄金实际数量减少的人仍具有充分的吸引力。虽然要使美国的通货膨胀率无限期地维持一个正的水平是可能的,但这只有在人们对黄金的偏好同时出现降低的情况下才能实现。由此看来,黄金的美元价格的不变性就像是连接以美元表示的世界价格水平的链条,通货膨胀率越高,链条绷紧得就越快。

从最有可能出现的情况来看,普遍预期通货膨胀会持续时,黄金持有者的投机活动会加强,这样黄金的美元价格上涨就为时不远了。[7] 情况可能是,预期的美元通货膨胀率上升起初会对黄金有抑制作用。因为美国货币资产的名义利率的上升可能会等于甚至超出黄金美元价格的"预期"当前升值率的上升。虽然黄金价格并未上涨,但要是人们认为黄金价格上涨迫在眉睫,那么坚持持有黄金的预期资本收益最终会是可观的。之后情况会怎样呢?让我们作最坏的打算,那就是接受这样的论点:美国通货膨胀率上升,使得在未来某个不确定的时间里,必须要对黄金和美元作出某种新的安排。事实上,许多经济学家就认为,即使美国将维持一个"不变"的价格趋势,世界贸易的增长和随后对国际储备,特别是对黄金需求的增长(相对于黄金的供给)最终会使美国的黄金储备枯竭,结果同样是需要对黄金采取一定的措施。这一观点为特别提款权创新提供了部分依据。特别提款权被设计为一种国际储备资产以补充黄金储备的不足;经由世界上主要的中央银行根据国际贸易和金融的增长协议,它的数量可以相应增加。但对于特别提款权在黄金短缺情况下可能起到的作用,我们稍后再作考虑。

9.2.1　黄金价格的重估

通过提高黄金的美元价格这种方法努力恢复金汇兑本位制的正常运行是一种可能。我们假设,如果这样做了,美国以外的各国不会立即改变以美元表示的本币汇率,这一假设应该是与现实比较吻合的。即便美国以外的国家没有对各自的货币——以美元表示的——实行货币升值,最"理想的"结果很可能是:为满足美国以外的国家对更多国际流动性的需求,它们持有的黄金的实际价值的增加会导致它们放弃为获得国际收支剩余而制定的政策。事实上,如果黄金的价格上涨得足够多,那么根据这种结果预测,国际流动性将会大幅提高从而引起美国以外的国家持续竞争性地放松其货币和财政政策,这些国家会发现它们轻松地摆脱了对国际流动性不足的担忧。

---

[7] 这一点倒不难想象。虽然我们在这里不能解决实证问题,但下面这种情况也有可能出现:回到黄金数量到达顶点的日子,与传统预期的情况不同,世界美元通货膨胀率发展到相当高时反而会使黄金这种金属所拥有的光芒消失。虽然美国货币资产的名义利率会随着美元通货膨胀率的上升而上升,一旦它被预期到,它不会短期内极大地降低黄金的需求量,但是由于世界商品的(美元)价格上涨,黄金持有者会遭受多年的、持续的资本损失,这会让那些依然喜欢黄金的国家最终放弃它转而持有美元资产,因为后者的利息收入会弥补向上的价格趋势带来的成本——尽管黄金价格最后有望上涨。

我们可能要承认一点,那就是即使这种黄金价格调整手术,就像刚刚所说的,在操作上是可行的,但是偶尔进行这样的操作,对那些希望过通货膨胀生活的病人而言,并不是一个能令它们满意的长期的解决方法。诚然,每一次黄金提价都会让人们暂时不再有黄金价格在近期内上涨的预期。但是,即便每一次黄金提价都成功地缓解了美国黄金枯竭的问题,人们还是会争论说,黄金作为一种储备资产的地位加强了,相对应地,美元的地位减弱了,而且未来黄金价格非经常性的变化还会引起越来越大的不确定性。

这的确是一个长期问题。在黄金初次提价后的 20 年或更长的时间里,国际货币会作怎样的选择,或者黄金是否还会作为一种主要的国际货币资产继续存在,这些问题都不得而知。就算把这些暂且抛在一边,首先要说的就是,黄金价格不断上涨的预期中隐含的黄金地位强化仅仅是补偿性的,为的是让它与名义收益率随通货膨胀等量上升(与通货膨胀为零的情况不同)的美元资产同步。类似地,黄金出产国所得收入的增加也最好是被看做一次意外增加而不是一个超额收入。一些拥有金矿的国家能够从其他一些国家对这种金属具有的偏好中获利,不能说是美国,或是它实行的通货膨胀政策的错误。

因此,不称心的主要是黄金价格会连续不断上涨的前景,以及由此引起的投机和国际流动性的波动。但是在黄金价格上涨延后的情况下,一次足够幅度的黄金价格上涨过后会留下足够的空间,以找出一个干扰作用更小的方法来抵消增长缓慢的黄金存量的实际价值的损耗。我们有可能找到一种制度,在这种制度下,黄金的价格每年按某个百分比上涨,称之为"美元通货膨胀校正"(dollar inflation correction)。

另一种反对黄金价格上涨的观点考虑了美国的声誉损失,美国按要求必须将黄金的美元平价维持在 35 美元。当然,普通的美国老百姓愿意为国际声誉的一定提高支付多少,我们很难知晓。但是即便这个国家相当重视在外的声誉,情况仍可能是,为保证美国获得一个满意的高通货膨胀率而采取的各种行为方式都会引起更多的声誉损失。

一个更为重要的问题是,一些国家一直愿意持有美元资产作为国际储备,因为它们相信这样做不会因黄金价格上涨而损失资本收益,因此美国对这些国家的关注是可以理解的。[⑧] 大家可以设想对这些国家应作出的各种形式的补偿,如果事前没有,事后应有一种汇兑保证;而美国从拥有的黄金存量上所得的资本收益将会为补偿那些事先愿意购买美元资产(或正准备这样做)的国家提供

---

⑧ 那么先前的黄金价格重估的收益等于实际损失吗?答案是肯定的,如果持有黄金的获利者抬高美元价格,或者各国为了避免这一点而不得不提高利率和它们的税率,那么两者就是相等的。

账面基础。但是这并不太现实。

最好要指出的是,对于这些国家,在几十年里,它们持有的美元获得了3%或更高的利息,它们的财富已经翻番了,而且在近四十年的时间里,它们持有的数量甚至增长得更快;还需指出的是,美元还将继续获得正的真实利率,然而,黄金,虽然它与一般的价格水平完全保持一致,却无法提供一个正的实际收益率。此外,每一个美国以外的国家的利益,包括那些一直信任地持有大量美元作为国际储备的国家的利益,更多地不是取决于如何对黄金持有者获得的超额收入进行国际分配,而是取决于美国的经济发展健康与否以及国际货币制度的运行良好与否。

一些人反对黄金涨价不是由于他们极度担心其后果,而是由于他们相信,在面临不断增长的世界贸易和不断上涨的(以美元表示的)世界价格水平时,黄金涨价不是解决黄金存量增长不足问题的最佳方法。因此,下面让我们将注意力重新放到另外两个已经得到广泛讨论的方法上。

9.2.2 创立特别提款权

特别提款权安排的合理性,至少在美国看来,在于它能提供国际储备资产作为黄金和美元的补充,使国际货币制度能够满足日益增长的储备需求而不让美国遭遇收支赤字——至少不会让赤字的大小超过美国黄金存量持续减少时出现的赤字。支持的观点是,特别提款权的累积将增加国际流动性,从而促使外国推行更为宽松的货币和财政政策,这样的政策可以降低对更多的美元余额和黄金,特别是黄金的需求。此外,如果特别提款权与黄金的替代关系大于它与美元的替代关系,那么创立特别提款权还能起到降低各国用做国际储备的黄金和美元两者之比的作用。反之,如果美国以外的国家认为特别提款权不能替代黄金,那么它的创立就无法阻止美国的黄金储备枯竭;这样,对因其他原因已经增加了的美元余额持有量(和相应的美国赤字),创造出价值一美元的特别提款权并不能带来前者的等量减少,充其量也就是一美元。如果特别提款权和美元余额有相同的利息,那么就可以认为一美元的特别提款权能代替一美元的美元余额。而事实上,特别提款权几乎是无息的且有黄金作为保障。

所以有人推测,只要美国以外的国家选择在其储备中持有特别提款权,那么就可以认为它们在一定程度上可替代黄金——也就是说,增加价值一美元的特别提款权将会替代国外储备中一定数量的黄金。但是到目前,人们对特别提款权替代黄金或美元的能力仍有一些质疑——虽然去年*特别提款权已经创立，可欧洲持有的美元余额和黄金数量仍都增加了。但是在以后，情况可能会是，特别提款权将会逐渐享有黄金的地位，通过各国的共同努力它会获得黄金的形象，并从日益提高的认知度以及拥有黄金作为保障而日益提升的信用中获利。

如果我们假设特别提款权真的会发挥纸黄金的作用（不论它是否与以黄金为基础的美元等值），那么国际货币基金组织的成员国就应该支持，每年都增加特别提款权的发行数量，在黄金平价不变的情况下，让它足以防止美国黄金存量出现枯竭。这就要求欧洲各国政府一致不断地提高以美元表示的世界商品价格，至少，如果它们认可采用这种方式是改变美元和黄金安排所需要的，那么从这个意义上来说它们就需要这样做。虽然这种协同一致的可能性在目前看来是有一些可望而不可即的，但需要指出的是，目前发行特别提款权的时间表是在西方世界的通货膨胀已经到达战后最高点的情况下协商制定的。如果持续的美元通货膨胀带给世界其他国家的是非美元形式的国际流动性降低这一事实，那么极为可能的是，需要发行新一轮的特别提款权，并认可上次协议之后出现的通货膨胀。在这种情况下，持续的美国通货膨胀可能导致创造的国际流动性，总是要略低于在美元价格稳定并由美国采取措施实现同样通货膨胀的情况下所带来的国际流动性。但是对于欧洲各国，特别提款权在一定意义上就是刻意用来在短时间内阻止这些储备的增长的。

总而言之，合理的情形看来是，无论美国是否选择实行温和的通货膨胀方式，特别提款权的发行进程安排都是为了避免非美元国际流动性出现严重短缺。但不论为这个目的而发行的特别提款权的供给数量是否足够，美国单方面仍可以通过提高黄金的美元价格来实现这个相同的目的。在长期，后一种方法要求黄金价格的反复上涨尽量是连续不断的，而不是间歇性和跳跃式进行的。但是，对黄金价格的这种有序的上涨方式的详细分析并不是我们这里要关注的。

9.3　欧洲实现联盟的可能性

至此，我们的分析基本上是把"世界上的其他国家"当做一个原子的集合，即其中的任何一个国家都不具有与美国谈判的显著力量，而且它们之间也没有组成拥有强大谈判力量的联盟。而把现实世界描述为存在一些中等大小的国家，如英国、法国、德国、日本、意大利等则是较真实的。

---

* 即 1970 年，国际货币基金组织 1969 年的第 24 届年会上通过并决定从 1970 年起发行特别提款权。——译者注

那么,这样的世界格局至少会带来一些不同的后果,其中之一就是,一个中等大小的国家可以对美国形成政策压力,使得美国的通货膨胀率更接近它的意愿。在这样的国家和美国之间会存在无数种可能的国际协议,它们取决于双方的互信及亲密程度。如果美国坚持完全按自己的方式来控制通货膨胀,有可能会危害到对美国自己和相关国家都相当重要的双边协议,那它就不会这样做。可以肯定的是,对美国既定通货膨胀率目标的任何反对意见都会且应该会在一定程度上缓和美国的通货膨胀热情。但是美国可以且应该为了它的通货膨胀目标排除这种情况,并寻求作出如下解释:这样做不仅真的不会伤害其他国家(如果真的不会),而且在整体上(如果确实如此)还有可能对其他一些国家和国际货币制度有利。这就好像一个人做事一样,美国开展其通货膨胀行动应该基于合理的假设,即它的行为只会让少数国家不满,而且它们极可能会原谅它,特别是在存在协商和解释机会时更该如此。

世界上存在一些中等大小的国家还会引起另一个后果——其实是一组后果——它们之间存在基于彼此猜测的相互依存的关系,从而有结盟的动机。对这些中等大小的国家而言,彼此都是重要的竞争对手,因此每一个国家在采取行动之前要再三考虑它的那些对手将会如何行事。

这种相互依存的关系,可以运用大家熟悉的博弈论中的囚徒困境来加以解释。假设美国刚刚停止黄金非货币化,以便它对世界其他国家的国际收支能够继续保持赤字。如果世界上的其他国家都不选择本币对美元升值,那么每个国家持有的美元将会继续增加,比如说超过了它所希望持有的数量。这一结果是相当糟糕的。或者,如果一国认为其他国家不会实行货币升值而没有使本币升值,而实际上它的主要竞争国对货币进行了升值,那么结果是这个国家的情况变糟。再或者,如果这些国家中的一个选择大幅升值——因为它相信其他国家也会这样做,而且其他国家也确实这样做了,那么结果对这些国家中的每一个来说都很好;但是如果其他国家根本就没有使本币升值,那么对这个大幅升值的国家来说结果将是最糟糕的。因此,面对这种投机性的相互依存关系,每一个国家可能都认为谨慎之举就是不要升值,或者如果认为其他国家会作同样的选择,那么升值幅度要比它们选择得小。这种状况会让流入每个国家的美元数量超过它们愿意持有的数量(这种情况至少要持续到各国经过一段时间的摸索慢慢接近令他们合意的数量为止)。在黄金的美元价格出现上涨时,这种猜测性的相互依存关系还会阻碍这些国家按意愿作出它们的回应。⑨

---

⑨ 但是,在稳态的美国通货膨胀完全是日常情况,即本章第一部分所讨论的情况时,这种对货币升值的限制作用会出现,对此我持怀疑态度。

因此,对部分或所有中等大小的国家,以及它们周边的小国来说,联合起来共同决定它们对美元的汇率的这种激励是很强烈的。这就是创立一个欧洲储备单位的动机所在,即便这种储备单位不具有价值储藏和交易媒介的功能,至少也是一种账面单位,通过它许多或所有的欧洲国家通常都可以将它们之间的汇率固定住。至于这种共同单位对美元的汇率自然就由相关的结盟国协商决定。理论上,每个参与了储备单位结盟的单个国家要自觉保持它对储备单位继而对美元的汇率不变。毫无疑问,在感觉上,在所有情况下(除了极不正常的情况),维持对储备单位的汇率固定是有利的。

创立一种可以用做价值储藏和交易媒介的欧洲储备单位的动机在欧洲各中央银行之中当然也存在。设置又一种这样的非金属国际货币将会减少美国获得的国际货币铸造税的数量。它不仅会降低欧洲要支付给美国的货币铸造税的数量,同时还能让欧洲从世界上其他国家获得一些货币铸造税。

这样一来,如果美国想实施一个温和的通货膨胀政策,情况可能是,它将面临这种欧洲储备单位的威胁。但是这种威胁或前景,如果即将到来,应该不会给美国带来恐慌,它也可能是一件好事,只是五味俱全。

首先,美国会承受一些货币铸造税损失。但是这种损失占经济的比重不大。这甚至对美国来说还是一定程度的心灵解脱,美国可以不再像以前一样从比美国穷的国家那里赚取那么多的货币铸造税了。在美元价格水平上涨时,为维持外国人持有的美元余额的实际存量不变,就必然意味着美国要出现国际收支赤字,而这当然不会因一种竞争性的国际货币出现就可以避免得了。

欧洲国际货币出现的另一种影响将是降低作为国际货币的美元的流动性。但是可以不再是唯一单向的世界中央银行,美国可能会欢迎这一点。

国际货币制度要平稳发挥作用当然要求这两种国际货币相互可以兑换。如果美国的通货膨胀依然高于欧洲板块,那么就必须设计一种规整的计划,要求美元对黄金贬值或者欧洲单位对美元(或黄金)升值。我心中所想的是一种有管理的基本上是连续性的升值或贬值计划。根据某个规则,一定幅度的汇率调整将重复不断地、正常地、甚至是自发地进行。

如果汇率调整的负担落在美元(对黄金)而不是欧洲单位上,这也会产生一些成本,尤其是美国的成本。每一年都有特殊的情况发生,并且,如果美元贬值不是自发的,那么每一次这样的调整都将在支持大幅贬值的出口者(和进口替代者)及支持小额贬值的进口者与收入固定者之间引发一些利益冲突。为了避免这一点,设计一种概念,如以购买力平价为基础来调整美国与世界其他国家,特别是欧洲的汇率,将是有帮助的。只要汇率调整不是高度连续的(即相当平滑),那么对下一次汇率变动的预期就会对贸易和资本流动形成一些干扰,使它们出现提前或滞后的情况。这为汇率调整过程要平滑而不是周期性或间断性的观点提供了支持。此外,以黄金和欧洲单位表示的美元平价一直在随时间波动这一事实,对于另一个必须考虑的因素,即外贸交易的风险,似乎并不会带来任何不良影响。如果平价是按预先设定的比例在变化,比如说,对应于两地区之间计划好的通货膨胀目标,那么这其中当然不会引发更多的风险。而且,只要平价在跟随相对价格水平的事后趋势所作出的调整是自发的,那么汇率具有的这种弹性,实际上还会降低以贸易者本国货币从事的对外交易的风险。

还有一点,如果美国和欧洲合意的通货膨胀率之间的差异每年维持在几个百分点之内,那么这两个地区间实行固定汇率是可行的。它们的货币政策在大多数时间里是能够调节这种有限的不均衡状况的,只是一旦证实货币工具的压力过大,就偶尔需要重新设定固定汇率。

9.4 结　　论

作为一个研究封闭经济的理论者,对通货膨胀问题的国际层面作出探讨,我觉得自己是在冒险。我还能坚信一项通货膨胀计划是符合美国和整个世界的经济利益这一点吗?

谈到经济预测,就像对其他的实证性推断一样,我完全不信任(但我希望别人与我不同)。我对恢复大致稳定的价格水平要经历痛苦过程的言论持有很大的质疑,但是我对温和的美国通货膨胀的总体优点的不确定却相对要小一些。不可否认,持续的美国通货膨胀最终会要求对黄金价格作出调整,接下来还可能要为持续时间更长的黄金价格调整出台新的安排,甚至要创立新的有力的储备资产,如特别提款权,作为黄金的补充,但是承认这些对实施这样的通货膨胀计划并不会产生强烈的影响。如果国际经济学连这些问题都无法作出解释,那它还有何用?我们再也不必把我们的经济政策总是与一些不可测定的金属矿产联系在一起。不论美国是否在未来推行某个温和的通货膨胀率,我们都必须对黄金采取一定的措施。

如果真的建立了某种欧洲货币联盟,它的成员国选择一个低于美国的通货膨胀比例,那么我们的确要承认,会出现另一种成本。当美国实行美元对黄金贬值时,就意味着美元对欧洲单位也会贬值。如果最终出现了这种情况,那美国要找到一种恰当的方法来实现这种正常的货币贬值,其决策过程会变得复杂。但是,尽管这些成本会在一定程度上降低美国的通货膨胀目标,但它们不会阻碍美国对通货膨胀率目标作出适当的选择。为了保证买者和卖者能便利地按不变的价格比率进行梨子和苹果的买卖,人为地控制它们的产量是愚蠢的;而为了美国和欧洲的货币交换能在固定汇率下进行,我们只实施那些与之相符的政策同样也是愚不可及的。

　　但是谁又能保证说,欧洲各国,不论它们是否创立共同的储备单位,它们一定会拒绝与美国一同采取一个温和的通货膨胀路径呢?美国要做的,最理想的就是,让世界上的其他国家相信一个温和的受到妥当控制的通货膨胀在经济上是合理的,而且是国际性的,只是需要由世界各国来实行。如果这样的说服获得了认同,那么国际上共同实行温和的美元通货膨胀的相关问题的重要性就变得微不足道了。

人名索引[*]

说明:索引中的页码为英文原书页码,在正文边际处。

Aftalion,阿芙特林,120n.
Akerlof,G. A.,阿克洛夫,G. A.,17n.,21n.
Alchian,A. A.,阿尔钦,A. A.,13n.
Ando,A.,安多,A.,162n.
Arrow,K. J.,阿罗,K. J.,211n.,213n.
Ashenfelter,O.,阿什费尔特,O.,118n.

Bach,G. L.,巴赫,G. L.,162n.
Bailey,M. J.,贝利,M. J.,219n.
Bakke,E. W.,巴克,E. W.,120n.
Baumol,W. J.,鲍莫尔,W. J.,211n.
Becker,G. S.,贝克尔,G. S.,26n.,62n.
Bergman,I.,伯格曼,I.,293
Berle,A.,伯利,A.,32
Beveridge,W. H.,贝弗里奇,W. H.,83n.,102n.
Bodkin,R. G.,博德金,R. G.,156n.
Boiteux,M.,伯夷特克斯,M.,217
Boulding,K. E.,鲍尔丁,K. E.,273n.
Bradford,D. F.,布纳德福德,D. F.,211n.

Brainard,W. G.,布莱因纳德,W. G.,206n.,271n.
Brenner,M. H.,布林纳,M. H.,117n.
Brimmer,A. F.,布瑞墨,A. F.,138n.,152n.
Buchanan,J. M.,布坎南,J. M.,211n.
Burger,A.,博尔格,A.,144n.
Burmeister,E.,伯梅斯特,E.,185n.

Cagan,P. H.,卡根,P. H.,46n.,208n.,209n.
Cain,G. C.,盖恩,G. C.,147n.
Catt,I.,卡特,I.,70n.
Chamberlain,E. H.,张伯伦,E. H.,105n.
Chipman,J. S.,奇普曼,J. S.,211n.
Conrad,J. C.,科恩纳德,J. C.,162n.
Corlett,W. J.,科里特,W. J.,212n.
Crockett,J.,克罗克特,J.,163n.

Dahlberg,A.,达尔伯格,A.,204n.
Davis,O. A.,戴维斯,O. A.,211n.,212n.

---

[*] 页码后的"n"表示注释。

Diamond, P. A., 戴蒙德, P. A., 213n.

Eisner, R., 艾斯纳, R., 153n.

Feldman, P. H., 费尔德曼, P. H., 62n.
Fellner, W. J., 费尔纳, W. J., 21n., 43n.
Ferber, E., 费伯, E., 293
Fisher, T., 费希尔, T., 211n., 238, 287n.
Fleisher, B. F., 弗莱舍, B. F., 121n.
Foley, D. K., 福利, D. K., 136n., 185n.
Friedman, M., 弗里德曼, M., xvi, 43, 73n., 274n., 277
Friend, I., 弗林德, I., 163n.

Galbraith, J. K., 加尔布雷斯, J. K., 32
Gesell, S., 吉赛尔, S., 204n.
Glaser, D., 格拉塞尔, D., 121n.
Godfrey, M., 戈弗雷, M., 106n.
Goldsmith, R. W., 戈德史密斯, R. W., 162n.
Gordon, D. F., 戈登, D. F., 11n., 43n., 62n.
Graaf, J. de, 德-格拉夫, J., 211n.

Hague, D. C., 黑格, D. C., 212n.
Hall, R. E., 霍尔, R. E., 76n., 78n.
Hamilton, E., 汉密尔顿, E., 151n.
Henry, A., 亨利, A., 121n.
Hicks, J. R., 希克斯, J. R., 208n.
Hochman, H. M., 霍奇曼, H. M., 136n.
Hollister, R. G., 霍利斯特, R. G., 139n., 164n.
Hynes, A., 海因斯, A., 11n., 43n.

Johnson, G., 约翰森, G., 118n.
Johnson, H. G., 约翰森, H. G., 225n.

Kaldor, N., 卡尔多, N., 208n., 211n.

Kalecki, M., 卡莱茨基, M., 32n.
Keynes, J. M., 凯恩斯, J. M., 10, 30—32, 67, 68, 75, 151, 217
Kindleberger, C. P., 金德尔伯格, C. P., 290n.
Kurihara, K. K., 库里赫拉, K. K., 227n.
Kurz, M., 科尔兹, M., 211n.

Lancaster, K. J., 兰卡斯特, K. J., 211n.
Lange, O., 兰格, O., 195
Leijonhufvud, A., 莱容霍福德, A., 4n., 67n.
Lemer, A. P., 利墨, A. P., 43n., 83n., 195
Levhari, D., 勒弗哈利, D., 184n., 213n.
Liebow, E., 利鲍, E., 64n.
Linder, S. B., 林德, S. B., 215n.
Lipsey, R. G., 利普西, R. G., 44, 47n., 76n., 162n., 211n.
Little, I. M. D., 利特尔, I. M. D., 211n.
Liviatan, N., 利维坦, N., 185n.
Long, C. D., 朗, C. D., 156n.
Lucas, R. E., 卢卡斯, R. E, 4n., 43n., 49n., 52n., 118n., 283n.

McCall, J. J., 麦考尔, J. J., 150n.
McManus, M., 麦克马纳斯, M., 211n.
Marshall, A., 马歇尔, A., 211, 287n.
Marty, A. L., 马蒂, A. L., 178n., 220n.
Meade, J. E., 米德, J. E., 211n.
Metzler, L. A., 梅茨勒, L. A., 189n., 287n.
Mill, J. S., 穆勒, J. S., 211n.
Millikan, M. F., 米利肯, M. F., 83n.
Mincer, J., 明瑟, J., 147n.
Mises, L. von, 冯-米泽斯, L., 43n.
Mooney, I. D., 穆尼, I. D., 147n.
Mortensen, D. T., 莫腾森, D. T., 13n., 43n.
Mundell, R. A., 蒙代尔, R. A., 183n.

Muth, J. F. , 穆特, J. F. , 48n. , 280n.

Nagatani, K. , 纳迦坦尼, K. , 208n.
Neal, A. , 尼尔, A. , 120n.
Nichols, D. A. , 尼科尔斯, D. A. , 201n.
Ohlin, B. G. , 俄林, B. G. , 83n.
Okun, A. M. , 奥肯, A. M. , 84n.
Orwell, G. , 奥威尔, G. , xviii

Paish, F. W, 佩什, F. W, 107n.
Palmer, J. L. , 帕尔默, J. L. , 139n. , 164n.
Patinkin, D. , 帕亭金, D. , 184n. , 287n.
Penner, R. G. , 彭纳, R. G. , 271n.
Perch, M. , 佩尔什, M. , 62n.
Phelps, E. S. , 费尔普斯, E. S. , 4n. , 13n. , 21n. , 33n. , 43n. , 46n. , 51n. , 74n. , 89n. , 111n. , 178n. , 179n. , 185n. , 250n.
Phillips, A. W. , 菲利普斯, A. W. , 4, 7—9, 12, 17, 42, 44—47, 49, 52, 54, 71, 76n. , 77, 78, 249
Pigou, A. C. , 庇古, A. C. , 10, 67, 201n. , 211, 287n.
Pinter, H. , 品特, H. , xviii

Ramsey, F. P. , 拉姆齐, F. P. , 211, 217, 246
Rapping, L. A. , 拉平, L. A, 4n. , 43n. , 118n.
Reder, M. W, 雷德, M. W, 4n.
Rice, K. , 赖斯, K. , 121n.
Robertson, D. H. , 罗伯特森, D. H. , xii, 34
Rogers, J. D. , 罗杰斯, J. D. , 136n.
Rorty, A. O. , 洛迪, A. O. , 272n.
Rose, H. , 罗斯, H. , 208n.
Rueff, J. , 鲁阿弗, J. , 151n.
Ruggles, R. , 拉格尔斯, R. , 223n.

Samuelson, P. A. , 萨缪尔森, P. A. , 23n. , 208n. , 217, 287n.
Sargent, T. J. , 萨金特, T. J. , 49n. , 52n.
Scitovsky, A. , 西托夫斯基, A. , 117n.
Scitovsky, T. , 西托夫斯基, T. , 117n.
Scott, A. D. , 斯科特, A. D. , 118n.
Seeman, M. , 斯曼, M. , 120n.
Seiden, R. H. , 斯登, R. H. , 121n.
Shell, K. , 谢尔, K. , 185n.
Sheshinski, E. , 谢辛斯基, E. , 185n. , 213n.
Short, J. F. , 肖特, J. F. , 121n.
Sidrauski, M. , 西德劳斯基, M. , 208n. , 209n.
Simon, H. A. , 西蒙, H. A. , 60n.
Stein, J. L. , 斯特恩, J. L. , 208n.
Steuer, M. D. , 斯惕奥尔, M. D. , 106n.
Strotz, R. H. , 斯特罗茨, R. H. , 68n.
Swan, N. , 斯旺, N. , 51n. , 166n.

Terkel, S. , 特克尔, S. , 117n.
Thomas, D. S. , 托马斯, D. S. , 120
Thurow, L. C. , 瑟罗, L. C. , 29n. , 62n. , 139n. , 147n. , 148n.
Tobin, J. , 托宾, J. , 67n. , 68n. , 179n. , 184n.
Tugan-Baranowsky, 图甘-巴兰洛夫斯基, 120
Turner, H. A. , 特纳, H. A. , 119n.
Vickrey, W. S. , 维克里, W. S. , 208n. , 209n. , 211, 212, 277n.

Walker, F. A. , 沃尔克, F. A. , xii
Wallich, H. C. , 沃利克, H. C. , 43n. , 107n.
Whinston, A. H. , 温斯顿, A. H. , 211n. , 212n.
Winch, D. M. , 温奇, D. M. , 207n.
Winter, S. G. , 温特, S. G. , 33n.
Worsthorne, P. , 沃索恩, P. , 120n.

主题索引

说明：索引中的页码为英文原书页码，在正文边际处。

Adaptive expectations，适应性预期，43—49，208—209，277—280

Anticipated inflation，预期到的通货膨胀，170
    See also Inflation (expected)

Benefit maximizing inflation rate，利益最大化的通货膨胀率，235—236，243—244，246—254，257，260
    See also Optimal rest point; Optimal trajectory; and Social rate of discount

Blacks，黑人，60—64，129—130
    See also Discrimination

Discrimination，歧视，24—27，60—61
    See also Blacks; Unemployment (by age); and Unions

Disequilibrium, see Equilibrium，非均衡

Distribution of benefits from employment，来自于就业的分配利益
    differential effects on employment，对就业的差别影响，146—151
    political theory，政治理论，130—137
    relative wage of poor，穷人的相对工资，139—146
    transfer payments，转移支付，166—169，221
    wealth，财富，159—166，254—258

Equilibrium，均衡，xxi—xxii，23，35—41

Expectation，预期，see Adaptive expectations; Rational expectations

Externalities，外部性，59，96，113—124

Hysteresis，歇斯底里，see Natural rate

Inflation，通货膨胀
    as—tax，作为税收的，xxvi，53，161，211，218—222，260，296，298，300
    expected，预期到的，xxi，22，41，170，281—282
    measurement，度量，222—224
    public view，公众观点，xiii—xiv，227—228
    runaway，奔腾的，xv—xvi，228

wage-wage spiral, 工资-工资螺旋, 20—24
   See also Benefit maximizing inflation rate;
     Distribution of benefits from employment;
     International effects of inflation; Liquidity; Optimal inflation policy; and Wages

Inside money, 内部货币, 174, 190—198, 202

International effects of inflation, 通货膨胀的国际效应
   balance of payments, 国际收支, 294, 301, 304, 306, 311, 314
   dollar standard, 美元本位, 286, 293—294
   European bloc, 欧洲板块, 313—317
   exchange rates, 汇率, 287, 296—303, 305, 314, 316—317
   gold, 黄金, 307—314, 317
   intermediation, 中介, 291
   quantity theory, 数量论, 287
   SDR, 特别提款权, 309, 311—313, 317
   seigniorage, 铸币税, 289—294, 315

Job rationing, 工作配给, 19, 101—106

Liquidity, 流动性
   full, 完全, 178, 181—182, 184, 189—190, 193—194, 196—197, 201
   ideal, 理想, 176, 178, 191, 194, 196—197, 201—202, 204—205, 210—211, 214—216, 224
   maximum, 最大, 194, 196—197
   optimum, 最优, 196, 201—202, 216, 223—224

Long-run Phillips Curve, 长期菲利普斯曲线, 53—57, 66—70, 249—250, 255
   See also Natural Rate; and Unions

Minimum wage laws, 最低工资法, 64—66

Momentary Phillips Curve, 货币型菲利普斯曲线, 4, 8, 9, 12, 17, 42, 44, 46
   loops, 环, 44, 47

Money, 货币, 171—171
   k percent rule, k% 规则, 274—278, 281
   precautionary demand, 预防性需求, 179—181, 189, 193, 218
   transactions demand, 交易需求, 178—179, 207, 217
   See also Inside money; International effects of inflation; and Outside money

Natural rate, 自然率, xxii, 34, 41—43, 69, 152—153, 273
   band around, 限制在……附近, 53—57, 250—252, 271, 284
   and minimum wages, 与最低工资, 66
   and unions, 与工会, 73—78
   efficiency of, 效率, xxiv, 83—125
   hysteresis, 歇斯底里, xxiii, 77—80, 256
   testing the hypothesis, 检验假设, 49—53

Optimal inflation policy, 最优通货膨胀政策
   fiscal, 财政, 233—259, 260—261
   monetary, 货币, 233, 240, 258—261
   morality of, 道德的, 261—267
   transitional jump, 转型跳跃, 232
   See also Benefit maximizing inflation rate

Optimal rest point, 最优驻点, 235—238, 247—251, 253—254, 256—257, 270, 272, 275—276
   See also Benefit maximizing inflation rate; Optimal trajectory; and Social rate of discount

Optimal trajectory, 最优轨迹, 245—247, 254
   See also Benefit maximizing inflation rate; Optimal rest point; and Social rate of dis-

count
Outside money, 外部货币, 161, 173, 183, 185, 189, 191, 195, 198, 200—202, 207
Outside wealth, 外部财富, 185, 187—192, 195, 198, 200—201, 206—208, 213

Phillips Curves, 菲利普斯曲线, see Long-run Phillips Curve and Momentary Phillips Curve
Price controls, 价格控制, 263—265

Quits, 相互抵消, 16, 19, 22, 105

Rational expectations, 理性预期, 48—49, 280, 283—284

Seniority, 工作经验, 24
Social rate of discount, 社会贴现率, xxvi—xxvii, 87, 110—113, 235—237, 243—245, 247—249, 251—253, 255—257, 272
    See also Benefit maximizing inflation rate; Optimal rest point; and Optimal trajectory

Unemployment, 失业
  by age, 按年龄, 24, 128—129
  duration of, 失业期限, 15, 22, 24
  frictional, 摩擦失业, xx
  insurance, 失业保险, 97, 99
  involuntary, 非自愿失业, see Unemployment (voluntary)
  precautionary, 预防性失业, xx, 3, 9—12, 85, 91—93, 107, 149, 218, 252
  regarding, 重新分级, 27—30
  search, 搜寻型失业, xx, 3, 12—20, 84—85, 93—94, 101—106, 252
  speculative, 投机性失业, xx, 3, 4—9, 85, 89—91
  voluntary, 自愿失业, 10, 30—31, 101—102
  wait, 等待失业, see Unemployment (precautionary)
  See also Discrimination and Natural rate
Unions, 工会, 71—79, 118—120, 123—125

Vacancies, 空缺, see Job rationing

Wages, 工资
  money, 货币, 5—17, 67—68
  real, 实际, 31—32, 68, 151—159
  See also Job rationing and Unions

菲尔普斯的其他作品

《与经济增长相关的财政中性》,Fiscal Neutrality Toward Economic Growth

《经济增长的黄金法则》,Golden Rules of Economic Growth

《就业与通货膨胀的微观基础》,Microeconomic Foundations of Employment and Inflation

《理论》(合著),Theory(with others)

《经济增长目标》(编著),The Goal of Economic(editor)

《私人欲望与公共需求》(编著),Private Wants and Public Needs(editor)